Insight and Convergence

통찰과 융합

- 인간과 AI -

조은영

정독
DEEP READING

※ 본 출판물은 삼육대학교 연구과제 공모 연구지원비를 지원받아 제작함

추천사

Foreign Affairs의 편집장인 기드온 로즈(Gideon Rose)는 제4차 산업혁명에 대한 분명한 이해의 필요성을 강조하면서 제4차 산업혁명의 속도와 범위, 시스템이 이 사회에 미치는 충격이 너무도 강하기 때문에 인류가 이것을 분명하게 이해할 때쯤이면 이미 제5차 산업혁명이 진행되고 있을 수도 있다고 예견한 바 있습니다. 제4차 산업혁명은 변화의 속도 측면에서 현재의 기술변화와는 비교할 수 없을 정도로 빠르게 변화하고 있으며, 범위 측면에서는 거의 모든 국가의 전 산업에서 파괴적인(disrupting) 혁신을 불러오고, 시스템의 영향 측면에서는 생산, 경영 및 거버넌스 등을 포함하는 전체 시스템의 변혁을 초래할 것으로 전망하기 때문입니다. Klaus Schwab은 자신의 책인 「*The Fourth Industrial Revolution*」에서 제4차 산업혁명이 경제(economy), 기업(business), 국가·세계(national·global), 사회(society), 개인(individual) 등 다섯 가지의 영역에서 인류사회에 영향을 미칠 것으로 설명합니다.

제4차 산업혁명이라는 말이 세상에 처음으로 소개된 것은 2016년 1월 다보스 세계경제포럼(World Economic Forum)에서였습니다. 그런데 우리가 제4차 산업혁명을 이야기하는 이 시점에서 그다음 번인 다섯 번째 산업혁명까지도 염두에 두어야 하는 상황이라면, 제4차 산업혁명이 이 사회에 미치는 영향과 충격이 얼마나 큰지를 가늠할 수 있습니다.

사실 학자들 사이에는 제4차 산업혁명이 지금까지 있었던 어떤 산업혁명보다도 인류사회에 광범위하고 깊숙이 영향을 미칠 것으로 예견하면서 그 시대를 바라보는 분명한 명암이 존재하는 것이 사실입니다. 제4차 산업혁명이 정치·경제·사회·문화적인 면에 많은 영향을 주겠지만 사회 윤리적인 부분 또한 무시할 수 없습니다. 제4차 산업혁명은 우리가 무엇을 하게 될 것인지에 대한 것뿐만 아니라 우리가 누구인지에 대한 정체성도 변화시키기 때문입니다. 물론 제4차 산업혁명의 결과로, 지금까지 논란이 되는 어떤 사회 윤리적 문제들이 오히려 해결될 수 있다고 보는 견해도 있습니다. 그러한 주장을 하는 사람들은 인공지능(AI)과 바이오 융합의 결과로 지금까지 많은 논란이 되었던 동물실험의 문제가 해결될 것으로 보고 있습니다. 또한, 인공지능 로봇이 인간의 역할을 대신하게 되고 계속해서 발전하는 의료기술로 인해 인간의 수명이 길어지고 건강을 유지한 채로 더 오래 일하게 될 것인데, 이것은 고령화의 문제도 어느 정도 해결해 줄 것으로 전망하고 있습니다.

그럼에도 불구하고, 제4차 산업혁명에 대해 매우 비관적인 관점들도 존재하는데, 그중의 하나는 인간이 자기 노동력을 인공지능 로봇에게 빼앗기게 되어 인간의 삶의 질이 하락할 것이라는 우려입니다. 그러나 오히려 그와는 정반대의 처지에서, 제4차 산업혁명의 과정을 인간 고유의 정체성을 찾고 회복하는 기회로서 보는 관점도 있습니다. 그래서 그동안 기계가 할 수 있는 일들을 인간이 해 온 것이라면 그러한 분야의 역할은 기계에게 과감히 넘겨주고 오히려 인간만이 할 수 있는 것을 찾아서 보다 "인간적인" 삶을 살아가는 방법을 모색할 수 있어야 한다는 견해입니다.

어느 경우이든 미래 시대에서의 인간의 삶은 확실히 지금보다 더 많은 시간적 여유를 가지게 될 것이 분명합니다. 인간에게 확보된 그 시간은 사람들에 따라 생산적으로 사용될 수도 있고 그 반대의 경우가 될 수도 있습니다. 그렇다면, 제4차 산업혁명의 시대는 인간에게 "인간의 창의성과 공감, 헌신 등을 더욱 개발시키고 우리가 살아가는 이 사회를 운명공동체로 인식하여 집단적 윤리 의식을 고양하는 기회를 제공"해야 할 것입니다. 결국 이것은 사람과 사람에 대한 교육의 중요성으로 우리의 관심을 이끄는데, 정말로 그렇다면 제4차 산업혁명 시대로 들어서는 인류에게 가장 중요한 문제는 미래 시대에 인간다운 삶을 위하여 지금의 현실에서 인간이 그것을 어떻게 준비하느냐에 달려있다고 할 수 있을 것입니다.

실제로, 시대마다 있었던 혁명은 인간의 가치를 향상하고 행복을 추구하는 사람 중심의 혁명이었을 때 비로소 그것이 온전한 혁명으로 평가되었던 것을 기억할 필요가 있습니다. 이 혁명이 물리적 관점에서 인간을 단순히 물체와 같은 것으로 인식한다면 그것은 인간의 존엄성을 상실하게 하는 결과를 가져올 것이고, 또는 공학적 관점에서 인간을 기계와 동일시한다면, 인간이 살아가는 이 세상을 보다 정교한 기계를 생산하는 공장화하는 혁명으로 발전할 수밖에 없을 것입니다. 그러므로 범용인공지능을 메타 기술로 하는 제4차 산업혁명 역시 사람을 배려하는 사람 중심의 미래 혁명으로 발전되어야 함은 자명합니다.

그래서 다보스 포럼에서 발표한 '2020년 미래 고용 보고서'에서는 2020년에 요구되는 교육 목표로 복잡한 문제를 푸는 능력, 비판적 사고, 창의력, 사람 관리, 협업 능력을 순차적으로 꼽았습니다. 사실 이러한 능력은 인공지능이 침범하지 못할 인간 고유의 영역에 속하는 것들입니다.

이러한 상황에서 조은영 교수님의 책 「통찰과 융합」은 매우 시의적절한 책이라고 할 수 있습니다. 이 책은 단순히 오늘날 인공지능(AI)으로 대표되는 제4차 산업혁명 시대에 창의적인 인물의 필요성을 강조하는 정도로만 끝나는 것이 아니라, 다양하고도 체계적인 활동을 통해서 실제적으로 학습자의 통찰력을 개발하고 발전시키도록 디자인되었습니다. 따라서 이 책에서 제안하는 내용들을 꾸준히 따라가다 보면, 어느새 자신도 모르게 통합과 융합이 가능한 창의적인 사고인(思考人)이 되어 있을 것으로 확신합니다.

기독교적 관점에서 인간은 '하나님의 형상'대로 창조되었다고 이해되고 있습니다(창 1:27). 이것은 단순히 그 외형만을 이야기하는 것이 아니라, 영적, 윤리적, 창조적, 그리고 관계적 측면 모두를 포함합니다. 따라서 인간은 창조적인 능력을 가진 존재로서, 예술, 과학, 기술 등 다양한 분야에서 창조적으로 활동할 수 있는 능력을 가지고 있다고 할 수 있습니다.

인간이 이러한 창의적 사고능력을 가지고 있다는 것은 기독교 신앙에서 매우 중요한 개념입니다. 이것은 인간이 자신의 삶 속에서 신의 이미지를 반영하고, 그의 창조적인 특성을 받들어 새로운 아이디어를 형성하고 삶을 발전시킬 수 있다는 것을 의미하기 때문입니다. 창의적 사고 능력은 단순히 지적 능력이나 이해력만을 의미하는 것이 아니라, 신의 지혜와 지도를 받아서 새로운 아이디어를 형성하고 삶을 새롭게 바라보는 것을 포함합니다. 그래서 인간은 신의 영감과 도움을 받아 창조적인 방법으로 문제를 해결하고, 새로운 가능성을 탐색할 수 있습니다. 어쩌면 지금의 제4차 산업혁명 시대에 가장 필요한 모습이라고 할 수 있습니다.

개인적으로 이 책에서 사용된 '인지근육'이라는 표현은 너무나 마음에 듭니다. 우리가 건강을 유지하기 위해서는 몸의 신체 근육을 균형 있게 키우듯이 우리의 사고력을 보다 풍성하고 건강하게 유지하기 위해서는 인지근육의 단련이 필요하다는 말인데요. 전적으로 동의합니다.

변화하는 시대에 인간에게 창의력이 요구된다는 사실 그 자체가 우리의 미래가 그만큼 불확실하다는 말이지 않을까요? 그리고 그러면 그럴수록 오늘의 우리에게는 통찰과 융합의 과정을 통한 창의적인 습관이 더욱 필요한 것은 아닐까요? 일독을 권합니다.

삼육대학교 신학과 교수
봉원영

들어가는 말

일부 MZ세대(요즘 청소년과 청년세대)들이 가끔 아날로그 시대를 경험한 부모 세대의 감성을 부러워하는 모습을 본 적이 있다. 아마도 정신없이 빠르게 돌아가는 세상 변화에 지쳤기 때문일 것이다. 적어도 80년대 90년대를 누렸던 우리 부모 세대는 오랜 시간을 두고 그 문화를 접하고 배우고 즐겼던 것 같다. 예를 들어, 컴퓨터, 삐삐, MP3, 미니홈피 같은.

그런데 요즘은 뭐든 순식간이다. 그래서 많은 전문가는 자고 일어나면 시대가 바뀌었다는 표현을 사용하곤 한다. 저자의 생각에는 이러한 시대에 사는 MZ세대들이 확실히 우리 부모 세대보다 유능하고 빠르지만, 세상은 이들에게 더 빨라지라고 채근하는 것 같다.

빠르게 변화하는 4차 산업트랜드 AI에 적응하기 위해 시대가 요구하는 기술과 전문성만을 맹목적으로 따라가다 보면 인간성 상실과 함께 인간이 인공지능에 지배당할 수 있다는 우려의 목소리가 나오고 있다. 하지만 빠른 변화에 적응하지 못하면 도태될 수밖에 없는 것이 현실이다.

이러한 딜레마 상황에서 벗어날 수 있는 해법은 발상의 전환이다. 즉 시대가 요구하는 기술을 습득함과 동시에 AI가 넘볼 수 없는 인간 본성을 근본으로 하는 창의력을 발휘해야 한다.

본 책자에서 제시하는 활동, 즉 인간의 본성에 대해 탐색과 이해를 하고 AI 기술을 어떻게 활용할 것인가 하는 질문에 대한 해답을 찾아가는 활동을 하다 보면, 통찰과 융합이라는 두 마리 토끼를 소유하게 될 것이다.

시시각각으로 변화하고 발전하는 AI 기술과 주요 이슈를 전부 소개하고 제시할 수는 없으나, 최신 자료를 참고하여 쉽게 이해할 수 있도록 안내하려고 노력하였다. 그러나 중요한 것은 변화하고 발전하는 기술을 배우고 좇아가는 이론교육이 아니라 내 안에 있는 창의력, 즉 통찰과 융합이라는 잠재 능력을 발견해 가는 활동에 방점을 두었다는 사실이다.

AI 기술은 하루가 다르게 비약적으로 발전하고 있다. 최근 구글의 주요 연구책임자가 사임하는 일이 있었다. 그는 AI가 조만간 인간의 지성과 감성을 가지고 인간을 능가할 것 같은 두려운 생각이 든다고 인터뷰하였다. 이와 관련하여 다양한 주제의 AI 영화는 이미 오래전부터 만들어져 왔다.

저자는 우리가 AI를 두려운 존재로 인식해야 한다는 것을 말하는 것이 아니다. 우리가 스스로 우리의 자리를 AI에 내어 주어서는 안 된다는 것을 말하고 있다. 우리가 AI를 도구로 다룰 수 있기를 바란다. 그러기 위해 인간 본연의 사고력을 배양할 필요가 있다.

책에서 독자에게 던지는 질문에 있는 그대로 떠오르는 자기 생각을 고민해보고 자신만의 해답을 찾아가는 과정을 통해 한층 고차원적인 사고(메타인지)를 하는 있는 자신을 발견하게 될 것이다.

통찰과 융합은 여러분이 어떤 직업을 가지고, 어떤 비즈니스를 하느냐와 상관없이 여러분 사고의 전환점을 만들어 줄 것이다. 통찰과 융합은 모든 산업과 비즈니스에서 요구되는 문제해결 능력이며, 이러한 능력은 창의력을 발휘할 수 있도록 돕는다. 여기에 자신만의 캐릭터를 첨가한다면 누구도 흉내 낼 수 없는 자신만의 브랜드를 개발할 수 있다고 확신한다.

저자가 제시한 활동을 체계적으로 실시하여 자신의 것으로 만들 수 있다면, 이전과 달라진 자기 모습을 보게 될 것이다. 사람은 관심을 가지면 그것이 무엇이든 친근해지고, 친근하면 좋아하게 되고, 좋아지면 반복해서 들여다보게 되면서 반복 학습이 일어난다. 반복하면 해당 분야의 전문가가 될 수 있다.

여러분은 무엇에 관심을 가질 것인가? 지금부터 여러분이 관심을 가지는 것이 바로 여러분을 전문가의 반열로 이끌 것이다.

'신으로부터 물려받은 고유한 능력인 창조력, 즉 창조를 위한 창의적 사고능력은 그 어떤 피조물도 흉내 내지 못한 인간 고유의 유산이다. 따라서 우리는 AI를 인간을 돕는 도구로써 통제하기 위해 인간 고유 능력에 집중해야 한다.' 본문 일부를 발췌하였다.

여러분이 자신의 잠재 능력에 집중하여 창의적인 사고력을 배양하기를 바란다. 또한 여러분 앞날의 건승을 희망한다.

2024년 어느 화창한 날 아름다운 천연계 불암산 자락 아래, 삼육동에서

조은영

차 례

Ⅰ부 통찰과 융합

II부 AI 이야기

Ⅰ 부 통찰과 융합

1 인간과 AI 관계와 통찰

1) 인간과 AI의 공통점과 차이점

최근 인공지능(AI)의 기술들을 선보이고, 사업화하기 위해 많은 기업에서 유료 혹은 무료로 다양한 인공지능 서비스들을 제공하고 있다. 한 번쯤은 이러한 서비스를 직·간접적으로 경험해 보았을 것이다.

특히 ChatGPT는 다양한 영역에서 활용되고 앞으로 비약적인 발전이 기대되는 AI 기술이다.

ChatGPT는 사용자가 원하는 주제의 짧은 글을 작성해주거나, 복잡한 계산도 순식간에 해결하고, 방대한 양의 자료도 일목요연하게 요약정리해준다. 이외에도 그림을 대신 그려주고, 홈페이지를 뚝딱 제작하기도 한다.

인간의 생각과 비슷하면서도 월등히 뛰어나 인간의 능력을 능가하기도 하지만 가끔은 생뚱맞은 결과를 내놓기도 한다.

인간과 AI는 인지적인 측면에서 어떤 면이 같고, 또 어떻게 다를까?

인간과 AI는 정보를 인식하여 데이터를 처리하고 분석할 수 있다. 데이터의 패턴과 관계를 파악함으로써 문제를 이해하고 해결해 나가는 인지과정이 유사하다. 이러한 인지과정을 통해 학습이 일어나고 지식이 습득된다.

인간이 경험과 교육과정을 거쳐 학습한다면, AI는 학습알고리즘을 통해 데이터 기반으로 지식을 습득한다. 또한 인간이 지식과 경험을 바탕으로 상황을 판단하고 미래를 예측하여 의사결정을 한다면, AI는 데이터와 알고리즘을 활용하여 판단하고 결정한다.

즉 둘 다 데이터 정보를 기반으로 최적의 선택을 찾아내는 능력을 갖추고 있는 공통점이 있다.

그러나 인간이 지각과 시각, 청각, 후각, 미각 등 감각을 통해 세상을 인식하고 이해하는 인지과정을 갖고 있다면, AI는 주로 데이터와 알고리즘을 기반으로 작동하기 때문에 사전에 학습한 패턴과 지식을 통해 제한된 수준의 인식과 이해를 하게 된다.

즉 인간은 기쁨, 슬픔, 분노, 사랑 등 다양한 감정을 느끼며, 자신에 대한 자아의식을 가지고 있지만, AI는 정보를 처리하고 작업을 수행하는 도구로서 감정과 의식이 없다.

특히 인간과 AI의 가장 큰 차별점은 창의성과 추론하는 능력의 유무에 있다. 인간은 새로운 아이디어를 생성하고 문제를 해결하기 위한 다양한 전략을 구상하는 창의력을 발휘할 수 있다. 또한, 경험과 지식을 토대로 추론하고 추측할 수 있다.

그러나 AI는 학습 데이터에 기반하여 패턴을 인식하고 예측을 수행할 수 있기는 하지만, 인간처럼 창의적인 사고와 예측불허의 추론을 수행하는 것은 아직 도전적인 과제라고 한다.

또한 인간은 윤리적 원칙과 가치를 가지고 윤리적 판단과 도덕적 행동을 할 수 있기 때문에 사회적, 도덕적 책임 의식을 느끼지만, AI는 사전에 프로그램된 규칙에 따라 작동하기 때문에 윤리적 판단과 도덕적 선택하는 데 한계가 있다.

표 I-1 인간과 AI의 공통점과 차이점 비교

구분	공통점	차이점
인식체계	데이터 처리 과정	인식 수준 차이, 경험(교육)과 감각수용기의 유무
학습체계	학습하고 활용하는 과정 유사	학습의 메커니즘(알고리즘 형태 학습)
인지체계	문제해결 능력	창의성, 고차원 추론적 사고 유무
윤리체계	윤리적 기준과 판단 가능	의사결정의 한계(사전 입력된 데이터 국한)

인간과 AI가 분명 인지적 측면에서 유사한 양상을 보이고 있지만, 정보를 수용하고, 처리하는 세부적인 과정은 본질적으로 다르다는 것을 확인할 수 있다. 즉, AI가 비약적인 발전을 한다고 할지라도 아직은 인간 본성을 흉내 낼 수는 없다.

신으로부터 물려받은 고유한 능력인 창조력, 즉 창조를 위한 창의적 사고 능력은 그 어떤 피조물도 흉내 내지 못한 인간 고유의 유산이다. 따라서 우리는 AI를 인간을 돕는 도구로써 통제하기 위해 인간 고유 능력에 집중해야 한다.

그림 I-1 인간과 AI

2) 인간과 AI의 관계

앞에서 인간과 AI의 인지적 측면에서 유사점과 차별점을 살펴보았다. 그렇다면 인간과 AI의 관계는 어떻게 정의할 수 있을까? 이 질문을 상고하면서 AI를 대하는 우리의 태도와 행동은 어때야 할지 고민해보자.

인간과 AI의 관계는 다양한 형태와 수준으로 설명할 수 있다. 몇 가지 관계 형태를 살펴보면, 다음과 같이 인간과 AI의 관계가 상황과 목적에 따라 다양하게 형성되는 것을 알 수 있다.

- 첫째, 도구적 관계, 인간은 인공지능을 도구로써 사용하는데, 이런 관계에서 인간은 AI를 사용하여 특정 작업을 수행하거나 문제를 해결하는 데 도움을 받게 된다. 예를 들면, AI 기반의 검색엔진을 사용하여 정보를 찾거나, 음성비서를 통해 일정을 관리하는 경우가 이에 해당한다. 도구로써의 관계에서 인간은 AI가 작업한 결과물을 평가하고 활용하는 주체라고 할 수 있다.

- 둘째, 협력적인 관계, 인간과 AI가 협력하여 공동작업을 수행하는 관계로, 이러한 협력적 관계에서는 인간과 AI가 서로의 강점과 약점을 보완하며 효율적으로 작업을 수행해 나가게 된다. 예를 들어, 의사와 의료 AI가 협력하여 진단을 수행하거나, 공항 보안 담당자와 AI가 협력하여 위험 행동을 감지하는 예가 여기에 해당한다.

- 셋째, 동반자의 관계, 특별한 상황에서 인간과 AI는 동반자로서의 관계를 형성할 수 있다. 동반자로서의 관계는 인간과 AI가 서로 비슷한 역할을 하며 상호작용하여 의사소통하는 측면이 두드러진 관계라고 할 수 있다. 예를 들어, 인공지능 로봇 파트너와 함께 작업을 수행하는 경우로, 인공지능을 장착한 드론과 함께 특정 장소를 탐사하는 임무를 수행하는 상황이 여기에 해당한다.

- 넷째, 의존적인 관계, 어떤 상황에서는 인간과 AI가 상대적으로 의존적인

관계를 맺기도 한다. 예를 들어, 자율주행 자동차의 경우, 운전자가 AI에 주행 정보와 신호를 제공하면, AI는 센서와 인공지능 기술로 운전 결정을 내린다. 즉 운전자는 AI의 자율주행 시스템의 기술과 결정에 의존하여 차량 운행을 지원받고 안전을 유지하게 된다.

그림 Ⅰ-2 인간과 AI 관계

표 I-2 인간과 AI 관계 및 예시

구분	내용	예시
도구적 관계	인간은 AI를 도구로 사용	AI 기반 검색엔진, 음성비서 일정 관리 등
협력적인 관계	인간과 AI가 공동작업을 수행	의사와 AI의 협진, 공항 담당자와 AI의 위험 감지 등
동반자의 관계	서로 비슷한 역할을 하며 상호작용	우주 같은 새로운 장소를 탐색하는 경우
의존적인 관계	의존적으로 작업을 수행	자율주행 자동차 등

인간과 AI의 상호작용은 기술의 발전과 함께 계속해서 진화하고 변화할 가능성이 크다. 인간과 AI의 관계는 더욱 유연해지고, 상호학습과 적응을 통해 발전해 나갈 것이다. AI 기술이 계속해서 발전하고 성능이 향상됨에 따라 인간과 AI의 관계는 다양하게 영향을 받게 된다.

그런데 인간과 AI가 어떠한 관계를 맺더라도 반드시 짚어야 할 중요한 사실이 있다. 바로 인간과 AI의 관계에서의 윤리적인 측면이다.

인간과 AI 사이의 상호작용 안에는 개인정보보호, 알고리즘 편향, 일자리 변화 등과 같은 윤리적 문제가 발생할 수 있다. 이러한 문제들을 해결하기 위해서는 법과 규제, 윤리정책의 도입, 사회적 협의와 협력이 필요하다.

앞에서 설명한 것처럼 인간은 윤리적 원칙과 가치를 가지고 윤리적 판단과 도덕적 행동을 할 수 있지만, AI는 사전에 프로그램된 규칙에 따라 작동하기 때문에 윤리적 판단과 도덕적 선택을 직접적으로 할 수 없는 한계가 있다. 윤리적인 규제를 확립하는 것은 인간과 AI의 관계 정립을 위해서 무엇보다 시급해 보인다.

이와 관련하여 향후 다양한 윤리적인 문제를 알아보고 해결책을 고민해 보는 시간을 따로 마련하도록 하겠다.

저자는 인지능력을, 우리 몸을 구성하는 신체 근육과 마찬가지로 정신적인 근육이라고 가정한다. 근육을 단련하면 더 많은 힘을 발휘하듯이 우리 정신의 근육을 단련할수록 사고의 힘(인지능력)을 키울 수 있다고 생각한다.

몸의 근육을 가지려고 차근차근 근력 운동을 시작하는 것처럼 지금부터 인지근육을 단련하기 위한 기본기를 다져보도록 하자.

4차산업 시대의 요구에 부응하는 융합인재로의 성장을 희망하거나, 그런 인재를 키우길 원하는 독자라면 인지근육을 단련하는 활동에 관심을 가져보길 바란다.

AI와 대별되는 창의성 및 추론 능력과 같은 인지능력을 향상하는 것은 시대적 요구에 부응하는 교육 패러다임이며 여러 학문 분야에서 끊임없이 관심을 가지는 연구과제이기도 하다. 또한 고등교육에서는 인간의 인지발달 순서에 따라 창의성과 추론 능력을 핵심역량으로 교육할 책무가 있다 할 것이다.

3) 통찰과 융합이 필요한 이유

AI가 뛰어넘을 수 없는 인간의 인지능력 영역이 바로 창의력과 추론 능력이다. 우리가 의존하지 않고, 주도적으로 AI를 도구로써 활용하려면 인간 고유의 능력인 창의성을 개발할 필요가 있다.

우리 내면의 창의성을 깨우기 위해서는 자신과 세상에 대한 통찰력이 필요하다. 우리가 통찰에 주목해야 하는 이유가 바로 여기에 있다.

아동 발달심리 교육자인 피아제의 인지발달 이론에 따르면, 인지발달의 마지막 단계인 형식적 조작기 발달단계에서 추상적이고 논리적인 사고능력이 발달한다고 한다. 이 시기에 추론과 추상적 개념을 다룰 수 있게 되어 문제해결 사고능력이 확장된다.

표 I-3 피아제의 인지발단 4단계

단계	연령	특징
감각운동기	0~2세	• 감각과 운동을 통해 외부환경을 이해하고 적응 • 아동의 행동은 자극에 대한 반응임(자극=감각, 반응=운동) • 자신의 눈앞에 보이지 않는 대상은 존재하지 않는다고 인식
전조작기	2~7세	• 언어가 발달, 상징적 사고능력 가능 • 사물에 대한 상징, 상상, 모방을 사용하는 대상표상 능력 • 상징놀이, 자기중심적 사고, 물활론
구체적 조작기	7~12세	• 논리적 조작이 가능 • 자기중심적 사고에서 벗어나 대상 간 관계를 이해 • 보존개념의 획득으로 유목화, 분류화, 서열화 가능
형식적 조작기	12세 이후	• 추상적이고 논리적인 사고 가능 • 새로운 상황에 직면하는 경우 현재, 과거, 미래의 경험을 이용 • 체계적인 과학적 사고, 이상주의적 사고

통찰력은 눈에 보이지 않는 추상적인 개념을 추론하는 과정이며, 당면한 새로운 과제의 의미를 재조직화하여 문제를 해결해 가는 과정이다. 의미를 재조직하는 과정에서 창의력이 발휘된다.

바로 이 지점에서 인간과 AI가 구별된다. AI 역시 의미를 재조직하는 과정이 이루어지지만, 그 과정에서 독창성을 발휘하는 것은 어렵다.

급변하는 미래사회에 적응하고, 대비하기 위한 창의인재 양성은 시대적 요구이며, 개인적으로 미래사회에 도태되지 않기 위해서 인간 고유의 인지능력을 개발할 필요가 있다. 창의성은 기존의 상식과 틀을 깨는 아이디어이며, 혁신적인 생각이다. 기존의 생각을 뒤엎고 해체하여 전혀 다른 측면을 볼 수 있어야 한다.

창의적 사고는 기존의 사고방식을 바꾸어야 개발할 수 있는 사고능력이다. 창의적 사고능력은 기존에 갇혀있던 사고패턴에서 벗어나 새로운 사고방식의 훈련을 통해 배양될 수 있다.

새로운 틀을 깨는 사고, 새로운 사고방식의 사고 과정이 바로 통찰이며 융합이다. 다음 장에서 통찰과 융합의 사고방식 훈련이 어떻게 가능하고, 어떤 식으로 이루어지는지 자세히 살펴보도록 하자.

(잠시 사유하기) **나와 인공지능의 관계**

1. 나에게 인공지능은 어떤 의미가 있는가?

2. 나는 인공지능과 어떤 관계를 맺기를 바라는가?

3. 현재 인공지능이 나의 삶에서 어떤 역할들을 하고 있는가?
   혹은 앞으로 어떤 역할을 해 주길 바라는가?

요약

1장 인간과 AI 관계와 통찰

1) 인간과 AI의 공통점과 차이점
- 인식체계, 학습체계, 인지체계, 윤리체계 측면에서 공통점과 차이점을 비교하여 이해해 볼 수 있다.
- 인간과 AI의 공통점과 차이점 비교를 통해 통찰력 배양의 중요성을 알 수 있다.

2) 인간과 AI의 관계
- 도구적 관계, 협력적 관계 동반자의 관계, 의존적인 관계로 분류하여 설명할 수 있다.
- AI를 다루기 위해서는 창의 융합 인지능력이 필요하며, 교육의 패러다임의 전환이 요구된다.

메모

2 통찰과 융합이란?

1) 급격한 미래사회의 변화에 적응

앞으로 30, 40년 후의 미래사회는 지금과 매우 다를 것이다. 해수면의 상승으로 경작할 수 있는 땅은 줄어들고, 기후변화도 4계절이 아닌 2~3계절로 바뀌는 등 자연환경이 지금과 다를 수 있다.

인구 절벽화 현상을 겪으면서 산업과 사회경제 환경 역시 급변할 것이다. AI 기술이 상상 수준을 뛰어넘어 기계가 인간이 하는 대부분의 일을 대신하게 된다. 자주 듣던 이야기라고 생각할지도 모른다.

그림 I-3 미래사회 모습

그러면 그런 시대에 살게 될 우리의 모습은 어떨까? 이 질문에 답하기 전에 먼저 다음 질문을 생각해보길 바란다. 앞으로 여러분은 무슨 일을 하고 싶은가? 여러분의 장래 희망은 무엇인가?

다시 처음 질문으로 돌아가서 여러분이 지금 꿈꾸는 직업이 미래사회에도 할 수 있는 일인가? 그 직업이 미래에도 남아있을까?

예를 들어 선생님, 교수라는 직업은 지금도 그 수요가 줄어들고 있지만, 몇 년 후에는 AI가 그 자리를 대신 하게 된다고 한다. 여러분이 지금 그 일을 꿈꾸고, 고군분투하여 높은 경쟁률을 뚫고 선생님이 되고, 교수가 되었다 하더라도 정년 때까지 그 일을 계속할 수 있을지는 의문이다.

다른 말로 하면 여러분은 짧게는 10년, 길게는 20년 후에 새로운 직업을 찾아야 한다. 여러분은 평균수명이 늘어나기 때문에 적어도 2~3가지 직업을 가지거나 바꾸어야 한다.

따라서 앞으로 여러분이 급격하게 변화하는 미래사회에 적응하여 살아가려면 부모 세대와 다른 교육과 자기관리가 필요하다. 부모 세대가 당연하다고 생각했던 사실들이 여러분들에게는 전혀 다른 의미가 되었다.

예를 들어 1인 가구의 경우를 생각해보더라도 기존에는 남녀가 당연히 결혼해서 가정을 이루어야 하고, 자녀를 낳아 교육해 사회에 환원하는 자원으로 키워내야 한다고 생각했다. 옛날에는 심지어 혼자 사는 사람은 무슨 문제가 있을 것이라고 여겼다.

그런데 최근에는 비혼주의자가 늘어나고, 두 부부가 열심히 벌어 자녀를 교육하는 것이 참으로 어려운 일이 되었을 뿐만 아니라, 힘든 부모의 삶을 포기하고 자녀를 출산하지 않기로 선택한 가정도 늘어나고 있다.

기존에 당연했던 일이 더 이상 누구도 당연하다고 얘기할 수 없게 되었다. 비단 사회현상만이 아니라 경제, 산업, 과학, 예술 분야는 어떠한가. 기존의 상식과 틀을 깨는 아이디어들이 주목받고, 혁신적인 생각을 하는 이들을 차세대를 이끌어가는 주역이라고 부른다.

특히 지금은 그 변화를 앞두고 혼란스러운 과도기를 겪는 듯하다. 변화에 대비하여 뭔가 새로운 교육방식이 필요하다고 하지만, 그 누구도 속 시원하게 해답을 제시해주지 못하고 있다. 왜냐하면, 누구도 겪어보지 못한 새로운 변화이기 때문이다.

우리는 이제 더 이상 과거를 답습하거나 역사의 교훈을 배우는 옛날 교육방식이 통하지 않는다는 것을 직감하고 있다.

이제는 내 안에 잠들어 있는 본성이며, 신께서 부여하신 창의적 사고 능력을 깨워야 할 때이다.

2) 통찰과 융합의 개념

여러분은 혁신적인 사고를 할 수 있어야 한다. 기존의 생각을 뒤엎고 흔들어 전혀 다른 측면에서 이해하고 설명할 수 있어야 한다. 부모가 알려주는 정답이 더 이상 정답이 아니다. 정답이라는 말조차 틀린 표현이 되어버렸다. 답이 있지만 정해져 있지 않고, 개인의 특성에 따라 답이 달라진다. 이것을 창의적인 발상이라고 부르기도 한다.

그렇다면 혁신적인 사고, 창의적인 사고는 어떻게 할 수 있을까? 교육기관에서 이런 사고를 개발하기 위한 교육을 전문적으로 받은 적이 있는가? 창의적인 발상은 천재나 영재들만의 전유물인가? 아니다. 결론을 말씀드리면 창의적인 생각은 누구나 할 수 있고, 개발할 수 있는 사고이다. 더 정확히 표현하면 사고의 방식을 바꾼다면 누구나 가능하다.

그림 I-4 미래사회 교육

기존에 갇혀있던 사고패턴에서 벗어나서 참신하며 상식을 깨는 생각은 사고방식 훈련을 통해 가능하다. 지금부터 통찰과 융합의 개념을 이해해보고, 이런 훈련이 어떻게 가능한지 살펴보도록 하자.

▶▶ **통찰(洞察)**

1. 예리한 관찰력으로 사물을 꿰뚫어 봄
2. 새로운 사태에 직면하여 장면의 의미를 재조직화함으로써 갑작스럽게 문제를 해결함. 또는 그런 과정
3. 심리치료에서, 환자가 이전에는 인식하지 못하였던 자신의 심적 상태를 알게 되는 일

(유의어) 관철, 통시, 투시

출처: 네이버 국어사전.

통찰(insight)은 사물이나 현상의 보여지는 이면 너머의 보이지 않는 부분까지도 꿰뚫어 살피는 인지적 능력이다.

특히 심리치료에서 자신의 인지, 정서, 행동에 대한 통찰을 얻기 위해 자아탐색을 시도한다. 모르고 있는 것을 알게 되었거나, 발견하게 될 때 비로소 변화가 일어나기 때문에 심리치료에서는 통찰이 중요한 치료 요소이다.

즉 통찰은 고전하던 문제의 해결 실마리를 찾아 새로운 사실을 발견하여 문제를 해결해 나가는 문제해결 능력이라고 할 수 있다. 또한 새로이 발견한 사실을 통해 새로운 개념을 창조하는 인지적인 힘이야말로 인공지능이 흉내를 낼 수 없는 인간 본연의 창의력이라고 할 수 있다.

통찰을 통해 문제를 해결하게 되면, 한 발짝 나아가 새로운 발전을 도모할 수 있는 가능성이 열린다. 통찰로 얻어진 새로운 시각은 혁신적인 기술과 상품, 서비스를 개발할 수 있는 아이디어를 제공한다.

우리의 사고가 확장되면 자연스레 다양한 아이디어들이 결합하거나 해체되어 전혀 다른 개념이 만들어지는데, 이런 과정이 융합의 과정이다. 통찰은 일상의 관찰력과 호기심을 가지고 문제를 다양한 관점에서 바라봄으로써 얻을 수 있다. 그러나 통찰만으로 충분하지 않다. 다양한 분야의 아이디어와 지식을 융합함으로써 더 많은 가치를 창출하는 포문이 열린다.

> ▶▶ **융합(融合)**
>
> 1. 다른 종류의 것이 녹아서 서로 구별이 없게 하나로 합하여지거나 그렇게 만듦. 또는 그런 일
> 2. 둘 이상의 요소가 합쳐져 하나의 통일된 감각을 일으키는 일. 정신 분석에서는 생(生)의 본능과 죽음의 본능을 동시에 충족시키려는 충동을 이른다.
>
> (유의어) 융화, 합체, 화합

출처: 네이버 국어사전.

융합(convergence)은 창의력과 마찬가지로 4차산업 시대에 요구되는 핵심적인 문제해결 능력이다. 융합은 여러 분야의 개념을 결합하여 새로운 가치 있는 개념을 창출하는 것을 의미한다.

특히 융합은 새로운 제품과 서비스를 개발하여 경제시장의 혁신을 일으키기도 한다. 또한 혁신적인 제품과 서비스는 새로운 경제시장을 개척하는 동력이 되어 경쟁시장에서 우위를 점하는 결정적인 역할을 하게 된다.

스티브 잡스의 아이폰은 일상에서의 통찰, 사용자의 경험과 디자인을 융합시킨 혁신적인 발견으로 평가되고 있다. 휴대전화기를 주머니에 넣고 다닐 수 있는 손 안의 컴퓨터라는 새로운 시각의 통찰을 바탕으로, 그 위에 사용자의 경험에 대한 디자인을 융합시켰다.

내 주머니에도 넣고 다니고 싶은 고객의 심리를 자극한 세기의 발명품이라고 할 만하다. 경제시장의 새로운 지평을 연 대표적인 융합의 성공사례이다.

융합은 경계를 넘어 서로 다른 분야의 아이디어를 접목하는 과정이다. 예를 들어 바이올리니스트 니콜라이 재브린스키는 음악과 전자공학을 융합하여 전자바이올린을 개발하는 데 공헌하였다. 그는 음악적인 통찰력을 바탕으로 혁신적인 디자인과 기술을 결합해 새로운 분야의 가능성을 열어냈다.

통찰과 융합은 변화하는 세상에 적응하기 위한 필수적인 정신작용이지

만, 세상의 끊임없는 발전과 변화의 결과는 통찰과 융합의 결과물이기도 하다. 통찰과 융합을 통해서 세상은 혁신과 창조의 세계로 나간다.

즉 통찰은 우리가 관찰하고 경험하는 세상의 본질을 더 깊이 있게 이해하도록 하며, 융합은 여러 분야의 아이디어를 결합하여 새로운 가치와 가능성을 창출하도록 도와준다.

통찰과 융합은 혁신과 창조의 열쇠(KEY)이다. 이러한 사고의 힘은 개인의 성공 및 사회발전과 기술혁신을 촉진하며 문제에 대한 해결책을 제시한다.

결론적으로 통찰과 융합을 하는 사고의 힘은 우리로 하여금 변화하는 세상에 대하여 혁신과 창조라는 신비로운 경험의 세계로 이끌어 자신의 인생의 문제를 해결하고 완수하도록 도와준다.

왜냐하면 우리의 삶은 우리에게 상상할 수도 없는 문제를 던져주고는 자신만의 정답을 찾으라고 요구하기 때문이다. 자신만의 정답이란 처음부터 답이 정해지지 않은 것이 분명하다. 정해졌다고 말하는 순간, 그것은 누군가 정해준 것이지 내가 정한 것은 아니기 때문이다.

정해지지 않은 답이라니, 딜레마이다. 항상 정해진 길로만 가야 한다고 채근하던 세상이 이제는 네 길을 스스로 알아서 정해서 가라니 참 가혹하다 싶다. 그러나 해법은 있다.

바로 여러분 내면에 있는 잠재력인 창의력을 깨워 나만의 캐릭터를 브랜드화하는 것이다. 바로 통찰과 융합이 여러분의 잠들어 있는 창의력을 깨우는 열쇠가 될 것이다.

융합은 통찰을 통해 얻을 수 있는 사고의 힘이다. 사물이나 현상의 본질을 꿰뚫어 간파하고 나면 융합이라는 새로운 창조의 길로 나아갈 수 있게 된다.

즉, 통찰, 문제해결 능력, 융합, 혁신적인 변화와 창조(창의력 발휘)의 영역으로 확장해 나갈 수 있게 된다. 융합은 통찰력을 개발하면서 얻게 되는 선물 같은 사고의 힘이다.

그림 I-5 인지근육의 확장

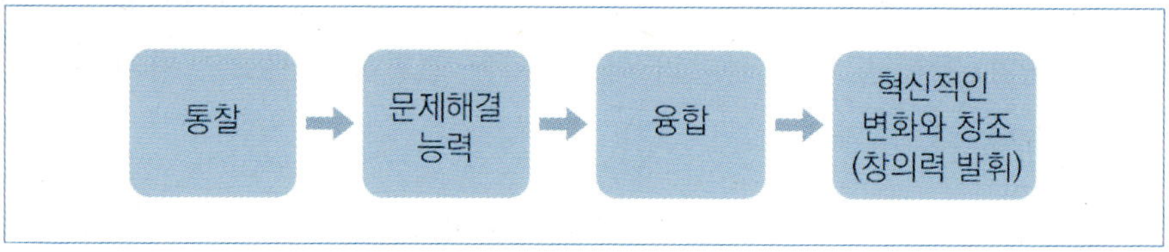

기존의 생각을 비틀어 꼬집고, 해체했다가 새롭게 결합하는 과정이 바로 융합이기 때문이다. 또한 정해지지 않은 해결책과 같은 방식이 바로 융합의 해결방식이다. 우리가 통찰의 사고방식에 익숙해지면 융합의 사고방식은 자연스레 따라오는 결과라고 할 수 있다.

특히 융합은 자신과 타인, 세상에 대한 이해가 깊어지고 넓어질 때, 창의적인 형태로 나타나게 될 것이다.

융합은 마치 새롭고 낯선 것을 어색해하는 우리의 사고방식을 호기심 가득한 친근한 사고방식으로 바꾸는 것과 유사한 과정이다. 음악과 전자공학의 결합이 영 어색하게만 느껴지는가? 니콜라이 재브린스키의 전자바이올린은 어떠한가? 아직도 어색한가?

전자바이올린이 어색하지 않은 이유는 바로 우리가 전자바이올린의 연주를 자주 들으면서 익숙해졌기 때문이다.

자주 접하면 친근해진다. 친근해지면 익숙해지는 것은 너무도 당연한 일이다. 역으로 우리에게 새롭고 낯선 것은 우리의 호기심을 자극하기도 한다. 그 호기심은 우리로 하여금 관심을 가지게 만들고, 그 관심이 지속되면 우리는 그것을 친근하게 인식하게 된다.

친근하게 인식한 것은 익숙해지고, 익숙한 것을 반복하게 되면 우리는 해당 분야의 전문가가 되기도 한다. 이처럼 융합과 같은 인지의 힘은 사고의 과정을 뒤집어엎고 헤집고 다닐 수 있는 인지능력으로, AI가 따라올 수 없는 인간 고유의 인지능력이라고 할 수 있다.

자, 이제 통찰과 융합의 사례를 살펴본 후, 본격적으로 통찰력과 융합이라는 인지근육(사고의 힘)을 실습하고 연습할 수 있는 과정에 대해 알아보자.

(잠시 사유하기) **새롭고, 낯설고, 어려운 것을 쉽고 빠르게 극복하는 방법**

1. 나에게 새롭고, 낯설고, 어려운 것은 어떤 것이며, 그런 것을 대하는 나의 태도와 마음가짐은 어떠한가?

2. 신학기를 맞이하여 처음 새로운 친구들과 선생님을 만났을 때, 내 모습을 기억하는가? 그때, 나는 어떤 생각으로 그 상황을 극복하였는가? 시간이 지나면서 친근하다고 느꼈던 순간을 떠올려 보길 바란다.

3. 익숙해지기 위해 여러분이 했던 노력은 어떤 것이 있는가?

요약

2장 통찰과 융합이란?

1) 급격한 미래사회의 변화에 적응
- AI기술 발전과 미래사회는 부모 세대와 전혀 다른 패러다임에 적응하는 것이 필요하다.
- 경제, 사업, 과학, 예술 분야에서 상식과 틀을 깨는 아이디어들이 주목받고, 혁신적인 생각을 하는 이들이 차세대의 주역이 될 것이다.

2) 통찰과 융합의 개념
- 기존의 생각을 뒤엎는 창의적 사고와 혁신적인 사고는 훈련을 통해 개발할 수 있다.
- 통찰은 사물이나 현상 너머 보이지 않는 부분을 꿰뚫어 살피는 인지능력이다.
- 융합은 특히 4차산업 시대에 요구되는 문제해결 능력으로 여러 분야의 개념을 결합하여 새로운 가치 있는 개념을 창출하는 것을 의미한다.
- 인지근육 훈련을 통해 통찰 → 문제해결 능력 → 융합 → 혁신적인 변화와 창조(창의력 발휘)로 확장해 나갈 수 있다.

메모

3 통찰과 융합의 사례

- 알버트 아인슈타인(Einstein)의 상대성 이론 : 알버트 아인슈타인은 상대성 이론을 개발하여 전혀 새로운 방식으로 우주와 시간에 대한 이해(관점)를 제시하였다. 그는 동시에 일어나는 두 사건의 상대적인 동시성을 강조하고, 질량과 에너지의 관계를 제시하는 등 통찰력을 통해 우주와 시간에 대한 혁신적인 이론을 창조하였다.

- 레오나르도 다 빈치(Da Vinci)의 연금술과 과학적 탐구 : 레오나르도 다 빈치는 뛰어난 화가로 유명하지만, 또한 그는 과학적 탐구와 발명에 대한 열정이 남달랐다. 그의 통찰력은 연금술, 해부학, 기계공학, 물리학 등 다양한 분야에 걸쳐 활용되었다. 그는 비행기와 잠수함의 개념을 포함한 혁신적인 기계를 설계하고, 인체의 해부학적 이해를 통해 예술 작품과 과학적 발견을 결합하는 융합의 귀재였다.

- 빈센트 반 고흐(Vincent van Gogh)의 예술과 과학 융합 : 빈센트 반 고흐는 그의 작품에서 감정과 색채, 형태를 융합하여 독특한 예술적 표현을 만들어냈다. 그는 색채와 광원의 과학적인 이해를 예술에 접목함으로써 새로운 시각과 감정을 전달하였다. 반 고흐의 작품은 예술과 과학의 융합으로써 창조성을 극대화한 사례라고 할 수 있다.

- 마리 퀴리(Marie Curie) : 마리 퀴리는 과학자로서 통찰과 융합을 통해 혁신적인 발견을 한 인물이다. 그녀는 물리학과 화학을 융합하여 방사능과 방사선을 연구하였으며, 이를 통해 라듐과 폴로늄을 발견하였다. 마리 퀴리의 통찰력과 융합적인 접근은 현대 물리학과 의학 분야에서 방사선 치료와 진단에 이바지하였으며, 그녀는 두 번의 노벨상을 받았다.

- 스티브 잡스(Steve Jobs)의 아이폰 개발 : 스티브 잡스는 애플의 공동 창업자로서 컴퓨터와 통신 분야에 대한 통찰력으로 혁신적인 제품을 선보였

다. 아이폰은 통신과 컴퓨팅 기술을 융합한 혁신적인 스마트폰으로, 이전에는 상상하기 힘들었던 새로운 사용자 경험과 디자인을 제시하였다. 그의 통찰력은 기술과 디자인, 사용자 경험을 결합하여 혁신적인 제품을 창출하는 데 이바지하였다.

- 일론 머스크(Elon Musk)의 테슬라(Tesla)와 우주 개발 : 일론 머스크는 테슬라를 비롯한 다양한 기업을 통해 기술과 산업을 융합하여 혁신을 이끌고 있다. 그는 전기차와 태양광 발전의 결합을 통해 친환경적인 에너지 솔루션을 제시하고, SpaceX를 통해 우주 개발 분야에서도 혁신적인 아이디어와 기술을 추구하고 있다. 일론 머스크의 융합적인 접근은 환경, 운송, 우주 분야에서 혁신적인 변화를 가져왔다.

- 스티븐 잉글리시(Stephen Inglish)의 휴먼-로봇 상호작용 : 스티븐 잉글리시는 인간과 로봇의 상호작용을 융합하는 연구에 주력하고 있는 공학자다. 그는 로봇 기술과 인간의 운동 제어, 감각 체계를 융합하여 로봇과 사람 사이의 자연스러운 상호작용을 가능케 하는 연구를 진행하고 있는데, 그의 연구는 의료, 보조 기술, 로봇 공학 분야에서 인간과 로봇의 협업을 개선하는 데 기여하고 있다.

- 조지 워싱턴 카버(George Washington Carver)의 작물 연구 : 조지 워싱턴 카버는 식물학과 화학을 융합하여 작물 연구에 이바지한 과학자이다. 그는 작물의 다양한 용도와 활용 방법을 연구하고 발전시킴으로써 농업 분야에서 혁신을 가져왔다. 특히, 아라차이드(땅콩)의 다양한 활용과 작물 회전의 중요성을 강조하여 농작물 다양성과 토양의 영양성을 개선하는 데 이바지하였다.

- 스티브 루빈(Steve Rubin)의 앰프와 음향 기술 : 스티브 루빈은 음향 기술과 전자공학을 융합하여 혁신적인 앰프를 개발한 기술자이다. 그는 다양한 전자 부품과 회로 설계를 활용하여 음질과 음량을 향상하는 앰프를 제

작하였다. 그의 융합적인 접근은 음향 기술의 발전에 큰 기여를 하였으며, 오디오 시스템 분야에서 혁신을 이루어냈다.

- 빌 게이츠(Bill Gates)의 마이크로소프트(Microsoft) 창업 : 빌 게이츠는 컴퓨터 기술과 비즈니스를 융합하여 마이크로소프트를 창업하였다. 그는 운영체제와 소프트웨어 개발을 통해 컴퓨터 산업에서 혁신적인 역할을 하였다. 빌 게이츠의 융합적인 접근은 개인용 컴퓨터의 보급과 디지털 혁명을 이끌었다.

- 피터 틸(Peter Thiel)의 테크놀로지와 기업 창업 : 피터 틸은 기술과 기업 창업을 융합하여 혁신적인 기업을 창업하였다. 그는 PayPal을 비롯한 다양한 기업을 성공적으로 설립하였으며, 특히 기술과 비즈니스 모델을 융합하여 새로운 시장을 개척하였다. 피터 틸의 융합적인 접근은 기술 기반의 창업 생태계를 형성하고 발전시키는 데 큰 역할을 하였다.

- 조지 핫츠(George Hotz)의 자율주행과 해킹 : 조지 핫츠는 자동차와 해킹 기술을 융합하여 자율주행 분야에서 혁신을 이끌고 있다. 그는 자동차 제조사의 시스템을 해킹하여 자율주행 기능을 개선하는 업적을 달성하였다. 조지 핫츠의 융합적인 접근은 자동차 산업과 사이버 보안 분야에서 혁신과 안전성을 높이는 데 기여하였다.

- 조지 쿠로스(George Couros)의 교육과 디지털 혁신 : 조지 쿠로스는 교육과 디지털 기술을 융합하여 혁신적인 교육 방법을 개발하였다. 그는 학생들의 참여와 창의성을 촉진하는 디지털 도구와 소셜 미디어를 교육에 효과적으로 활용하였다. 조지 쿠로스의 융합적인 접근은 교육 분야에서 학습 경험을 혁신하고 학생들의 역량을 높이는 데 기여하고 있다.

이러한 유명인들의 사례에서 자신의 분야에서 통찰과 융합을 통해 혁신적인 아이디어와 해결책을 도출하여 혁신과 창조를 이루는 과정을 엿볼 수 있다.

그들은 서로 다른 영역의 지식과 기술을 융합하여 새로운 가능성을 탐구하고 문제를 해결하였다. 이를 통해 사회, 기술, 경제 등 여러 영역에서 새로운 변화와 혁신적인 발전을 이끌었다.

(잠시 사유하기) **통찰과 융합**

1. 아직 나에게 낯설고 어렵게 느껴지지만, 신기하고 호기심을 자극하는 것에는 어떤 것들이 있는가?

2. 위의 통찰과 융합의 사례들에서 유독 나의 호기심을 자극한 사례가 있었는가? 만약 내가 그 사례의 주인공이라면 어떤 생각과 기분이 들까?

3. 현재 내가 관심을 기울이고 있는 분야는 무엇인가? 혹은 나는 어떤 분야의 전문가가 되고 싶은가?

요약

3장 통찰과 융합의 사례

- 알버트 아인슈타인(Einstein)의 상대성 이론
- 레오나르도 다 빈치(Da Vinci)의 연금술과 과학적 탐구
- 빈센트 반 고흐(Vincent van Gogh)의 예술과 과학 융합
- 마리 퀴리(Marie Curie)
- 스티브 잡스(Steve Jobs)의 아이폰 개발
- 일론 머스크(Elon Musk)의 테슬라(Tesla)와 우주 개발
- 스티븐 잉글리시(Stephen Inglish)의 휴먼-로봇 상호작용
- 조지 워싱턴 카버(George Washington Carver)의 작물 연구
- 스티브 루빈(Steve Rubin)의 앰프와 음향 기술
- 빌 게이츠(Bill Gates)의 마이크로소프트(Microsoft) 창업
- 피터 틸(Peter Thiel)의 테크놀로지와 기업 창업
- 조지 핫츠(George Hotz)의 자율주행과 해킹
- 조지 쿠로스(George Couros)의 교육과 디지털 혁신
- 이들은 자신의 분야에서 통찰과 융합을 통해 혁신적인 아이디어와 해결방법을 제시하여 새로운 가능성을 열었으며, 변화와 혁신적 발전을 이끌었다.

메모

4 통찰 인지근육 키우기 I

1) 일반적인 통찰력 향상 방법

다음의 7가지 훈련은 일반적으로 알려진 통찰력 향상 방법이다. 그동안 여러분이 얼마나 실행하고 있었는지 확인해보아라.

① 호기심과 개방적인 태도 : 새로운 아이디어와 관점을 탐구하기 위해 호기심을 가지고 개방적인 태도를 유지한다. 새로운 경험과 지식을 수용하고 이를 이해하려는 노력을 기울이는 것이 중요하다. 이 부분은 성격적 특성과 관련 있으며, 5장의 내용을 참고하길 바란다.

② 다양한 영역의 지식 탐색 : 다양한 분야의 지식과 정보를 탐색하고 습득한다. 여러 가지 주제와 다양한 분야에 대한 이해는 상호 연결되는 아이디어를 발견하고 융합할 수 있는 기반이 된다.

③ 문제해결과 비판적 사고 : 문제해결 능력을 향상하기 위해 비판적 사고를 발전시킨다. 문제를 여러모로 바라보고 다양한 해결책을 탐색하는 것이 통찰력의 핵심이다.

④ 관찰과 경험 : 주변 환경과 사물에 대해 깊이 있는 관찰을 하고 경험을 쌓는다. 일상에서 자세히 관찰하고, 사물의 연결점이나 패턴을 파악하면 통찰력을 키울 수 있다.

⑤ 창의적인 활동 : 창의적인 활동을 통해 상상력을 발휘한다. 예술, 음악, 글쓰기, 문제해결 게임 등 다양한 창의적인 활동은 아이디어의 흐름과 융합을 촉진할 수 있다.

⑥ 자기반성과 피드백 : 자기 생각과 행동을 반성하고 멘토로부터 피드백을 받는다. 자기 인식과 성장에 도움이 되는 피드백은 통찰력을 향상하는 데 도움이 된다.

⑦ 협업과 토론 : 다른 사람들과의 협업과 토론을 통해 다른 시각과 아이디어를 수용하고 융합해보라. 다양한 관점을 듣고 토론하면 통찰력이 풍부해질 수 있다.

위의 7개에 관한 내용이 낯설지 않을 것이다. 이미 여러 교육을 통해서 습득한 내용들이다. 저자는 위의 내용을 바탕으로 통찰력 향상을 위한 자아탐색 프로그램을 설계하였다. 자아탐색 프로그램은 다음 장과 부록에 수록되어 있다.

자아탐색 프로그램은 통찰력을 향상하기 위한 기초작업이다. 세상의 사물과 이치에 대한 통찰력을 발휘하기 위해서는 명확한 자기 인식이 선행되어야 한다.

객관적이고 명료한 자기 인식을 가질 때, 이치에 맞는 합리적인 관점으로 세상을 바라볼 수 있다. 이런 관점이 기준이 되어 사리에 밝은 통찰력을 발휘할 수 있게 된다.

그렇다면 객관적인 자기 인식을 위해 현재 자신의 통찰력 수준을 확인해보도록 하자.

2) 통찰력 수준 평가

다음은 자기성찰과 통찰력 수준을 평가하는 설문이다.

구분	문항 내용	전혀 그렇지 않다	그렇지 않다	보통 이다	그렇다	매우 그렇다
1*	나는 내 생각에 대하여 종종 돌아보지 않는다.	0	1	2	3	4
2*	나는 내 행동을 분석하는 것에 진짜 흥미가 없다.	0	1	2	3	4
3	내가 한 일을 평가하는 것은 나에게 중요하다.	0	1	2	3	4
4	나는 내가 생각하는 것을 검증하는데 매우 흥미를 느낀다.	0	1	2	3	4
5*	나는 자기-성찰을 위한 시간을 거의 갖지 않는다.	0	1	2	3	4
6	나는 종종 내 생각을 검증한다.	0	1	2	3	4
7	내 생각이 무엇을 의미하는지 이해하려고 노력하는 것은 나에게 중요하다.	0	1	2	3	4
8	나는 내 마음이 어떤지를 이해하는 것은 진심으로 필요하다고 생각한다.	0	1	2	3	4
9	나는 종종 내 생각을 성찰하기 위한 시간을 갖는다.	0	1	2	3	4
10	내 생각이 어떻게 들었는지를 이해하는 것은 나에게 중요하다.	0	1	2	3	4
11	나는 종종 내가 생각하는 방식에 대해 생각해 본다.	0	1	2	3	4
12*	나는 종종 내가 생각하는 방식에 대해 혼란스럽다.	0	1	2	3	4
13*	나는 생각을 하고 있다는 것을 알고 있지만, 종종 그것이 무엇인지를 모르는 경우가 있다.	0	1	2	3	4
14*	나의 행동은 종종 나를 혼란스럽게 한다.	0	1	2	3	4
15*	내 생각을 되돌아보는 것은 나를 더욱 혼란스럽게 한다.	0	1	2	3	4
16*	내가 생각하는 방식에 대해 이해하기가 종종 어려울 때가 있다.	0	1	2	3	4
총합: 점						

출처: Grant et al.(2002) The self-reflection and insight scale.

별(*) 문항은 역산하여 계산해야 한다(0점→4점, 1점→3점, 2점→2점, 3점→1점, 4점→0점). 예를 들어 문항 1*에 그렇다에 표시한 경우, 3점이 아니라 1점, 매우 그렇다는 4점이 아니라 0점으로 합산하면 된다.

단, 점수에 너무 얽매이지 않기를 당부한다. 점수해석에 관한 내용은 수록하지 않았다. 현재 나의 수준 정도를 확인하여 통찰 인지근육을 기르고 나서 자신의 통찰력 수준이 어느 정도 향상되었는지 확인하기 위한 목적으로 활용하기를 바란다.

아마 자신의 점수를 확인하고 기뻐한 사람도 있겠지만 실망한 사람들이 더 많을 것으로 생각한다. 그러나 실망하기에는 아직 이르다. 지금까지 우리는 통찰력을 제대로 배우거나 훈련한 적이 없다.

3) 비판적 사고와 메타인지, 문제해결 능력

통찰은 자신을 성찰하고자 하는 인간의 근본적인 욕구에서 비롯되었다. 성찰은 듀이(Dewey)와 숀(Schön)의 비판이론에서 언급된 주제이다. 그들은 인간은 전통적으로 사고와 행동이라는 이원론적인 접근으로 자신을 성찰한다고 주장하였다.

듀이는 앎과 행함 사이의 괴리 문제를 해결하기 위해 교육이 필요하며, 여기서 중요한 교육은 바로 비판적인 사고력을 기르는 것이라고 하였다.

물론 현대에 와서는 비판적 사고력을 기르는 것뿐만 아니라 정서와 영성까지 고려한 교육까지 이야기하고 있다. 이러한 이론적 관점에서 볼 때, 성찰은 통찰을 이르게 하는 비판적 사고의 과정으로 자기 생각, 감정, 행동에 대한 명확한 이해를 가능하게 해주는 사고의 힘이라고 할 수 있다.

비판적 사고능력은 사실이나 현상을 날카롭게 분석하는 사고력이다. 수능 교육에 익숙한 세대는 이미 비판적 사고능력은 충분히 갖추었다고 볼 수 있다.

그런데, 아직 우리는 통찰과 융합이라는 말이 나오면 움츠러들고 자신감이 없다. 자신에 대해 말해보라고 하면, 이름과 나이, 하는 일, 관심 분야를 설명하다가 점점 목소리가 작아진다. 자신에 대해 정확히 혹은 명료하게 잘 모르기 때문이다.

2000년 전 소크라테스의 가르침이 오늘날까지도 우리에게 뼈 때리는 가르침이 되는 이유는 여기에 있다. 바로 내가 무엇을 알고, 무엇을 모르는지 정확히 모른다는 것이다.

자신이 무엇을 생각하는지, 자신이 무엇을 하고 있는지 아는 것, 이것을 자신에 관한 생각, 메타인지라고 부른다.

메타인지는 사고의 사고라고 불리며, 내가 지금 무슨 생각을 하는지 알고 있는 상태를 말한다. 알 것 같은 것이 아니라, 소크라테스의 가르침에 의하면, 정확히 알고 있는가를 의미한다.

그림 I-6 소크라테스와 제자들

인지가 어떤 사실이나 상황을 이해하여 알고 있는 상태를 의미한다면, 메타인지는 이해하고 알고 있는 상태에서 더 나아가 어떻게 배울 수 있는가 혹은 어떻게 배울 것인지를 알고 있는 상태를 포함하는 개념이라고 할 수 있다. 인터넷의 발달로 정보의 홍수 속에서 살고 있는 현대 사회에서 요구되는 능력은 많은 정보를 이해하고 암기하여 인출하는 능력이 아니라, 정보를 비교하여 목적과 필요에 부합하는 적합한 의사결정을 내릴 수 있는 능력이 필

요하다.

지식정보화사회에서는 지식을 암기하고 시험에서 우수한 성적을 받는 것이 아니라 그 지식을 어떻게 활용하여 창의적인 발상을 할 수 있는지가 더 중요한 관심사이다.

메타인지는 생각의 생각, 즉 내가 무엇을 알고 모르고 있는가를 인지하는 과정이기 때문에 보다 더 빨리 핵심 정보를 구분하게 되어 유용한 정보를 목적에 맞게 조절하고 다루는 기능을 하게 된다. 이는 복잡한 문제해결 과정에서 효과적인 역할을 할 수 있음을 의미한다.

위에서 기술하였듯이 메타인지는 오늘날 지식사회, 정보화 시대를 살아가는 우리에게 필요한 고도의 문제해결 능력이다.

메타인지 연구의 선구자 프뢰벨(Flavell)은 메타인지를 학습자가 외부에서 인식한 지식과 자신의 인지과정에서 의식한 내용들이 내재화되고, 학습전략에 따라 교육 목표달성을 위한 인지과정을 총괄하고 지휘하는 지식체계 그 자체라고 정의하였다. 프뢰벨이 설명한 것처럼 인지가 어떤 과제를 처리하는 지적 활동이라면, 메타인지는 이와 같은 인지활동을 모니터링하는 활동을 의미한다.

그러나, 아직까지 메타인지에 대한 개념은 복잡한 인간 고유의 인지체계이기 때문에 그 개념을 확정하는 것은 무리라는 지적이 있다. 그러함에도 불구하고 1990년대 인지이론이 확산되면서 지금까지 메타인지는 인지학습전략으로 각광을 받고 있다.

브라운(Brown)은 메타인지를 인지적 지식(knowledge about cognition)과 인지적 조절(monitoring of cognition)로 구분하여 설명하고자 하였다. 인지적 지식에는 학습자가 자기 자신에 대한 지식, 인지에 대한 인식과 이를 활용하는 지식, 전략을 언제, 왜 사용하는가에 대한 지식을 의미한다.

인지적 조절은 계획하기(planning), 모니터링 혹은 조절하기(monitoring or

regulation), 평가하기(evaluation) 활동을 포함한다. 계획하기는 적합한 전략을 확인하고 선택하고, 활동과 관련 있는 자원을 확보하고, 목표를 세우고, 배경지식이 있고, 시간을 조절하는 일련의 활동을 포함하고 있다.

모니터링 혹은 조절하기는 필요한 과제 및 정보에 주의를 기울이고, 과제를 수행하고, 본인이 이해하는 것에 대해 인식하고 있는 상태이며, 자기테스트까지 할 수 있는 확장된 개념을 포함하는 활동이다.

마지막으로 인지적 조절의 평가하기는 학습의 결과물에 대해 자신이 스스로 학습을 조절했던 과정을 평가하는 것을 의미한다. 여기에는 목표를 수정하고, 다시 시도하는 내용까지 포함한다.

메타인지의 주요 기능에 대해 마틴즈(Martinez)는 다음 3가지로 설명하고 있다.

메타기억과 메타이해(Meta-memoryandmeta-comprehension), 문제해결(problem solving), 비판적 사고(critical thinking)가 그것이다.

첫째, 메타기억과 메타이해는 뭔가를 알고 있는 상태, 즉 학습을 통해 인지하고 있는 상태의 자기 이해에 대한 스스로의 주관적 평가를 의미한다. 예를 들어 피타고라스의 정리를 아는가에 대해 스스로 대답할 수 있다, 없다를 평가하는 것을 말한다.

둘째, 문제해결은 영장류만이 가진 인지 활동 능력으로 목표를 달성하기 위한 방법을 찾아 해결해 나가는 능력을 의미한다. 인간의 삶의 모든 과정은 문제를 해결해 나가는 과정이라고 볼 수 있다. 태어나면서부터 끊임없이 복잡하고, 불확실한 상황에 대처하여 목표를 달성하도록 요구받아 왔다.

예를 들어, 지금의 부모님 세대만 해도 초등학교에서 중학교 과정을 진학하기 위해 배치고사를 치러야 했다. 고등교육을 마치고 나면 구직활동을 하고, 그 후엔 결혼, 자녀양육 등(개인차가 존재한다. 누군가는 결혼하지 않고 자기실현이나 개인생활의 만족을 추구할 수 있다.)

문제해결은 생각하고 궁리하는 마음 작용으로 인간 고유의 지적 사고 활동이다. 특히 문제해결 과정이 목표를 달성하는 방법을 모르는 경우라도 목표를 추구하도록 하는 것이라면, 메타인지는 문제해결 과정에서 목표를 재점검하고 문제해결 과정을 점검하고 평가한다. 또한 목표를 달성하기 위해 계획을 수정하고, 해결방법을 찾아내는 기능을 한다. 즉 메타인지는 고도화된 문제해결 과정이라고 볼 수 있다.

문제해결의 사고과정은 몇 가지 절차로 진행된다. 첫째, 목표가 정해져 있는지에 따라 분류한다. 목표가 없는 경우는 문제와 관련하여 단순히 여러 가지 연상되는 생각을 하는 경우에 해당한다고 볼 수 있다. 목표를 가지고 있다면 비로소 문제해결을 위한 사고과정이 시작되었다고 할 수 있다.

둘째, 사고과정이 결정론적이냐에 따라 분류한다. 목표를 달성하는 행동절차가 이미 정해져 있는 경우라면 결정되었다고 할 수 있다. 예를 들어 수학문제를 풀이할 때, 공식이 정해져 있는 경우가 이에 해당한다. 공식에 따라 해답을 얻는 과정은 결정되어 있는 셈이다. 그러나 우리의 삶에서 일어나는 수많은 문제의 해답은 수학공식처럼 결정되어 있어서 풀 수 있는 경우가 거의 없다.

셋째, 문제해결의 출발점(시작점)이 정해져 있느냐에 따라 분류한다. 예를 들어 미로 길을 찾아가는 경우라면, 출발점과 결승점(목표)이 명확히 정해져 있다. 그러나 우리 삶의 문제해결 과정은 목표는 있지만, 그 목표달성을 위해 어디서 출발(시작)해야 하는지는 확실치 않다. 어디서부터 어떻게 시작해서 문제를 해결해야 하는가 하는 과정이 바로 문제해결 사고과정인 것이다.

명확한 출발점이 있다면, (여기에서 출발점은 원인이고, 목표는 결과라고 한다면) 원인과 결과를 추론할 수 있는 논리적 추론을 하는 사고과정에 해당한다. 논리적 추론은 새로운 정보를 얻게 되는 경우 귀납적 추론이라고 하고, 그렇지 않은 경우는 연역적 추론이라고 불리운다.

넷째, 새로운 결과물을 만들어 낼 수 있는가에 따라 분류한다. 출발점이 주어지지 않았지만, 목표가 새롭고 동시에 유용한 결과물을 만들어 낼 수 있다면 이를 창의적 문제해결 사고과정이라고 부를 수 있다. 그렇지 않고 일반적으로 목표를 달성한 경우, 이를 문제해결 사고과정이라 한다.

문제해결 사고과정의 절차 및 분류 기준은 다음과 같다.

- 첫째, 목표가 정해져 있는가?
- 둘째, 사고과정이 결정론적인가? 목표를 달성하는 행동절차가 정해져 있는가?
- 셋째, 문제해결의 출발점(시작점)이 정해져 있는가?
- 넷째, 새로운 결과물을 만들어낼 수 있는가? 기존에 없던 창의적 결과물인가?

그림 I-7 문제해결 사고과정의 절차 및 분류 기준

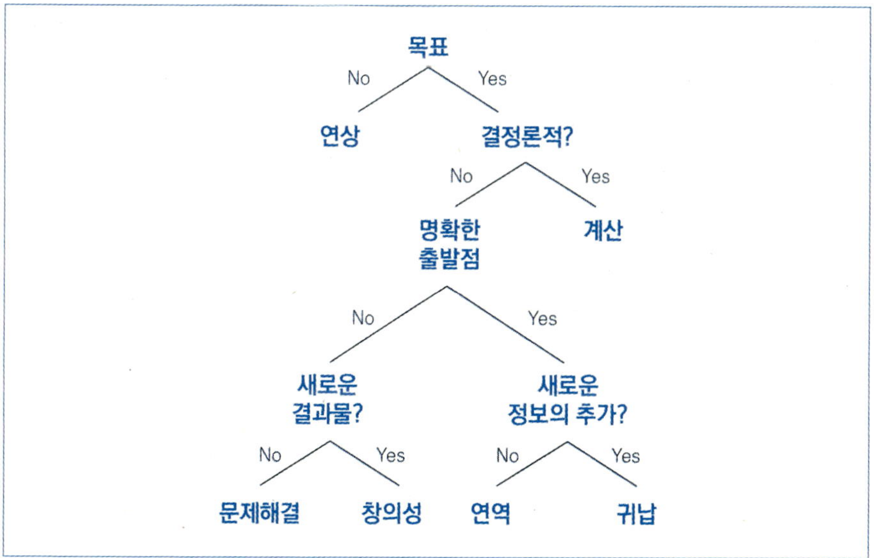

출처: 네이버 지식백과.

마지막으로 비판적 사고는 사실이나 사태에 대해 개인적 감정이나 편견에 사로잡히지 않고, 합리적이고 논리적으로 분석하고 평가, 분류하는 사고과정으로 객관적 증거에 비추어 비교, 검토하여 인과관계를 명백히 밝혀 판단하고 결론을 내리는 것을 의미한다.

비판적 사고는 자신의 주장에 잘못이 없는지 엄격히 확인하는 사고과정이며, 자신이 사용하는 언어와 행동을 점검하고, 사실에 대한 확인과 가치 선택의 잘잘못 여부를 살피는 과정이다.

표 I-4 메타인지의 주요 기능

구분	기능
메타기억/ 메타이해	• 생각에 대한 생각 • 자신의 인지 과정을 관찰, 인식, 조절, 평가하는 능력
문제해결	• 목표 달성을 위한 전략 • 복잡하고 불확실한 상황에 대처하여 목표를 달성 • 끊임없는 학습과 경험을 통해 발달
비판적 사고	• 객관적이고 논리적인 판단 • 개인적 감정이나 편견에 사로잡히지 않는 사고 • 사실과 증거에 기반한 객관적 평가 • 논리적 사고와 분석 능력을 활용한 합리적 판단

자, 그럼 정확히 알기 위해 우리는 어떻게 해야 할까? 눈치 빠른 독자는 간파했을지도 모르겠다. 바로 질문을 하는 것이다.

내가 무엇을 알고 있는가? 그리고 내가 모르는 것은 무엇인가? 모르는 것을 알기 위해 나는 무엇을 할 수 있는가? 이와 같은 질문은 앎과 무지에 대한 경계를 구분 지어 주고, 명확한 이해를 제공한다.

소크라테스는 제자들에게 일방적인 지식 전달이 아니라, 스승이 던지는 질문에 답해보게 함으로써 스스로 자신의 무지를 깨닫고, 참 진리를 사유하도록 안내하였다.

소크라테스의 질문은 문제해결을 위한 실마리를 제공하였고, 그의 이런 가르침을 받은 뛰어난 제자, 플라톤은 스승의 가르침을 받아 서양철학의 원류라 불리는 위대한 업적을 남겼다.

소크라테스의 질문 방식은 심리치료 분야에서 내담자가 자신의 편향된 모습을 바라보도록 안내하고, 문제해결의 실마리를 찾도록 도와준다. 일명, 소크라테스식 질문기법으로 유명하다.

질문의 힘은 유대인의 대표적인 교육방식 하브루타(Havruta) 수업방법에서 잘 나타난다. 하브루타는 학습자가 상호간 짝을 지어 질문하고 토론하는 파트너를 일컫는 말이다. 보통의 경우 2인 1조로 짝을 지어 질문과 토론하며 논쟁을 하는 방식을 취한다.

그림 I-8 이스라엘의 하브루타 수업

하브루타 수업에서 학습자는 학습 주제에 대한 궁금증과 의문점을 토론 파트너와 함께 꼬리에 꼬리를 무는 질문과 대화를 하면서 이를 발견하고 정리한다. 이때, 교사는 이 모든 활동 과정을 감독하면서 학습자들이 계속해서 질문을 이어갈 수 있도록 돕는 안내자 역할을 한다. 하브루타 수업은 질문중심 수업이다.

즉 교재를 읽고 각자 질문을 만들어 짝과 일대일 토론을 통해 가장 좋은 질문을 만들고, 그 질문을 가지고 모둠별 토론을 한다. 다시 모둠에서 가장 좋은 질문을 선택하고, 그 질문을 중심으로 전체 토론을 하고 발표를 하면 교사가 최종 정리해 주는 방식으로 진행된다.

하브루타 수업의 핵심 요소는 자기질문 생성과 짝과 하는 일대일 토론이다.

학습자 스스로 질문을 생성하고 탐구하는 과정은 과학자의 탐구과정과 같다. 자기질문 생성 전략을 활용한 과학수업을 진행한 실험연구에서 학생들의 논리적 사고력과 과학적 태도가 유의미하게 향상되었다고 보고한 바 있다.

교육적 의미에서 자기질문 생성은 내면적 자기대화, 즉 메타인지와 관련된다. 내가 이것을 알고 있는지, 모르고 있는지에 대해 검열하는 과정으로 질문이 만들어지기 때문이다.

또한 짝과 하는 일대일 토론은 대화 상대와 인격적인 만남을 통해 자신의 의견과 반대되는 견해를 일치시켜 나가는 조율과정이다. 이를 통해 지식을 바라보는 새로는 관점을 가지게 될 뿐만 아니라 짝과의 활동을 통해 학습 주제에 대한 흥미와 학습동기가 향상된다. 즉 짝과 하는 일대일 토론은 상호의존적 관계 속에서 상대의 성공적인 학습에 책임이 있음을 배우게 되어 학습자 간 소통과 자기주도적 학습 참여도를 높일 수 있다.

질문수업 방식은 유의미한 학습 과정을 촉진한다고 알려져 있다. 질문은 학습 주제에 집중하도록 하고, 지적 호기심을 자극한다. 그런데 질문유형이 어떠한가에 따라 요구하는 사고의 수준이 다르다. 예를 들어 한국전쟁이 언제 일어났는가하는 질문과 한국전쟁이 일어나기까지 남한과 북한의 정치적·외교적 상황을 비교할 수 있을까?라는 질문이 있다면, 후자의 질문이 전자보다 더 높은 사고의 수준을 요구하고 있다.

위의 예시에서 알 수 있듯이 질문은 사고를 촉진한다. 질문은 문제의식을 불러일으켜 사고의 수준은 높인다. 이는 하브루타 방법처럼 학생들이 질문에 대해 충분히 토론하고 사고 할 수 있는 시간을 줌으로써 가능하다. 즉 질문에는 목적과 의도가 충분히 반영되어야 있어야 한다.

학습과정에서 질문의 이점은 다음과 같다.

- 깊은 이해를 촉진한다. 질문을 통해 학습자는 스스로 생각하고 분석하며 개념을 보다 깊이 이해하게 된다. 단순한 암기를 넘어, 비판적 사고력과 문제해결 능력을 키울 수 있다.
- 적극적 참여를 유도한다. 질문 수업은 학습자가 수동적으로 수업을 듣는 것이 아니라, 적극적으로 참여하도록 유도한다. 질문을 하고, 답변을 하고, 다른 학습자들과 토론하는 과정에서 학습에 대한 참여도가 높아지고, 동기 부여가 향상된다.
- 다양한 관점을 제시한다. 질문을 통해 학습자들은 서로 다른 관점을 제시하고 토론할 수 있는 기회를 얻는다. 이를 통해 다양한 사고방식을 이해하고, 자신의 생각을 발전시킬 수 있다. 또한, 서로의 의견을 존중하고 공감하는 태도를 배우는 데 도움이 된다.

종합하면, [그림 I –9]와 같이 통찰의 주요 구성요소를 비판적 사고, 메타인지, 문제해결 능력으로 분류해 볼 수 있다.

그림 I-9 통찰의 주요 구성요소

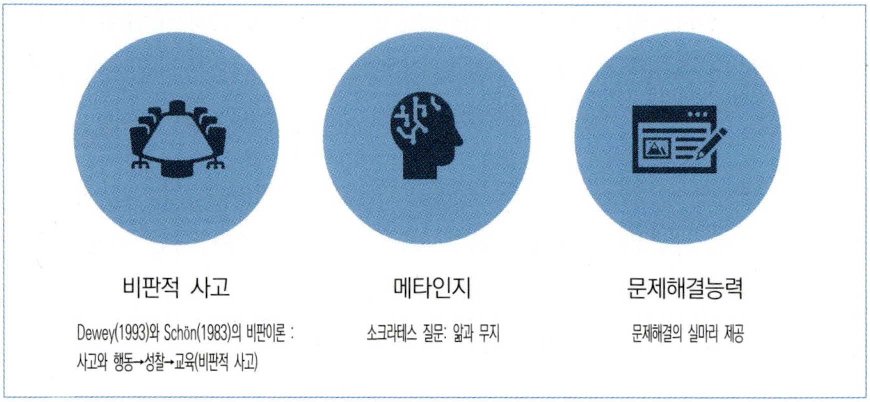

통찰력은 (비판적 사고를 통해) 예리한 관찰력을 바탕으로 명료하고 객관적이고 합리적인 자기 인식과 세계관을 가지고, 이를 통해 참신한 문제해결능력을 발휘하게 되는 과정이라고 할 수 있다.

4) 문제해결 질문(꼬리 질문)

저자는 위에서 설명한 소크라테스식 질문과 같은 문제해결 질문 방식을 '꼬리 질문을 잘한다'라고 표현한다. '꼬리 질문'은 '꼬리에 꼬리를 무는 질문'의 약자이다. 꼬리에 꼬리를 무는 질문은 상호연결되고, 사물이나 현상의 핵심을 파악하는 문제해결 접근방식의 질문이다. 꼬리 질문은 상호학습이 가능해지도록 질문을 통해 통찰하는 방식이라고 할 수 있다.

핵심질문, 즉 꼬리 질문을 잘하기 위한 몇 가지 원칙이 있다. 이 원칙을 이해하고 연습한다면 여러분은 이제 질문의 달인이 될 수 있다.

질문의 달인이라는 말이 와닿지 않을 것이다. 질문을 잘해서 어디에 쓴단 말인가? 우리는 그동안 설득하고 이해시키기 위해 설명하는 것에 더 집중하였다. 상대가 진짜 이해했는지, 알아들었는지 의구심이 드는 찝찝함을 느낀 경험이 있다면 저자의 말을 공감할 것이다. 열 번 설명하는 것보다 한 번의 질문으로 상대를 이해시키고 설득하는 것이 얼마나 경제적인 일인가. 그 여운은 오랫동안 남아서 장기기억으로 넘어가기도 한다. 핵심을 찌르는 질문은 잘 잊히지 않고 사고의 범위가 확장되는 경험을 하도록 안내한다. 즉 질문을 잘하면 상대를 이해시키는 것이 쉬워지고, 사고의 범위도 깊어질 수 있다.

질문을 잘하면 상대로 하여금 자신을 잘 공감하고 있다고 느끼게 만든다. 뒤에 나오는 남편과 아내의 대화에서 남편은 아내의 질문을 통해 자신이 이해받고 있다고 느끼고, 자신의 문제를 더 명확히 들여다보게 되는 경험을 하게 된다. 질문의 달인은 바로 문제해결의 달인이 되는 것과 같은 의미이다.

▶▶ 문제해결 질문(꼬리 질문)의 단계와 원칙

1. 1단계 : 문제를 파악하는 단계
   육하원칙에 따라 질문을 던져 사실(문제/현상/상황/사태)을 정확하게 정의한다. ① 누가 ② 언제 ③ 어디서 ④ 무엇을 ⑤ 어떻게 ⑥ 왜라는 질문을 통해 문제를 명확하게 정의한다. 문제의 명확한 정의는 문제해결의 실마리를 제공해준다.

2. 2단계 : 가설을 세우는 단계
   당신이 그렇게 행동한(말한) 목적은? / 당신이 그렇게 행동했다는(말했다는) 것은 무엇을 하고 싶다는 의미인가?라는 질문을 통해 목적과 의도를 추측(추론)해 본다. 상대의 목적과 의도를 추론하는 과정은 결국 상대의 욕구를 파악하는 것으로 욕구는 궁극의 문제해결의 핵심이다.

3. 3단계 : 추론한 가설(목적/의도)을 검증하는 단계
   당신의 ~ 말이(행동이) ~을 하고 싶다는(원한다는) 의미로 들리는데, 어떻게 생각하는가? / 당신의 말은 ~을 하고 싶다(원한다)는 의미인가?라는 질문을 통해 서로 합의된 최종의 결론(욕구)을 확인한다. 3단계는 막연했던 상대의 욕구를 구체화해 주는 과정이다.

4. 4단계 : 문제해결의 방법을 탐색하는 단계
   당신은 그 문제를 해결하기 위해 무엇이 최선이라고 생각하는가? 그렇다면 최악은 무엇이라고 생각하는가? 그동안 그 문제를 해결하기 위해 무엇을 해보았나? 그 노력의 성과는 있었나? 등의 질문을 통해 문제해결의 단서를 발견하고 사고를 확장해 나간다. 이 과정에서 자신에게 맞는 문제해결 방법을 발견하게 된다.

▶▶ 〈예시〉 몸이 안 좋아 회사에 결근한 남편과 현명한 아내의 대화

남편 : 몸이 안 좋아. 오늘 회사에 못 가겠어….

아내 : 많이 안 좋으면 병원에 가요.

남편 : 아니야. 그냥 쉬면 돼. 나 잘래.

아내 : 그래요. 일단은 쉬어요.

(자고 일어난 남편과 다시 대화를 시도함)

아내 : 오늘 당신이 회사에 출근하지 않았는데, 몸이 안 좋아서라고 했지만, 또 다른 이유가 있어요?

남편 : 뭐 몸도 안 좋으니까 회사에 가기 싫고…. 어제 부장님에게 혼도 나고….

아내 : 부장님께 혼도 나고 기분이 안 좋은데 몸 상태까지 나쁘고, 그런 상황에서 회사에 가는 게 많이 힘들었을 거예요. 그런데 여태까지 당신은 한 번도 결근한 적이 없고, 무엇보다 지난번에 독감에 걸렸지만, 회사에 중요한 프로젝트가 있다고 출근했잖아요. 그동안 부장님께 혼난 적이 있지만 회사에 결근까지 한 적은 없었는데, 이번에 한 결근은 당신에게 뭔가 다른 의미가 있는 것 같아요. 혹시 어떤 생각을 하고 있나요?

남편 : 음. 사실 회사를 옮기고 싶다는 생각을 계속하던 차에 부장님께 혼까지 나니까 도저히 출근하고 싶지 않더라고….

아내 : 회사를 이직하고 싶은 생각을 하고 있었군요.

남편 : 그래 맞아. 실은 몇 군데 알아보기도 했어.

아내 : 회사를 알아보기도 하고, 나름대로 이직에 대해 준비하고 있었군요. 그런데 지금까지 나에게 말하지 못한 것을 보면, 뭔가 마음에 걸리는 것이 있었나요?

남편 : 맞아. 솔직히 이직에 대한 자신이 없어. 여기 직장보다 나은 직장이 있을까 하는 생각이 들고….

아내 : 이직을 생각하면서도 이직에 대한 불안한 마음 때문에 갈등을 겪고 있군요.

남편 : 아직 여기보다 괜찮은 직장을 찾은 것은 아니지만, 그래도 여기 회사에 계속 다녀야 한다고 생각하면 가슴이 답답하고, 당장 그만 때려치우고 싶어.

아내 : (남편의 마음을 위로함) 그러면 당신 생각에는 지금 상황에서 어떤 것이 가장 좋은 선택일 것 같아요?

남편 : 뭐 당장 때려치울 수는 없으니깐 괜찮은 직장을 알아보고 나서 좀 지켜보려고….

아내 : (생략)

1단계는 문제를 파악하는 단계로 질문의 기본 육하원칙에 따라 사실(문제/현상/상황/사태)을 명확하게 정의하는 단계이다. 예를 들어 남편은 회사에 결근했고, 이것이 걱정이 된 아내는 이 상황을 정확하게 이해하기 위해 다음과 같은 질문들을 한다. '오늘 당신이 회사에 출근하지 않았는데, 몸이 안 좋아서라고 했지만, 또 다른 이유가 있어요?' 이와 같은 질문을 통해 회사결근이라는 상황을 정의하였다.

여기서 아내는 '또 다른 이유가 있었는가'라는 질문을 통해 몸이 안 좋은 것뿐만 아니라 다른 이유가 있을 수 있음을 가정했고, 이를 질문했다. 대부분은, 아내들은 '몸이 안 좋은 것은 핑계이고, 회사 가기 싫어?, 도대체 뭣 때문이야?'라고 따지기부터 시작하는데, 그러면 상대는 입을 닫아버릴 확률이 높아진다. 이래서야 상황을 정확하게 확인할 수가 없다.

문제정의와 관련하여 아인슈타인(Einstein)은 다음과 같은 말을 하였다.

'문제를 해결할 시간이 1시간이 있고, 그 해결책에 내 인생이 달려있다면, 나는 우선 어떤 질문을 제기하는 게 적절한지 판단하는 데 55분을 쓸 것이다. 일단 적절한 문제를 알기만 한다면 문제해결엔 5분도 걸리지 않기 때문이다.'

아인슈타인의 말은 문제를 정확히 파악하는 것이 문제를 해결할 수 있는 열쇠임을 의미하는 것이다.

2단계는 가설을 세우는 단계로 아내가 회사를 결근한 데는 다른 이유가 있을 것이라고 가정을 하고 질문을 한다. 2단계는 이 가정에 대한 가설을 세우는 단계이다. '부장님께 혼도 나고 기분이 많이 안 좋은데 몸 상태까지 나쁘고, 그런 상황에서 회사에 가는 게 많이 힘들었을 거예요. 그런데 여태까지 당신은 한 번도 결근한 적이 없고, 무엇보다 지난번에 독감에 걸렸지만, 회사에 중요한 프로젝트가 있다고 출근했잖아요. 그동안 부장님께 혼난 적이 있지만 회사에 결근까지 한 적은 없었는데, 이번에 결근한 것은 당신에게 뭔가 다른 의미가 있는 것 같아요. 혹시 어떤 생각을 하고 있나요?' 이와 같은 아내의 질문은 남편의 회사결근이라는 행동은 평소 행동과 다르다는 것을 짚어주고, 남편의 어떤 욕구가 있을 것이라고 가설을 세우고 남편의 의도를 확인하는 질문을 하고 있다. 여기에서 평소 남편의 행동이 달라졌다는 것을 간파한 아내의 통찰력을 엿볼 수 있다.

2단계의 질문을 잘하기 위해 소크라테스식 질문기법을 익혀두는 것은 많은 도움이 된다. 소크라테스식 질문기법은 흔히 산파술 질문기법이라고도 불린다. 이에 대한 자세한 설명은 부록2에서 다루었다.

3단계는 추론한 가설을 검증하는 단계이다. 남편은 아내의 질문에 다음과 같이 대답하였다. '음. 사실 회사를 옮기고 싶다는 생각을 계속하던 차에 부장님께 혼까지 나니까 도저히 출근하고 싶지 않더라고….' 아내의 '회사를 이직하고 싶은 생각을 하고 있었군요.'라는 말에 남편은 '그래 맞아. 실은 몇 군데 알아보기도 했어'라며 이직에 대한 자신의 의도를 밝힌다. 이 둘의 대화를 들여다보면 아내는 남편의 궁극적인 욕구를 확인해 주고 있음을 알 수 있다.

4단계는 문제해결 방법을 탐색하는 단계로 현명한 아내는 다음과 같이 질문한다. '그러면 당신 생각에는 지금 상황에서 어떤 것이 가장 좋은 선택일 것 같아요?'라는 질문으로 남편이 이직이라는 문제를 해결할 수 있도록 격려하고 해결의 실마리를 도출하도록 이끄는 탐색의 방향을 제시하고 있다. 여기에서 중요한 것은 그 해결책이 '왜 좋은지?', '또 다른 해결책은 없는가?'를 몇 차례 질문하여 최선의 해결책을 찾아 나아가는 것이다.

위의 예시에서 제시한 꼬리 질문 원리를 잘 기억하여 익숙해질 때까지 연습하길 바란다. 처음에는 이런 대화법이 익숙하지 않아 잘 이해가 되지 않을 수 있다. 하지만 몇 번씩 읽어보고 실생활에 적용하여 활용해 보려고 시도하는 순간, 자신의 인지과정에 조금씩 변화를 감지할 것이다. 꼬리 질문 원리는 통찰로 가는 지름길이다. 이 원리에 익숙해져서 모든 상황에 적용할 수 있다면 우리는 보다 빨리 통찰이라는 인지근육을 키울 수 있게 된다.

다음 장은 통찰로 가는 인지근육을 향상하는 실질적인 훈련 활동으로 구성되었다. 신체의 근육을 단련하듯 정신작용, 즉 사고(인지) 과정 역시 훈련을 통해 단련할 수 있다는 것을 기억하기 바란다.

그림 I-10 문제해결 질문(꼬리질문) 원칙

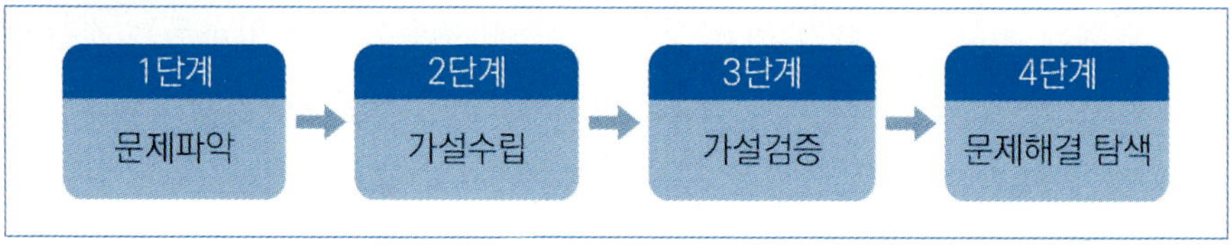

5) 생각 정리

인지훈련을 하기 전에 먼저 생각(사고)을 정리할 필요가 있는데, 생각을 정리하는 방법에 대해 잠깐 살펴보도록 하자. 생각 정리는 복잡한 문제에 부딪혔을 때 유용하게 사용할 수 있는 원리이다.

즉 당장 뭔가를 시작하려고 하는데 마음이 주저되는 경우, 너무 많은 고민을 하느라 시작조차 엄두가 나지 않을 때 활용하면 도움을 받을 수 있다. 대부분은, 우리의 인지가 행동으로 이어질 때 성과라는 결과물을 얻을 수 있다.

그림 I -11 생각 정리 상자

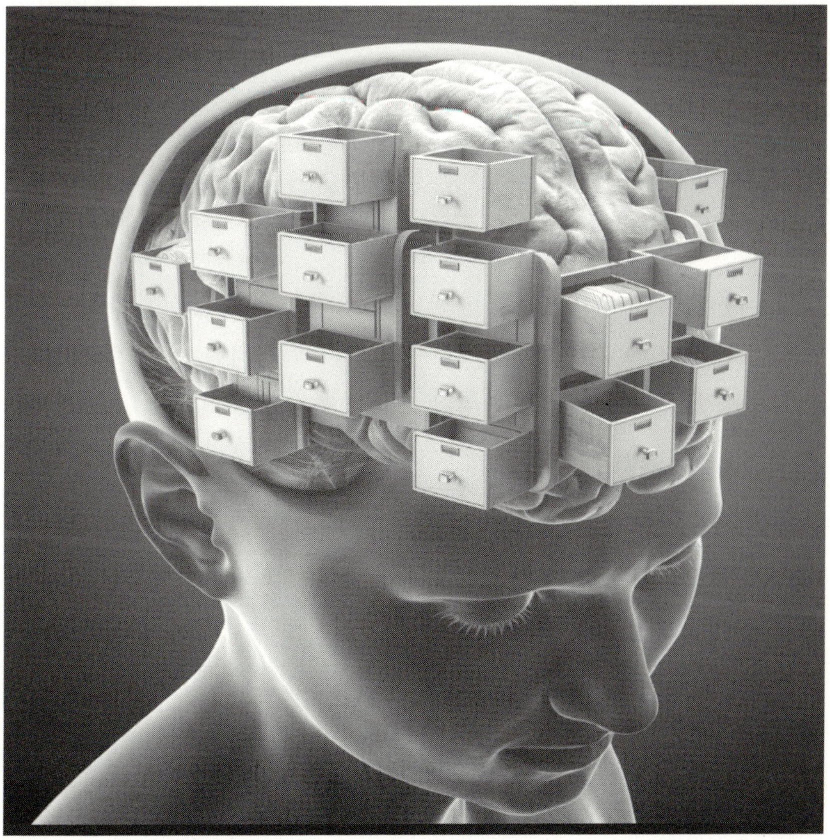

생각이 정리되어야 행동으로 이어지기 쉽다. 생각이 정리되어 있고, 사고 과정이 단순하면 행동으로 옮기는 과정의 불필요한 생각(하지 않으려는 저항)을 치워버릴 수 있기 때문이다. 사고의 과정을 단순화시킨다면 더 빨리 통찰의 과정으로 나아갈 수 있다.

특히, 생각 정리의 1단계 원칙은 창의력과 연결되는 사고 과정이다. 우리는 타인의 시선을 많이 의식하기 때문에 나만의 관점을 가지는 것을 자칫 상대를 배려하지 않은 것은 아닌가 오해하여 주저하게 된다. 상대를 배려하는 것과 나만의 시각을 가지는 것은 별개의 문제이다. 꼬리 질문 원칙이 통찰로 가는 지름길이라면 생각 정리의 원칙은 통찰의 안내자 역할을 한다.

통찰의 매력은 복잡한 사고 과정을 요구하지 않고, 갑자기 이루어진다는 것에 있다. 매사에 자기 생각을 분명하게 잘 정리하는 훈련이 되어 있는 사람은 통찰의 순간을 자주 경험할 수 있다. 단순하고 분명한 사고의 과정이 오히려 복잡하고 어려운 문제를 해결하는 실마리를 발견하는 데 더 유리하다.

복잡하고 정리되지 않은 방에서 내가 필요한 물건을 찾는다고 생각해보라. 찾으려는 엄두가 나지 않을 뿐 아니라 내가 원하는 물건을 찾는 것도 쉽지 않다. 생각을 정리하는 것은 이같이 깔끔하게 정리된 서랍장에서 필요한 물건을 바로 찾을 수 있는 것과 같은 원리이다.

위의 원리들이 충분히 숙지되고 연습되었다면, 이제 인지근육을 훈련하는데 필요한 세팅을 갖춘 셈이다. 지금부터 저자가 개발한 통찰 인지근육을 키우는 자아탐색 프로그램을 소개할 텐데, 처음 접하는 분들은 쉽지 않을 수 있다. 그러나 숙련된 리더와 함께해 나간다면 새로운 경험학습이 될 것이다. 특히 본 프로그램은 집단역동의 상호작용 학습을 경험하도록 고안하였다. 경험학습은 인간처럼 고등동물만이 누리는 고유한 학습방식으로 온몸으로 체득한 의식적인 학습은 평생 기억에 아로새겨질 것이다.

▸▸ 생각 정리 원칙

1. 1단계 : 나만의 관점, 시각을 가진다.
   자기 생각의 기준을 타인에게 두지 않는 것이 중요하다. 즉, 자기 생각부터 점검한다. 타인의 생각을 무시하라는 의미가 아니다.
   ① 내가 원하는 것이 무엇인지
   ② 내가 어떻게 하고 싶은지
   ③ 나에게 중요한 것이 무엇이며, 그것을 알고 있는지 질문해 본다.

2. 2단계 : 생각이 복잡해지고 많아진다면 자신의 느낌(좋다/싫다)을 기준으로 생각을 정리한다.
   지금 하는 생각에 대해 내가 느끼는 감정이 좋은지, 나쁜지, 느껴지는 대로 나쁘다면 과감히 그 생각을 생각의 쓰레기통으로 던져버릴 수 있어야 한다.

3. 3단계 : 당장 할 수 있는 행동을 시작점으로 사고하라.
   당신의 말은 혹은 생각은 너무 많고 복잡하다. 너무 많은 여러 사항을 고려하다 보니 뭐부터 시작해야 할지 희미해진다. 위의 1, 2단계로 생각이 정리되었다면 당장 할 수 있는 행동을 찾아 시작한다. 처음부터 무리할 필요가 없다. 무리하면 시작할 엄두가 나지 않는다. 시작이 반이다. 대부분의 일은 시작하면 어떻게든 끝을 보게 되어 있다는 사실을 기억하라.

그림 I-12 생각 정리 원칙

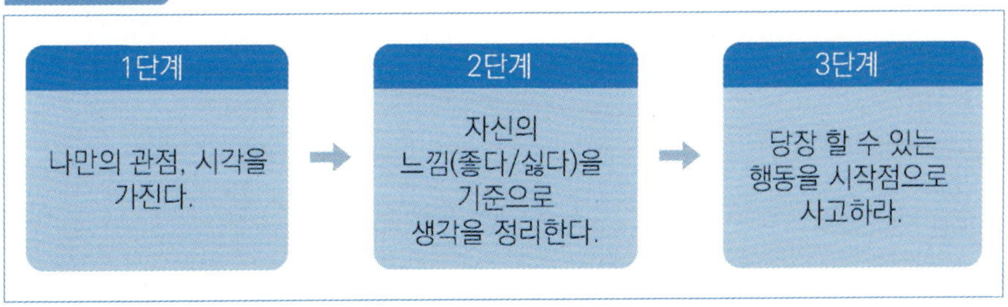

두뇌 안에는 개구쟁이 작은 원숭이가 살고 있다는 말을 들어 본 적이 있는가? 인간은 나에게 유익하지만 하기 귀찮거나 어려운 일을 대할 때, 여러 핑계를 대면서 일을 미루는 특성이 있다. 이를 개구쟁이 작은 원숭이가 어렵고 지루한 일은 제쳐두고 놀자고 끊임없이 유혹하는 것으로 비유한 표현이다.

그림 I-13 우리를 핑계쟁이로 만드는 개구쟁이 원숭이

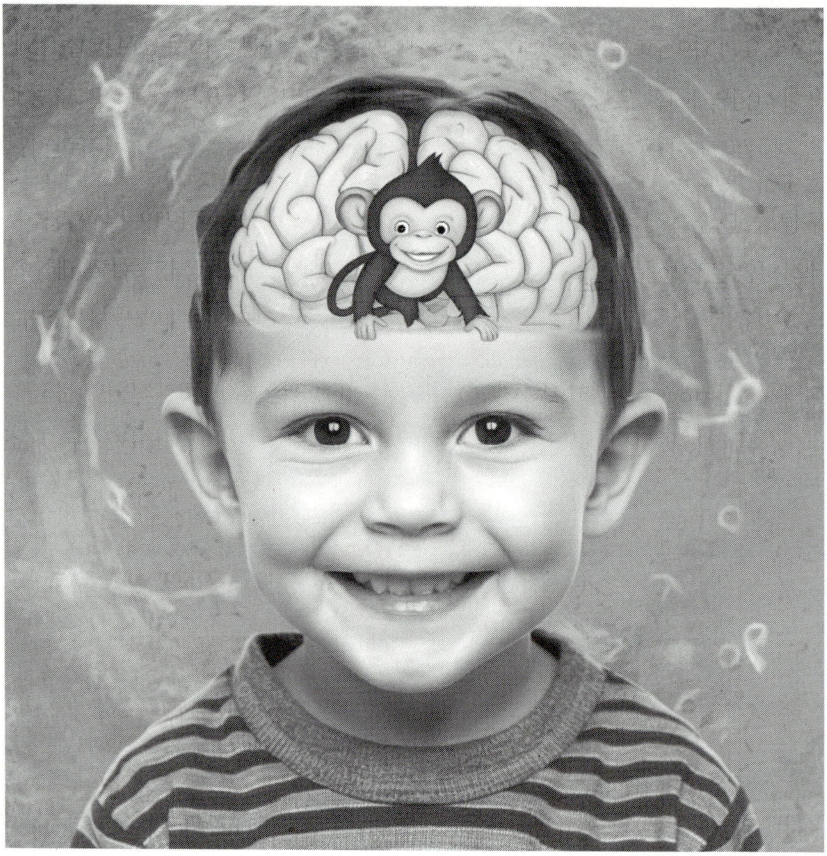

우리 뇌는 지루하다, 귀찮다, 어렵다고 인식하는 순간, 이와 관련하여 나의 의지를 꺾어 버리고 저항하려는 온갖 핑계들이 떠오르게 된다. 나의 의지를 꺾어 버리는 저항을 해결하기 위해서는 2단계 원칙에서 자신의 감정의 좋고 싫음을 민감하게 인식하는 것은 무엇보다 중요하다. 결국 자신의 관점과 시각을 가진다는 것은 바로 자신의 호불호와 관련이 되기 때문이다.

예를 들어 시험 기간에 시험 대비 공부를 하는 것이 나에게 유익하고, 당장 하고 싶고, 해야 할 일인 줄은 알지만 귀찮고, 놀고 싶고, 온갖 유혹과 방

해들이 나를 혼란스럽게 하는 경험을 누구나 해 보았을 것이다. 이때, 놀면서도 마음이 무겁고 노는 게 노는 것 같지 않고, 즐겁지 않았을 것이다. 그런데 이러한 유혹을 이기고 공부하고 난 후는 어떠한가? 마음의 평안함을 경험하였을 것이다. 이처럼 공부를 하기 전, 많은 유혹과 저항들이 나의 머릿속을 복잡하게 한다.

그때, 이렇게 생각해본다면 어떨까? (힘들겠지만,) 공부를 하는 나의 모습, 마음 불편해하며 놀고 있는 나의 모습, 두 가지를 떠올려 보고 어떤 것이 더 좋은가?라고 질문을 해보면, 결론은 분명해진다. 공부하는 내 모습이 더 좋다. 그렇다면 놀기 위해 핑계를 대고 저항하는 온갖 생각들을 과감하게 생각 쓰레기통에 던져버려라.

이제 복잡했던 생각의 산을 넘었다. 그렇다면 지금부터 생각을 행동으로 옮길 때이다. 행동으로 옮기는 방법은 너무도 단순하다. 나의 목표 행동을 조성하는 것이다. 목표 행동을 조성한다는 것은 목표행동에 근접하기 위해 최소단위로 행동을 세분화하는 것을 의미한다. 이것은 마치 돌고래가 피아노 치는 쇼와 같다.

돌고래는 처음부터 피아노를 칠 수 없다. 조련사는 돌고래가 피아노를 칠 수 있도록 하기 위해 돌고래의 피아노 치는 목표 행동을 조성하기 시작한다. 즉, 돌고래가 피아노 근처에 오기만 하면 먹이를 주어 칭찬해준다. 돌고래는 이제 피아노 근처에서만 놀려고 할 것이다. 조련사는 이제 먹이를 주지 않는다. 그러다가 돌고래가 피아노를 건드리는 순간 먹이를 주기 시작한다. 돌고래는 열심히 피아노를 건드린다. 그러다 다시 조련사가 먹이를 예전만큼 주지 않는다. 특정 음의 건반을 두드릴 때만 먹이가 주어진다. 다음은 두 개, 세 개의 건반을 순서대로 칠 때만 먹이를 준다. 결국 돌고래는 짧은 노래 한 곡을 완성하게 된다.

위의 예시처럼 우리의 행동을 세분화할 수 있다면 우리는 결국 우리가 그토록 원하던 목표 행동을 완성하게 된다. 즉 공부하고 싶다면, 책상에 앉아 있는 조성 행동부터 시작하면 된다. 다음은? 또 그다음은? 우리가 돌고래보다 낫지 않은가?

다음 장은 인지근육을 키우기 위해 알아두면 좋을 주요 개념에 관해 설명하고 있다. 단련하고자 하는 근육이 어디에 붙어있고, 어떤 기능을 하고, 어떤 이름으로 불리는지 알게 되면 더 재미있게 근육을 단련할 수 있다.

마찬가지로 인지근육과 관련된 내용을 기본적으로 이해하고 있을 때, 인지근육 훈련이 더욱 재미있게 느껴질 것이다.

그림 I-14 피아노 치는 돌고래

(잠시 사유하기) **메타인지**

1. 지금, 이 순간 지배적인 내 생각은 무엇인가? 나는 그 생각을 하고 싶어서 하는 것인가? 아니면 침습적 사고인가? (침습적 사고: 원하지 않는데도 계속 떠오르는 생각)

2. 원하지 않는 나의 침습적 사고가 무엇인지 알고 있는가? 그러한 생각들은 어떤 것들이 있는가?

3. 내 생각과 행동이 연결되어 있다는 것을 알 수 있는가? 예를 들어 설명할 수 있는가?

요약

4장 통찰 인지근육 키우기 I

1) 일반적인 통찰력 향상 방법
- 호기심과 개방적인 태도
- 다양한 영역의 지식 탐색
- 비판적 사고력
- 관찰과 경험
- 창의적인 활동
- 자기반성과 피드백
- 협업과 토론

2) 통찰력 수준 평가
- 점수 자체 해석보다는 통찰 인지근육 훈련 후 향상 정도를 확인하는 목적으로 활용한다.

3) 비판적 사고와 메타인지, 문제해결 능력
- 비판적 사고능력은 사실이나 현상을 날카롭게 논리적이고 합리적으로 분석하는 사고력이다.
- 메타인지는 사고의 사고이며, 내가 지금 무슨 생각을 하고 있는지 알고 있는 상태를 의미한다.
- 문제해결 능력은 목표를 달성하기 위한 방법을 찾아 해결해 나가는 능력이다.

4) 문제해결 질문(꼬리 질문)
- 문제해결 질문은 사물이나 현상의 핵심을 파악하는 문제해결 접근방식의 질문을 의미한다.

5) 생각 정리
- 생각 정리 3원칙
  - 1단계 : 나만의 관점, 시각을 가진다.

- 2단계 : 생각이 복잡해지고 많아진다면 자신의 느낌을 기준으로 생각을 정리한다.
- 3단계 : 당장 할 수 있는 행동을 시작점으로 사고하라.

메모

5 통찰 인지근육 키우기 II

칼 포퍼(Karl Popper)는 그의 저서 「과학적 발견의 논리(*The Logic of Scientific Discovery*)」에서 새로운 이론이나 과학적인 발견을 하는 최초 단계에서 과학자들의 사고 과정은 논리적이지 못하고 비합리적이라고 하였다. 그는 이러한 비합리적인 요소를 창조적 직관(creative intuition)이라고 불렀다.

1950년대 당시에는 인간의 사고의 과정을 실험적으로 밝히는 데 한계가 존재했다. 그러나 아직도 이 주제는 논란이 되고 있다. 이는 인간의 사고 과정이 단순하지 않고 복잡하며 심지어 신비스럽기까지 하다는 것을 시사한다. 지금부터 여러 인지 개념에 대해 논의하면서 사람이 어떻게 이런 신비스럽기까지 한 창조적 직관을 발휘할 수 있는지 생각해보고, 어떻게 통찰 인지근육을 향상시킬 수 있을지 알아보자.

1) 조망수용 능력

조망수용 능력이란 타인의 관점, 입장, 사고, 감정 등을 추론하여 이해하는 능력이다. 이는 사회적 관계를 이해하고, 인지하여 타인과 상호작용하는 데 중요한 역할을 하도록 도와준다. 조망수용 능력은 아동기부터 발달하기 시작하여 성인기에 완성된다.

피아제(Piaget)는 세 산 모형실험에서 전조작기 나이(2~7세)에 해당하는 아동의 자아 중심성을 실험적으로 보여주었다. 타인의 관점을 이해하는 능력(조망수용 능력)이 발달하지 않은 아동은 자신의 관점만을 기준으로 생각한다는 것을(자아 중심성) 증명한 것이다.

피아제는 인지발달이 단계적으로 이루어진다고 주장하였는데, 그의 인지발달 4단계를 살펴보면 다음과 같다.

① 1단계: 감각운동기(0~2세)

- 이 단계는 아동이 감각과 운동을 통해 세상을 경험하는 시기이다.

- 아동은 반사행동으로 시작하여, 점차 대상을 영구히 인지하고(대상영속성 개념 발달), 의도적인 행동을 하게 된다.
- 대상영속성 개념, 보이지 않는 대상이 여전히 존재한다는 것을 이해하게 된다(예를 들어, 까꿍 놀이).

② 2단계: 전조작기(2~7세)

- 이 단계는 아동이 상징을 사용하여 사고할 수 있게 되는 시기이다.
- 아동은 언어를 발달시키고, 표상적인 놀이를 하며, 심리적 표상을 사용하게 된다.
- 하지만 아직 자기중심적인 사고방식을 가지고 있으며, 타인의 관점을 전적으로 이해하지는 못한다.

③ 3단계: 구체적 조작기(7~11세)

- 이 단계는 아동이 구체적인 사고를 할 수 있게 되는 시기이다.
- 아동은 논리적 사고능력을 발달시키고, 수량, 질량, 부피 등의 개념을 이해하게 된다.
- 또한 역류성을 이해하고, 보존개념을 습득하게 된다.

④ 4단계: 형식적 조작기(11세 이후)

- 이 단계는 아동이 추상적인 사고를 할 수 있게 되는 시기이다.
- 아동은 가설 설정, 추론, 논쟁 등의 능력을 발달시키고, 추상적인 개념을 이해하게 된다.
- 또한, 미래에 대해 사고를 하고, 가능성에 대해 생각하게 된다.

피아제의 인지발달 단계는 아동의 인지발달 과정을 이해하는 데 중요한 역할을 하였다. 피아제는 인간은 단순히 지식을 축적하는 존재가 아니라 적극적으로 세상을 경험하고, 구성하며, 자신의 인지구조를 발달시키는 존재임을 실험적으로 증명하였다.

사회인지 이론가 셀만(Selman)은 그의 사회적 조망수용이론에서 아동의 조망수용 능력 발달단계를 4단계로 제시하였다. 단계별 발달 과정을 구체적으로 살펴보면 다음과 같다.

① 1단계: 미분화적 조망수용(3~6세)

- 타인의 생각과 감정이 자신의 것과 다를 수 있다는 것을 인지하지 못한다.
- 자신의 관점만을 고려하고 타인의 처지를 이해하지 못한다.
- 사회적 규칙을 이해하지 못하고, 자신의 욕구를 충족시키는 데만 관심을 둔다.

② 2단계: 사회정보적 조망수용(4~9세)

- 타인의 생각과 감정이 자신의 것과 다를 수 있다는 것을 인지하기 시작한다.
- 타인의 관점을 단순히 인지하지만, 여전히 자신의 관점에 치우쳐 있다.
- 사회적 규칙을 이해하기 시작하지만, 규칙을 지키는 데 어려움을 느낀다.

③ 3단계: 상호 조망수용(7~12세)

- 타인의 관점을 이해하고, 자신의 관점과 타인의 관점을 비교할 수 있다.
- 타인의 감정에 공감하고, 타인과의 관계를 유지하기 위해 노력한다.
- 사회적 규칙을 이해하고, 규칙을 지키려고 노력한다.

④ 4단계: 제3자적 조망수용(10~15세)

- 자신과 타인, 그리고 제3자의 관점을 동시에 고려할 수 있다.
- 사회적 관계의 복잡성을 이해하고, 다양한 관점을 조율할 수 있다.
- 사회적 규칙의 의미를 이해하고, 규칙을 유연하게 적용할 수 있다.

셀만의 사회적 조망수용이론은 아동의 사회적 사고발달 과정, 즉 사회영역에서 인지발달 과정을 이해하는 데 이바지하였다. 사회영역의 인지근육은 타인의 관점을 이해하는 능력이라고 할 수 있다. 아동기에서부터 점진적으로 발달하여 사회적 관계 형성과 유지에 중요한 역할을 하게 된다.

조망수용 능력은 분쟁과 갈등을 해결하는 능력이며, 도덕성과 시민의식

함양에 필수적으로 고려해야 할 관점이다. 사회적 관계 문제를 해결함으로써 자존감이 향상되어 사회적 적응 능력을 높일 수 있게 된다.

이러한 이점 덕분에 심리치료나, 연구 등에서도 자주 활용되고 있다. 사회불안 장애 치료, 자폐스펙트럼 장애 치료, 대인관계 장애 치료에서 조망수용 능력의 관점을 배우도록 하고 있다. 또한 아동의 사회적 인지발달 연구, 사회적 관계형성 및 유지 연구, 사회적 문제행동 연구에서 자주 다루어지고 있는 개념이다.

피아제와 셀만의 이론은 아래와 같은 차이점이 존재하기는 하지만, 두 이론 모두 인지능력이 단계적으로 비슷한 시기에 발달한다고 설명하고 있다. 또한 두 이론은 아동의 자기중심성이 점진적으로 극복되면서 타인의 관점을 이해하는 능력인 조망수용 능력이 발달할 수 있다고 주장한다.

- 피아제의 이론은 아동의 일반적인 인지발달에 초점을 맞추고 있다.
- 셀만의 이론은 아동의 사회적 인지발달에 초점을 맞추고 있다.
- 피아제의 이론은 아동의 사고과정에 초점을 맞추고 있다.
- 셀만의 이론은 아동의 사회적 관계에 초점을 맞추고 있다.

피아제의 인지발달이론과 셀만의 사회적 조망수용이론을 정리해보면, 감각운동기(0~2세)는 아동이 자기 감각과 운동을 통해 세상을 경험하게 되지만, 타인의 관점을 이해하지 못하는 시기이다.

전조작기(2~7세)는 인지가 조금 발달하여 상징을 사용하여 사고할 수 있으나, 여전히 자기중심적인 사고방식에서 벗어나지 못한다.

구체적 조작기(7~11세)는 논리적 사고능력이 발달하게 되면서 드디어 아동은 타인의 관점을 이해하는 게 가능해진다.

마지막으로 형식적 조작기(11세 이후)는 고급 사고능력인 추상적 사고가 발달하여 다양한 관점을 고려할 수 있게 되면서 사회적 문제를 해결하는 조망수용 능력을 사용할 수 있게 된다.

통찰 인지근육을 단련하기 위해 조망수용 능력이 중요한 이유는 바로 자기중심성에서 벗어나서 객관적으로 사실이나 현상을 파악할 수 있기 때문이다. 자신의 관점뿐 아니라 여러 타인의 관점까지도 수용하게 되면 다차원적으로 인지하는 것이 가능해져 통찰력을 향상할 수 있다.

그림 I-15 피아제의 세 산 모형 실험

통찰을 방해하는 우리의 관점 중 하나가 바로 근시안적이고 일차원적인 사고방식이다. 이러한 사고방식은 주로 자신만의 주관적인 사고에 의존하려고 하는 자기중심성에서 비롯된다.

통찰 인지근육과 조망수용 능력은 선순환의 관계에 있다고 볼 수 있다. 통찰력을 기르기 위해 사물을 객관적으로 인지하려고 하는 태도와 자세는 조망수용 능력을 향상시킨다. 조망수용 능력을 기르기 위해 상대의 입장과 생각, 감정을 주의 깊게 살피다 보면, 자신의 주관성(자기중심성)에서 벗어나 인지적으로 유연해져 통찰 인지근육이 강화된다.

따라서 통찰 인지근육을 기르기 위한 활동 중에 자신의 조망수용 능력의 수준을 확인하고, 점검할 필요가 있다.

표 Ⅰ-5 피아제와 셀만의 이론 비교

구 분	피아제 인지발달	셀만의 사회적 조망수용
1단계	감각운동기(0~2세)	미분화적 조망수용(3~6세)
	• 감각과 운동을 통해 세상을 경험 • 반사행동, 대상영속성 개념	• 자신과 타인의 생각이 다름을 인지하지 못함 • 자신의 관점만을 고려 • 사회적 규칙을 이해하지 못함
2단계	전조작기(2~7세)	사회정보적 조망수용(4~9세)
	• 상징적 사고 • 언어 발달, 심리적 표상 • 자기중심적 사고	• 자신과 타인의 생각이 다름을 인지하기 시작 • 타인의 관점을 인지하나, 여전히 자신의 관점에 집중 • 사회적 규칙을 이해하지만 지키는 데 어려움
3단계	구체적 조작기(7~11세)	상호 조망수용(7~12세)
	• 논리적 사고능력 • 역류성, 보존개념	• 자신과 타인의 관점을 비교 가능 • 타인의 감정 공감, 관계 유지를 위해 노력 • 사회적 규칙을 지키려고 노력

	형식적 조작기(11세 이후)	제3자적 조망수용(10~15세)
4단계	• 추상적 사고, 추론, 논쟁 등 • 미래지향적 사고	• 자신과 타인, 제3자의 관점을 동시에 고려 • 사회적 관계의 복잡성을 이해, 다양한 관점을 조율 • 사회적 규칙의 의미를 이해하여 유연하게 적용

2) 고정관념 및 인지적 유연성

앞에서 조망수용 능력에 대해 살펴보면서, 조망수용 능력을 방해하는 주요 요인이 바로 자기중심성이라는 것을 확인하였다. 아동이 어린 시절 부모로부터 올바른 훈육을 받지 못하고, 응석받이로 자라게 된다면, 성인이 되어도 자기중심성을 벗어나기 어렵다.

특히 자기중심성은 어린 시절 고착화되는 경우가 많아서 성인이 된 후에도 스스로 알아차리기가 쉽지 않다. 살다가 여러 상황에 부딪힐 때 '왜 이렇게 힘들지?, 사람들이 왜 나를 반대하지?, 사람들이 왜 나를 싫어하지?'라는 생각을 하게 되는 순간이 있다. 저자는 이 순간을 자기중심성을 조금 자각한 때라고 본다(다른 심리적 어려움과 함께). 그러나 이것 역시 쉽지는 않다. 이렇게라도 알게 된다면 감사한 일이다.

대부분 경우, 자각하기보다는 우울증이나 사회 불안증으로 진행되기가 쉽다. 인지심리학자 아론 벡은 우울증이 있는 사람에게서 나타나는 특징 세 가지 사고 경향성을 발견하였다. 그는 자기 자신, 주변 환경(자기 경험), 미래에 대한 부정적이고 비관적인 기대와 평가에 대한 사고 경향성, 세 가지 특징을 인지삼제라고 불렀다.

벡(Beck)은 우울증이 있는 사람들의 사고 과정에는 비현실적이고 합리적이지 못한 인지왜곡과 부정적이고 자기파괴적인 사고패턴을 보인다는 것을 발견하였다. 즉 이들은 부정적이고 비관적인 자아관과 세계관을 가지고 있는 것으로 보인다.

자기중심성으로 인해 인지체계는 주관적이고 일차원적인 사고방식으로 굳어지는 듯하다. 주관적이고 일차원적인 사고방식은 다른 말로 고정관념이라고 할 수 있다. 고정관념은 '사람들의 행동을 결정하는 잘 변하지 않는 굳은 생각, 또는 지나치게 당연한 것처럼 알려진 생각'으로 변하지 않는 고정된 사고방식을 의미한다.

고정관념은 대부분 뚜렷한 근거가 없고 감정적인 판단에 의한 경우가 대부분이다. 즉 고정관념에서 비롯된 생각은 그때그때 변하는 감정에 의한 판단으로 인해 신뢰하기 어렵다.

이와 유사한 단어로는 편견(偏見), 선입견(先入見)이 있다. 편견은 공정하지 못하고 한쪽으로 치우쳐 있는 생각을 의미한다. 선입견은 마음속에 고정된 생각으로 여러 방면에서 고려하지 못하는 사고방식이다. 저자는 고정관념, 편견, 선입견이란 단어를 볼 때마다 경주마와 폭주 기관차를 떠올리게 된다.

그림 Ⅰ-16 경주마

말의 기수는 경주마가 한눈팔지 못하게 오직 앞만 보고 달리도록 경주마의 눈에 특별한 안대를 착용시킨다. 양옆을 막고 앞만 볼 수 있게 시야를 제한한 안대를 한 경주마. 고정관념과 편견, 선입견으로 세상을 보는 사람들의 모습이 마치 이와 같다.

경주마는 앞만 볼 수 있기 때문에 자기 눈에 보이는 직진 길로만 달리게 된다. 마찬가지로 고정관념을 가지고 세상을 보는 사람들은 자신이 보는 것이 전부라고 생각해서 한 가지 생각에만 사로잡혀 사고한다. 사로잡힌 이 한 가지 생각이 비합리적이고 비관적일 경우, 결국 폭주하는 기차와 같다.

이런 경주마와 같은 사고를 하는 사람들에게 필요한 것은 바로 안대를 벗어 던지는 것이다. 안대를 벗어 던지고, 자신과 세상에 대해 명확하게 바라보고 사고하기 위해 인지적 유연성을 가져야 한다.

인지적 유연성은 서로 다른 개념들을 받아들이거나, 완전히 새롭게 변화하는 환경에서 목표 달성을 위해 자기 행동을 조절할 수 있는 인지적 능력이다. 즉 인지적 유연성은 고정관념, 편견, 선입견과 반대로 한쪽으로만 치우쳐 고정되어 있지 않고, 다방면으로 상황을 살피고 고려할 수 있는 인지 상태를 의미한다.

유연하다는 것은 딱딱하여 고정되어 움직이지 못하는 모습이 아니라 부드럽고 연하여 자연스럽게 휘어지기도 하여 잘 적응할 수 있는 상태를 뜻한다. 인지적으로 유연하다는 것도 마찬가지로 고정되어 있지 않고 편협하게 치우쳐 있지 않은 적응적인 사고방식을 가리킨다.

인지적 유연성을 가지고 사고하는 사람은 예상치 못한 상황에 빠르게 대처하고 적응하여 당면한 문제에 대한 해결책을 찾을 수 있는 사람들이다. 인지심리학을 연구하는 학자들은 이런 유연한 사고를 창의력의 핵심이라고 주장한다. 저자 역시 이 주장에 동의한다.

일반적으로 적응력이 높거나, IQ가 높은 사람들은 여러 측면과 경우의 수를 고려하여 재빨리 패턴을 찾아내는 문제해결 능력이 뛰어난 사람들이다. 이것은 바둑이나 체스 경기를 수행하는 과정과 흡사 유사하다.

헬슨과 크러치필드(Helson & Crutchfield)는 수학자를 대상으로 한 유연성 실험에서 창의력이 높은 수학자가 그렇지 못한 수학자보다 유연성이 높음을 발견하였다. 마찬가지로 로우즈(Rouse)의 연구에서도 창의력과 유연성이 높은 상관관계가 있음을 확인하였다.

바둑이나 체스를 배워본 사람들이라면 이 말뜻을 이해할 수 있을 것이다. 일반인들이 2~3가지 혹은 최대 5~6개 정도의 경우 수를 고려하여 바둑을 둔다면, 고수들은 그 이상의 경우 수를 짧은 시간 안에 계산해 내는 사람들이다.

유연한 사고는 다방면을 고려하여 새로운 아이디어를 발견하거나, 아이디어 간의 새로운 연결고리를 만들어 내어 기발한 해결책을 찾도록 도와준다. 본인이 지금까지 경험해 보지 못한 문제에 대한 기발한 문제해결 능력을 창의력이라고 한다면, 유연한 사고는 창의력을 발휘하도록 돕는 사고 과정이라고 할 수 있다.

유연한 사고는 다양한 관점에서 사물을 바라보고, 새로운 해결책을 찾을 수 있는 사고능력이고, 통찰력은 문제의 핵심을 빠르게 파악하여 새로운 아이디어를 떠올릴 수 있는 사고능력이다. 즉 유연한 사고와 통찰력은 매우 유사한 사고 과정 패턴을 가진 듯 보인다.

즉 유연한 사고는 다양한 관점에서 문제를 바라봄으로써 문제의 핵심을 파악하고, 새로운 해결책을 찾아가는 사고 과정이다. 이러한 유연한 사고 과정에서 자연스럽게 고정관념이 깨어지게 된다.

유연한 사고를 하기 위한 훈련은 통찰력을 향상하는 좋은 훈련이 될 수 있다. 이와 관련하여 몇 가지 팁을 제시하면 다음과 같다.

- 다양한 관점에서 사물을 바라보는 연습을 한다.
- 새로운 아이디어를 수용하는 과정에서 고정관념이 깨어지는 것을 배울 수 있다.
- 문제해결 과정에서 다양한 방법을 시도해보고, 실패를 두려워하지 않는다.
- 새로운 것을 배우는 것 자체를 즐긴다.
- 브레인스토밍을 하면서 여러 아이디어를 꺼내 놓고, 의견을 나누어 본다.
- 모든 의견의 장단점과 비교해 본다.

3) 기억체계

기억을 더 잘하는 사람들의 기억체계는 일반인들과 다른가? 더 뛰어난 뭔가가 있을까?

기억의 과정은 뭘까? 중요한 정보를 머릿속 어딘가에 잘 저장했다가 필요시 꺼내어 그 정보를 활용하는 행위라고 볼 수 있다.

즉, 기억을 한다는 것은 정보를 입력하여 처리한 후, 그 정보를 부호화하고 저장하여 필요시 회상해 내는 고도화된 인지능력이다. 기억이 고도화된 인지능력이라면, 통찰력과 기억은 어떤 관계가 있을까?

기억은 정보를 저장하고 필요할 때 그 정보를 꺼내어 사용할 수 있는 능력이기 때문에 학습, 사고, 문제해결, 의사결정을 위한 인간의 모든 인지 활동에 필수적인 요소라고 할 수 있다.

예를 들어 사고 과정에서 흘러가는 내용의 전체 맥락을 이해하고 기억할 수 없다면, 우리는 매번 같은 주제의 사고 과정을 반복해야 할지도 모른다. 앞의 내용을 기억해야 뒤의 내용을 이어서 전개해 나갈 수 있기 때문이다.

기억에 관한 연구는 인간의 인지체계를 컴퓨터에 빗대어 정보처리관점으로 설명하려는 시도에서 시작되었다. 기억과정은 일반적으로 인지(인식) → 저장 → 인출(회상)의 과정으로 이루어진다고 보고 있다.

즉 기억모델은 컴퓨터의 정보처리이론에 기반하고 있다. 대표적인 기억모델로 앳킨슨과 쉬프린(Atkinson & Shiffrin)의 다중저장소 기억모델 이론이 있다. 그들은 인간의 기억에는 감각기억, 단기기억, 장기기억이라는 세 가지 구성요소가 존재한다고 설명한다.

- 감각기억은 오감(감각등록기)을 통해 들어온 최초 정보를 저장하는 곳이다. 정보처리 용량은 무한대로 가능하지만, 지속시간은 매우 짧다. 입력된 정보에 주의를 기울이지 않으면, 단기기억으로 넘어가지 못하고 빠르게 유실되어 버린다. 반대로 잊히지 않은 기억은 단기기억과 장기기억으로

넘어간다.

- 단기기억은 감각등록기에서 주의 집중하여 유실되지 않은 정보들과 장기기억에서 인출(회상)된 정보들이 있는 곳이다. 단기기억의 지속시간은 0.5초에서 2~3분 정도라고 알려져 있다. 보통 단기기억의 정보량은 7±2개로 제한적이다(특별한 기억훈련법을 터득한 경우, 수백 개까지 가능한 사람들도 있다).

우리 뇌는 정보를 더 쉽게 기억할 수 있도록 의미 있는 단위(청킹Chunking)로 묶어 기억하려고 한다. 예를 들어 전화번호를 기억하기 위해 숫자 하나하나 기억하기보다는 3개, 4개씩 숫자를 묶어 기억한다. 이를 청킹 기억법이라고 하는데 정보처리 과정과 기억에 필요한 인지 노력을 줄이고, 기억 회상을 촉진해 준다.

청킹 기억법의 예시로는 기본적으로 의미 있는 단위로 묶는 방법과 시각적 이미지를 기억정보와 연결하는 연상법, 기억해야 할 정보를 이야기나 노래로 만들어 기억하는 방법 등이 있다.

단기기억의 중요한 역할 중의 하나가 바로 기억해야 할 정보에 더욱 주의를 기울이고, 반복하여 장기기억으로 전달하는 기능이다. 즉 단기기억에서 정보를 처리하고 의미를 부여하는 작업이 이루어진다.

- 장기기억은 방대한 정보를 영구적으로 저장하는 곳이다. 시간의 제한을 받지 않고 정보를 유지하고, 필요시 정보를 자유롭게 회상할 수 있다. 장기기억 속에 저장된 기억은 사실, 지식과 같은 의미기억과 개인의 경험이 축적된 에피소드 기억으로 구성된다.

그림 I-17 다중저장소 기억모델 도식

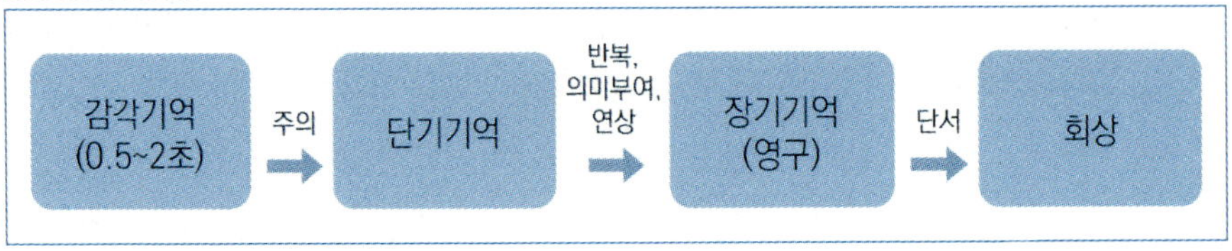

기억과정을 정보의 흐름으로 살펴보면, 기억정보는 감각기억에 저장된 후 주의를 통해 단기기억으로 전달된다. 단기기억에서 정보는 반복, 의미 부여, 연상 등을 통해 장기기억으로 저장될 수 있게 된다. 장기기억에 저장된 정보는 필요할 때 단서를 통해 회상된다.

다중저장소 기억모델은 인간의 기억을 지나치게 단순화하고, 기억의 다양한 현상을 설명하지 못한다는 지적을 받고 있다. 이후 작업 기억모델, 수준처리 기억모델 이론 등 더욱 발전된 모델이 연구되었다. 그러나 다중저장소 기억모델은 인간의 기억 정보처리 과정을 단계별로 명확하게 설명한 모델이다.

작업 기억모델은 정보를 유지하고 조작하는 인지활동에 초점을 맞춰 설명한 기억모델 이론이다. 작업 기억모델은 인간의 기억과정이 감각기관으로부터 들어온 정보를 머릿속에 잠시 잡아 두었다가 기억한다는 이론모델이다. 이 모델은 감각기억, 중앙집합체, 음운고리, 시공간 메모장, 주변시스템 등 다음 네 가지 구성요소로 이루어져 있다.

- 중앙집행체는 정보유지, 조작, 주의집중, 계획, 문제해결 등을 담당하는 중심적인 시스템으로 인지활동과 밀접하게 관련된다.

- 음운고리는 청각정보를 저장하고 반복하는 시스템으로 약 20초 동안 이 청각정보를 유지하는 것으로 알려져 있다.

- 시공간 메모장은 시각정보를 저장하고 조작하는 시스템으로 약 2초 동안 이 시각정보를 유지할 수 있다고 한다.

- 주변시스템은 들어온 정보들을 장기기억과 연결하는 역할을 하는 시스템이다. 정보가 처음 인식되는 저장소인 감각기억과 상호작용하여 작업이 이루어지는 곳이다.

그림 Ⅰ-18 작업 기억모델 도식

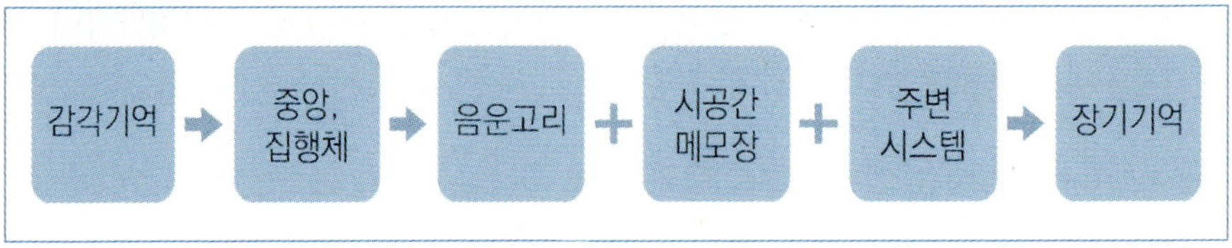

작업 기억모델은 인간의 인지활동을 이해하고 설명할 수 있는 기억모델 이론이다. 다양한 연구 결과를 통해 작업 기억모델은 학습, 문제해결, 의사결정 등 다양한 인지기능의 중요한 역할을 설명할 수 있는 모델이다.

작업 기억모델의 기능에는 정보를 일시적으로 저장하여 사용할 수 있도록 하는 정보유지의 기능, 정보를 분석하고 변형하여 새로운 정보를 생성하는 정보조직의 기능, 특정 정보에 집중하고 주의를 유지하는 주의집중의 기능, 목표를 설정하고 계획을 수립하는 계획의 기능, 문제를 분석하고 해결책을 찾는 문제해결의 기능 등이 있다.

즉 작업 기억모델은 실제로 우리의 인지활동이 이루어지는 작동과 원리를 설명하는 이론이라고 할 수 있다.

작업 기억모델이 인지활동에 대한 이론이라면, 수준처리 기억모델은 정보처리의 깊이가 기억에 미치는 영향을 강조하는 기억모델 이론이다.

수준처리 기억모델은 정보처리의 과정이 단계적으로 이루어지고, 정보처리 수준에 따라 기억 저장 여부에 영향을 미친다는 것을 가정하고 있다. 즉 정보처리 수준이 높을수록 더 많은 인지 자원이 사용되고 기억에 더 강하게 저장되어 기억 지속시간이 길어진다.

그림 Ⅰ-19 단순 수준처리 기억모델 도식

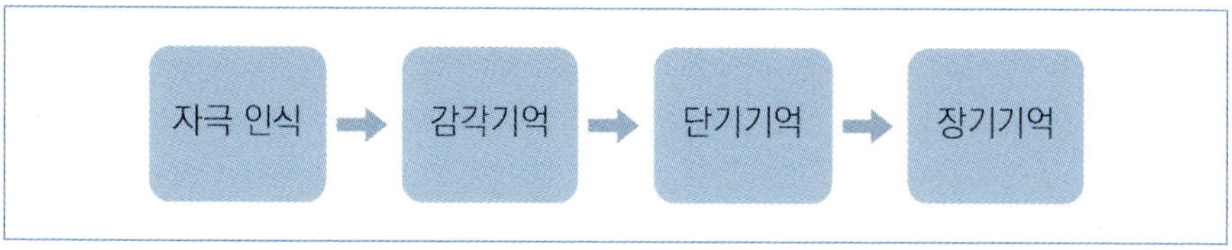

그림 Ⅰ-20 심화 수준처리 기억모델 도식

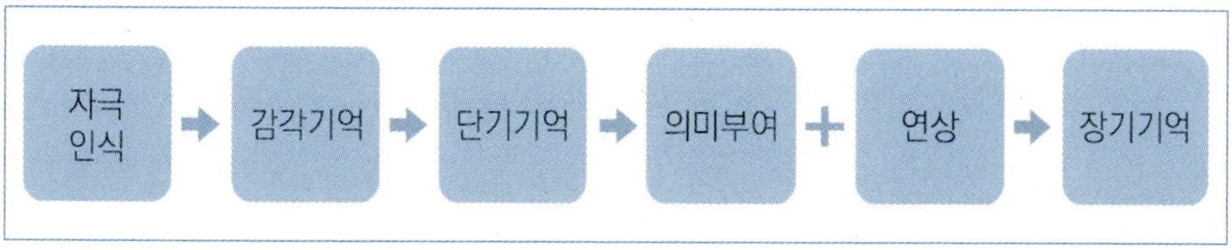

예를 들어, 수준처리 기억모델은 단어목록을 기억하는 경우, 단순히 반복하는 것(낮은 수준 정보처리 과정)보다 단어의 의미를 이해하고 연상하는 것(높은 수주의 정보처리 과정)이 더 오래 기억된다고 설명한다. 또 다른 예시로 얼굴을 기억하는 경우, 단순히 외모만 보는 것보다 이름과 성격 등을 연상하는 것이 더 오래 기억된다.

표 Ⅰ-6 기억모델 비교

구분	수준처리 기억모델	작업 기억모델
주요 관심	정보처리의 깊이가 기억에 미치는 영향	정보유지 및 조작
구성요소	단순 반복, 의미 부여 수준	중앙집행체, 음운 고리, 시공간 메모장, 주변 시스템
주요 기능	정보처리 수준과 기억형성	정보유지, 조작, 주의집중, 계획, 문제해결
관련 인지기능	기억	학습, 문제해결, 의사결정

모든 기억모델이 완벽하지는 않다. 예를 들어, 수준처리 기억모델의 경우, 감정적으로 강렬한 경험은 심화적 정보처리를 하지 않아도 오래 기억된다. 이러한 경우에 관해서는 설명하지 못한다. 즉 앞서 설명한 여러 기억모델

로 기억의 다양한 현상을 설명하는 데 한계가 존재한다.

하지만, 여기서 우리가 생각해 볼 만한 내용은 인간의 기억작용(현상) 및 과정이 복잡하고 다양하다는 것이다.

인간의 기억작용이 다양하다는 것은 무엇을 의미하는 것일까? 이런 다양성을 설명하기 위해 여러 기억모델은 새로운 접근방식을 제시하고 있다. 즉 기억의 유형, 기억과정, 기억 오류가 정해져 있지 않고, 상황에 따라 달라진다.

어쩌면 인간의 기억이 이토록 다양하고 다채롭게 (때론 복잡해 보이기까지 하는) 작용하기 때문에 고도의 인지기능이라고 할 수 있는 통찰력이 발휘되는 것은 아닐까?

- 기억유형의 다양성

단기기억 vs. 장기기억 : 정보 유지 시간에 따른 구분

명시기억 vs. 암묵기억 : 의식적 인식 여부에 따른 구분

반복기억 vs. 의미기억 : 정보처리 방식에 따른 구분

개인기억 vs. 공유기억 : 기억의 개인적/사회적 맥락에 따른 구분

- 기억과정의 다양성

인지과정 : 정보 인지, 인코딩, 저장, 검색, 회상

정서과정 : 감정이 기억 형성 및 회상에 미치는 영향

동기과정 : 목표 및 의도가 기억에 미치는 영향

사회적 과정 : 타인과의 상호작용이 기억에 미치는 영향

- 기억오류의 다양성

망각 : 정보가 잊혀짐

왜곡 : 기억의 변형 또는 날조

혼동 : 기억의 혼합 또는 잘못된 연결

위의 기억유형, 과정, 오류 등(이외에도 더 많은 개입이 존재)이 서로 교차

하여 상호작용한다면 얼마나 많은 경우의 수가 나올 수 있을지 짐작이 되지 않는다. 기억모델 이론에서 이런 다양한 변수와 상황에 따른 인지활동이 이루어지는 과정(작동과 원리)을 설명하려고 애쓰고 있지만 그 작동원리를 전부 다 설명하는 것은 쉽지 않아 보인다.

기억이 이루어지는 과정에서 문제를 찾고 해결하는 기능이 발휘되고 있음을 확인하였다. 기억을 잘하려고 애쓰는 그 자체가 통찰력에 영향을 준다고 가정한다면, 통찰력을 향상시킴으로써 기억의 과정이 더욱 고도화될 수 있다.

즉 통찰력 훈련을 통해 기억모델 이론에서 설명하고 있는 정보처리 기능과 정보처리 수준을 향상할 수 있다.

향상된 통찰력을 통해 기억과정을 인지하고 조절하는 것이 가능하고, 기억의 오류를 파악하여 제거할 수도 있다. 즉 과거 경험(기억)을 바탕으로 미래를 예측하고 문제를 해결하는 것은 새로운 정보와 기존 지식을 연결하고 새로운 아이디어를 창출하는 과정이다.

인간 기억작용의 다양성과 통찰력은 밀접한 관련이 있음을 알 수 있다.

4) 성격 5요인(개방성)

지금까지 통찰력과 관련이 있는 인지 개념에 대해 살펴보았다. 지금까지 알아본 주요 인지 개념들은 인간의 특성을 설명하는 개념과 밀접하다. 인간의 특성과 관련 있는 구성요소를 종합해 보면 다음과 같다.

- 인지 : 정보를 받아들이고 처리하는 과정. 주의, 기억, 사고, 언어, 문제해결 등의 능력을 포함한다.
- 감정 : 생각과 행동에 영향을 미치는 내면의 상태. 기쁨, 슬픔, 분노, 두려움 등 다양한 감정을 경험한다.
- 동기 : 행동을 이끄는 원동력. 목표를 달성하고자 하는 의욕, 호기심, 성취욕 등이 포함된다.
- 인격 : 개인의 독특한 성격, 가치관, 태도 등을 의미한다. 사고방식, 행동패턴, 대인관계 등에 영향을 미친다.
- 문화 : 사회 구성원들이 공유하는 가치관, 믿음, 관습 등을 의미한다. 사고방식, 행동양식, 감정표현 등에 영향을 미친다.

이 중, 특히 인간의 성격은 인간 특성 그 자체라고도 할 수 있다. 인간의 성격이 어떻게 구성되어 있으며, 인지와 밀접한 성격 요소에는 어떤 것이 있을까? 그리고 이것과 통찰력의 관련성에 대해 살펴보도록 하자.

맨스필드와 부세(Mansfield & Busse)는 그들의 창의력에 관한 연구에서 창의력은 IQ와 크게 상관이 없고, 오히려 인간의 성격(특질)과 관련성이 높다는 것을 확인하였다. 특히 인간의 성격 중 일에 대한 헌신, 독립성, 독창성을 향한 추진력, 유연성이 창의력과 높은 상관이 있음을 발견하였다.

일에 대한 헌신은 성격 5요인 중 성실성과 밀접하고, 독립성, 독창성을 향한 추진력, 유연성은 경험 개방성과 관련된다.

성격 5요인은 인간의 성격을 5가지 주요 요소로 설명하는 심리학 모델이다. 5가지 요소는 다음과 같다.

① 외향성(Extroversion) : 활발하고 사교적인 성향을 나타낸다. 외향적인 사람들은 다른 사람들과 함께 있을 때 에너지를 얻고, 새로운 경험을 즐기며, 주도적인 역할을 하는 경향이 있다.

② 친화성(Agreeableness) : 타인과의 조화와 협력을 중요시하는 성향을 나타낸다. 친화적인 사람들은 타인에게 친절하고 배려하며, 갈등을 피하고 협상을 통해 문제를 해결하는 경향이 있다.

③ 성실성(Conscientiousness) : 조직적이고 책임감 있는 성향을 나타낸다. 성실한 사람들은 계획적이고 꼼꼼하며, 목표를 달성하기 위해 노력하는 경향이 있다.

④ 신경증(Neuroticism) : 감정적으로 불안하고 쉽게 스트레스를 받는 성향을 나타낸다. 신경증적인 사람들은 감정 변화가 심하고, 우울하거나 불안한 감정을 자주 느끼는 경향이 있다.

⑤ 경험 개방성(Openness to Experience) : 새로운 경험과 아이디어에 대해 열린 성향을 나타낸다. 개방적인 사람들은 창의적이고 호기심이 많으며, 다양한 것을 배우고 경험하는 것을 좋아한다.

그림 I-21 성격 5요인 검사 결과 예시

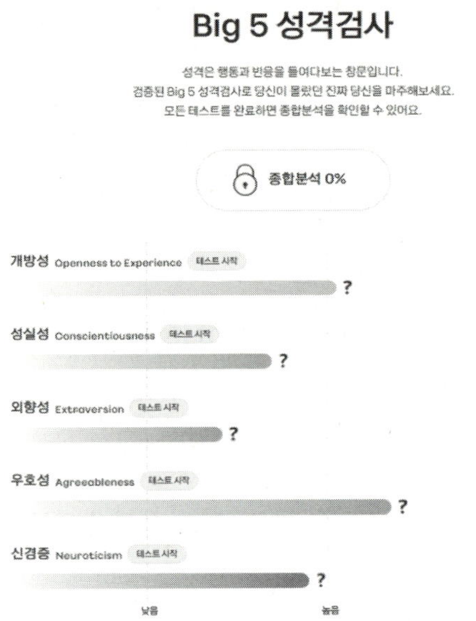

성격 5요인 검사 결과는 개방성, 성실성, 외향성, 우호성, 신경증 등 5개 요인에 대한 개별 점수가 부여되고, 개별 점수에 대한 해석을 제공한다.

성격 5요인 중 '개방성은' 새로운 것에 마음이 얼마나 열려 있는지 보여주는 성격 요소이다. 이 성향이 강한 사람은 새로운 아이디어나 활동에 대해 강한 욕구가 있다. 그리고 익숙한 것들에 대해 쉽게 싫증을 느낄 확률이 높다. '개방성' 성격 하위 요인으로는 '상상력', '예술적 감수성', '감정 존중', '모험성', '지적 호기심', '가치 진보성'이 있다.

출처: 카카오톡 & 서울대학교 행복연구센터.

성격 5요인은 인간의 성격을 이해하고 설명하는 데 유용한 이론이다. 이 모델은 다양한 연구를 통해 검증되었으며, 개인의 행동, 생각, 감정, 인간관계 등을 예측하는 데 사용될 수 있다. 또한, 성격 5요인은 개인의 강점과 약점을 파악하여, 자신을 더 잘 이해하는 데 도움이 된다.

즉 성격 5요인은 자신의 성격 특성에 맞는 직업을 선택하거나, 타인과의 관계를 이해하고 개선하는 데 도움을 준다. 또한 정신건강 문제를 예방, 치료하고, 자신의 강점과 약점을 파악함으로써 자기 발전에 도움을 준다.

그중 개방성은 새로운 경험과 아이디어에 대해 열린 성향으로, 개방성이 높은 사람은 창의적이고 호기심이 많으며, 다양한 것을 배우고 경험하는 것을 좋아한다. 반면 개방성이 낮은 사람은 익숙한 것을 선호하고, 변화를 꺼리는 경향이 있다.

통찰력을 가진 사람은 자신의 자기 생각, 감정, 행동을 정확하게 이해할 수 있다. 통찰력이 높은 사람들은 자신을 잘 알고 있으며, 자신의 강점과 약점을 명확하게 파악하고 있다. 또한, 타인의 생각과 감정을 이해하는 데에도 능숙하다.

따라서 개방성과 통찰력은 서로 밀접하게 연관되어 있다. 개방성이 높은 사람들은 새로운 경험과 아이디어에 대해 열려 있어서, 자신과 타인에 대한 이해를 넓힐 수 있는 기회가 많다.

또한, 다양한 경험을 통해 자신을 돌아보고 성찰할 수 있는 기회도 많다. 이러한 경험을 통해 개방성이 높은 사람들은 자신과 타인에 대한 통찰 수준을 높일 수 있다.

개방성과 통찰력은 다음과 같은 방식으로 연계된다.

- 새로운 경험 : 개방성이 높은 사람들은 새로운 경험을 즐기는 경향이 있다. 새로운 경험은 자신에 대한 새로운 정보를 제공하고, 기존의 사고방식을 확장하는 데 도움을 준다. 이는 자신에 대한 통찰력을 높이는 데 기여한다.
- 창의성 : 개방성이 높은 사람들은 창의적인 사고방식을 가지고 있다. 창의적인 사고방식은 자신과 타인을 새로운 관점에서 바라볼 수 있도록 도와준다. 이는 자신과 타인에 대한 통찰력을 높이는 데 도움이 된다.
- 호기심 : 개방성이 높은 사람들은 호기심이 많다. 호기심은 자신과 타인에 대해 더 알고 싶어 하는 욕구를 불러일으킨다. 이 욕구는 자신과 타인에 대한 통찰력을 자극할 수 있다.

개방성과 통찰력은 인간의 성장과 발전에 중요한 역할을 하는 것으로 보인다. 즉 개방성을 높이는 노력은 통찰력을 향상하고, 통찰력을 높이는 노력은 개방성을 더욱 확장함으로 선순환하는 듯하다.

5) 감정표현 및 감정수용

인간의 성격이 가장 잘 드러나는 것은 감정, 사고, 행동(언어)이다. 특히 인간의 감정은 인간 심리 작용 중 가장 복잡한 현상 중 하나이다.

뇌신경발생학적 관점에서 감정체계 형성은 다양한 뇌 영역과 신경 전달물질의 상호작용을 통해 이루어지는 복잡한 과정이다. 이 과정은 태아기부터 시작되어 사춘기까지 지속되며, 유전적 요인과 환경적 요인이 함께 영향을 미친다. 감정조절의 주요 뇌 영역은 대뇌 변연계로 알려져 있으며, 해마, 편도체, 기저핵 등이 이에 포함된다.

변연계는 후각, 감정, 동기부여, 행동 등과 관련되며, 감정의 중추적인 역할을 하는 대뇌의 부위로 학습, 기억, 각성에 관여하는 것으로 알려져 있다. 원시 뇌라고도 불리며, 진화적으로 전뇌 중 가장 먼저 출현하는 부위이다.

시각적 자극이 대뇌피질에 전달되고, 이 정보가 해마와 편도체에 보내지면 거기서 즐거움, 슬픔, 공포, 분노, 불안 같은 감정이 생겨난다.

변연계의 구성요소 중 측좌핵은 해마, 편도체와 상호연결되어 있으며, 운동기능보다 정서적 정보처리와 관련되어 있다고 알려져 있다.

편도체는 주로 강한 감정을 담당하고, 이 감정은 기억으로 연결되어, 장기기억으로 저장된다. 예를 들어 사람들은 극심한 공포를 느꼈던 곳에는 다시 가고 싶어 하지 않는다. 혹은 공포를 느꼈던 대상이나 사물에 다가가지 않는다. 이는 편도체가 기억 속에 그것과 관계있는 감정을 주입하였기 때문이다.

그 강렬한 감정은 시상하부로 전달되어 신체 반응이나 행동으로 나타난다. 그 후 시상을 거쳐 변연계피질로 보내져 '화났다', '불안하다'라는 감정을 인식하게 된다.

변연계는 전두엽, 두정엽, 측두엽 내부의 중심에 위치한다. 이곳에서 사람은 감정을 느끼고 조절한다. 감정이 만들어지는 곳이 편도체라면, 기쁨이나 슬픔, 불안, 등의 감정을 실제로 느끼는 곳은 변연계피질에 해당한다.

그림 I-22 대뇌 변연계 구조

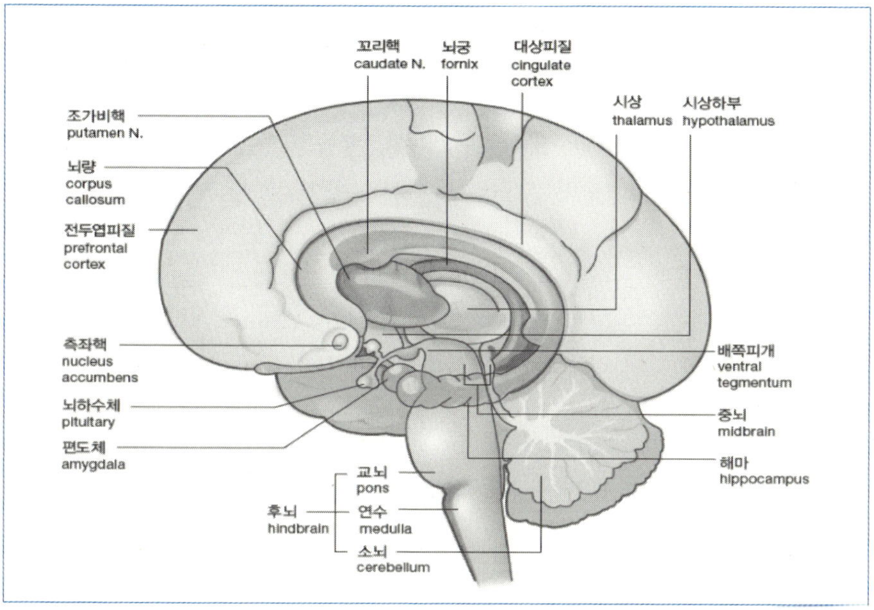

출처: 박문호(2017).

그림 I-23 변연계 구성요소 및 역할

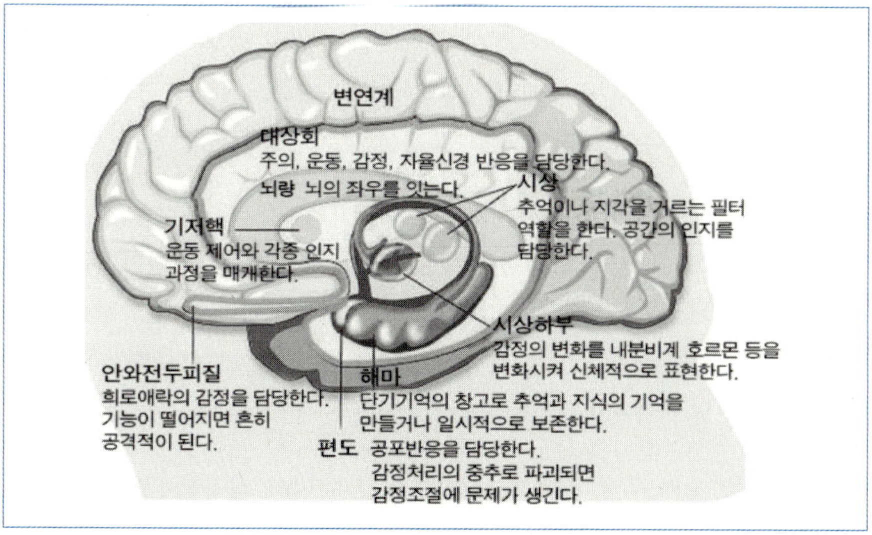

출처: 네이버 지식백과.

즉 대뇌 변연계의 편도체에서 감정이 생성되고, 변연계피질에서 감정을 실제로 느끼고 조절하게 된다. 그중 강렬한 감정은 기억과 연결되고, 그 강렬한 감정은 시상하부로 전달되어 신체 반응이나 행동으로 나타나게 된다.

이처럼 감정은 다양한 심리적, 생리적, 행동적 변화를 포함하는 복잡한 현상으로 내부 또는 외부 자극으로 발생하며, 생각, 행동, 인간관계에 영향을 미친다.

감정은 일반적으로 기쁨, 슬픔, 분노, 두려움, 놀람, 혐오 등이 있으며, 좀 더 복잡한 감정으로 사랑, 죄책감, 수치심, 자부심 등이 있다.

감정은 일반적으로 긍정 감정, 부정 감정으로 분류한다. 이에 대한 분류 체계는 감정들이 우리 내면에서 긍정 혹은 부정적으로 작용하기 때문이다.

우리가 인식하는 긍정 감정은 행복, 만족, 희망 등을 느끼게 하고 정신적, 육체적 건강과 웰빙에 도움을 준다.

부정 감정은 불안, 우울, 분노 등을 느끼게 하고, 스트레스와 심리적 문제를 유발한다.

감정은 개인마다 다르게 느끼고 경험되는 주관적 경험이기는 하지만, 감정으로 인해 개인이 겪는 생리적 변화, 행동적 변화, 인지적 변화는 유사한 패턴을 보인다. 다음은 감정의 주요 특징이다.

- 주관적인 경험 : 감정은 개인마다 다르게 느끼고 경험된다.
- 생리적 변화 : 감정을 느끼면 심박수, 혈압, 호흡 등의 생리적 변화가 일어난다.
- 행동적 변화 : 감정은 표정, 몸짓, 행동 등을 통해 나타난다.
- 인지적 변화 : 감정은 생각과 판단에 영향을 미친다.

이러한 감정의 주요 특징으로 인해 인간은 여러 심리장애를 겪게 된다. 특히 인지심리학에서는 인지적 변화를 관찰함으로써 감정으로 인해 발생하는 여러 심리장애의 메커니즘을 설명할 수 있다고 주장한다.

즉 강렬한 감정으로 인해 생각과 판단이 왜곡되어, 비합리적인 생각과 판단을 하게 된다.

- 불안 장애 : 과도한 불안과 걱정
- 우울 장애 : 지속적인 슬픔과 무기력
- 분노조절 장애 : 분노를 조절하는 데 어려움
- 양극성 장애 : 극심한 기분 변화

그런데 감정의 순기능은 환경에 적응하도록 돕고, 위험을 피하게 해주고, 타인에게 자신의 의도를 전달하는 데 도움을 준다. 또한 타인과의 관계 형성과 유지에 도움을 주어 사회적 관계 맺음(연결)이 가능하게 해주며, 목표를 달성하기 위한 동기 부여 역할을 한다.

즉 감정의 순기능은 성공적이고 건강한 감정조절을 통해 이루어진다. 건강한 감정조절은 자신의 감정을 정확히 인식하고, 적절하게 표현하고, 건강하게 다루는 능력이라고 할 수 있다. 일반적으로 알려진 감정조절 전략으로 심호흡, 명상, 운동, 인지 재구성 등이 있다.

감정표현은 내면의 감정을 외부로 드러내는 행위를 의미한다. 감정표현은 표정, 언어, 몸짓, 행동 등 다양한 방식으로 나타날 수 있다. 감정표현 방식에는 보통 언어적 표현, 비언어적 표현, 예술적 표현으로 구분된다.

- 언어적 표현 : 말을 통해 자신의 감정을 전달하는 방식
- 비언어적 표현 : 표정, 몸짓, 행동 등을 통해 자신의 감정을 전달하는 방식
- 예술적 표현 : 글쓰기, 그림 그리기, 음악 연주 등을 통해 자신의 감정을 표현하는 방식

감정표현은 자신의 감정을 이해하고 조절하는 데 도움을 준다. 감정을 표현하면서 자신의 감정을 객관적으로 관찰하고 이해할 수 있게 되어 감정을

조절하는 법을 배우게 된다.

또한 건강한 대인관계 형성과 유지에도 도움이 된다. 자신의 감정을 솔직하게 표현하면서 타인과의 소통이 원활해져 깊은 관계를 형성할 수 있게 된다.

스트레스 해소에 도움이 된다. 감정을 억누르는 것은 스트레스를 증가시키지만, 적절하게 표현하면 스트레스를 해소하고 심리적 건강을 유지하는 데 도움을 준다.

개인이 속한 문화마다 감정에 대한 규범과 기대가 달라서 감정표현 방식이 다르다. 또한 개인의 과거 경험, 특히 어린 시절의 양육방식이 감정표현 방식에 영향을 미친다.

개인의 성격 특성에 따라 감정표현 방식이 상반되기도 한다. 예를 들어 외향성과 개방성이 높고, 신경증이 낮은 성격 특성의 경우, 감정표현이 풍부하고, 적극적인 데 반해, 그 반대 성격 특성의 경우, 감정표현이 서툴고, 둔하며, 소극적일 수 있다.

그림 I-24 감정표현과 감정수용

건강한 감정표현 방식을 익히기 위해서는 감정을 수용할 줄 알아야 한다. 감정수용은 자신의 감정을 있는 그대로 인정하고 받아들이는 것을 의미한다. 긍정 감정뿐만 아니라 부정 감정도 포함해서 말이다.

감정수용의 3가지 역할은 다음과 같다.

- 심리적 건강증진 : 감정을 억누르거나 부정하는 것은 불안, 우울, 분노 등의 부정적인 감정을 증폭시킬 수 있다. 반면에 감정을 표현하고 수용하면 감정을 조절하고 스트레스를 해소하는 데 도움이 된다.
- 자기 성장 : 자신의 감정을 이해하고 받아들이는 과정에서 자신을 더 잘 이해하게 되고, 자기 성장을 위한 기회를 얻을 수 있다.

- 건강한 대인관계 형성 : 자신의 감정을 솔직하게 표현하고 타인의 감정을 존중하는 태도는 건강한 대인관계 형성과 유지에 필수적이다.

감정수용에 영향을 미치는 요인으로는 어린 시절 경험, 자신에 대한 믿음, 스트레스, 정신건강 문제 등이 있다.

- 어린 시절 경험 : 어린 시절 부모로부터 감정을 받아들이고 공감받은 경험을 했는지가 감정수용 능력에 영향을 미친다.
- 자신에 대한 믿음 : 자신에 대한 긍정적인 믿음을 가진 사람은 자신의 감정을 더 쉽게 받아들일 수 있다.
- 스트레스 : 스트레스를 많이 받는 사람은 자신의 감정을 조절하기 어려워 감정수용이 어려워질 수 있다.
- 정신건강 문제 : 불안, 우울, PTSD 등의 정신건강 문제는 감정수용을 방해할 수 있다.

건강한 감정수용 방법으로는 마음챙김, 친절한 태도, 감정표현 연습이 있다.

- 마음챙김 : 현재의 감정을 판단하거나 평가하지 않고 있는 그대로 관찰하는 연습이다.
- 친절한 태도 : 자신의 감정을 이해하고, 부정적인 감정을 느낄 때도 자신을 비난하지 않고 다정하게 대하는 태도를 보이는 것이다.
- 감정표현 연습하기 : 적절한 방식으로 자신의 감정을 표현하는 연습이다.

위에서 살펴본 결과, 감정표현과 감정수용은 인지적으로 관련되어 있음을 알 수 있다. 감정을 수용하기 위해서는 먼저 자신의 감정을 정확하게 인식하고 이해해야 한다. 또한, 감정을 적절하게 표현할 수 있어야 감정을 건강하게 처리할 수 있게 된다.

- 감정을 표현하면 감정을 객관적으로 관찰하고 이해하는 데 도움이 된다.
- 감정을 표현하면 감정을 억누르는 스트레스를 줄일 수 있다.

- 감정을 표현하면 타인의 공감과 지지를 얻을 수 있다.
- 감정을 수용하면 자신의 감정을 솔직하게 표현할 수 있다.
- 감정을 수용하면 타인의 감정을 존중하고 이해하는 태도를 보일 수 있다.
- 감정을 수용하면 감정을 건강하게 조절할 수 있다.

감정표현과 감정수용은 모두 심리적 건강과 삶의 질에 큰 영향을 미친다. 자신의 감정을 이해하고, 적절하게 표현하고, 건강하게 수용하는 방법을 배우는 것은 긍정적인 삶을 살아가는 데 필수적이라고 할 수 있다.

감정표현, 감정수용, 통찰력의 정의를 살펴보면, 이들의 깊은 연관성을 알 수 있다.

- 감정표현은 내면의 감정을 외부로 드러내는 행위(언어적, 비언어적, 예술적 표현 등)
- 감정수용은 자신의 감정을 있는 그대로 인정하고 받아들이는 태도(긍정적/부정적 감정 모두 포함)
- 통찰력은 자기 생각, 감정, 행동을 정확하게 이해하는 능력이라고 할 수 있다.

감정을 표현하기 위해서는 먼저 자신의 감정을 정확하게 인식하고 이해해야 한다. 감정을 수용하면 자신의 감정을 솔직하게 표현할 수 있게 된다. 즉 적절한 감정표현은 감정을 건강하게 처리하는 데 도움이 된다.

따라서 자신의 감정을 객관적으로 관찰하고 이해하는 과정에서 통찰력이 길러진다. 또한 통찰력은 감정을 더 잘 수용하고 조절하는 데 도움을 준다. 즉 자신의 감정을 솔직하게 표현하면서 자신을 더 잘 이해하게 되는 것이다. 이런 과정이 선순환될 때 통찰력은 자신의 감정을 더 효과적으로 표현하는 데 도움을 준다.

6) 사고-언어체계

인간의 사고 및 언어체계에 대해 살펴보자. 인간의 사고체계는 단순한 정보처리 과정을 넘어, 복잡하고 다양한 요소들이 상호작용하며 이루어진다. 이런 상호작용에 따라 인간의 사고체계는 다음과 같은 특징을 보인다.

- 능동적 : 인간은 주변 환경을 수동적으로 받아들이는 것이 아니라, 적극적으로 정보를 탐색하고 해석하며 새로운 지식을 만들어낸다.
- 목적지향적 : 인간은 특정 목표를 가지고 생각하고 행동하며, 목표를 달성하기 위해 계획을 세우고 전략을 사용한다.
- 창의적 : 인간은 기존의 지식과 경험을 바탕으로 새로운 아이디어를 만들어내고, 문제를 해결하기 위한 독창적인 방법을 생각해낼 수 있다.
- 사회적 : 인간은 타인과의 상호작용을 통해 생각하고 행동하며, 타인의 생각과 감정을 고려하여 자기 행동을 조절한다.

인간의 사고체계 특징으로 인해 여러 사고방식 유형이 형성되는데, 다음과 같이 구분된다.

- 논리적 사고 : 분석적이고 합리적인 사고방식. 증거와 논리를 바탕으로 판단하고 결정을 내린다.
- 직관적 사고 : 빠르고 자동적인 사고방식. 경험과 감정에 기반하여 판단하고 결정을 내린다.
- 창의적 사고 : 틀을 깨고 새로운 아이디어를 생각해내는 사고방식. 다양한 관점에서 문제를 바라보고 독창적인 해결책을 찾는다.

사고체계 발달에 영향을 주는 요인으로는 유전, 환경, 경험 등이 있다.

- 유전적 요인 : 인간의 사고체계는 유전적 요인에 의해 일부 결정되는 부분이 존재한다.
- 환경적 요인 : 성장 환경, 교육, 문화 등 환경적 요인이 사고체계 형성에 영향을 미친다.

• 경험 : 개인마다 주관적인 경험을 통해 새로운 지식을 습득하고 사고방식을 발전시키게 된다.

인간의 사고체계는 다양한 요소들이 복합적으로 작용하는 과정임을 유추해 볼 수 있다. 따라서 자신의 사고방식을 이해하고, 다양한 사고방식을 활용하는 능력을 키우는 것은 건강하고 긍정적인 삶을 살아가는 데 중요하다.

인간의 사고 과정은 언어를 통해 이루어진다. 언어는 인간의 사고, 감정을 표현하는 수단이다. 즉 인간의 핵심적인 의사소통 도구가 바로 언어이다.

언어는 소리 단위인 음운과 형태의 단위인 단어로 구성된다. 단어가 결합하면 문장이 되고, 문장은 의미 단위를 만들어낸다. 여러 문장이 모여 담화(이야기) 혹은 대화가 되는 것이다.

• 음운체계 : 언어를 구성하는 기본적인 소리 단위
• 형태체계 : 단어를 구성하는 기본적인 형태와 규칙
• 구문체계 : 단어를 결합하여 문장을 만드는 규칙
• 의미체계 : 단어와 문장의 의미를 나타내는 체계
• 담화체계 : 문장을 연결하여 대화를 이루는 규칙

인간의 언어체계는 의사소통 도구라는 기능적인 측면에서 다음과 같은 특징을 가진다.

• 체계성 : 발음, 문법, 의미, 문맥 등이 체계적으로 구성되어 있다.
• 생산성 : 유한한 요소로 무한한 문장을 만들 수 있다.
• 창의성 : 새로운 단어와 표현을 만들 수 있다.
• 문화적 영향 : 문화와 사회에 따라 다양한 형태로 발전하였다.

언어 능력은 선천적으로 주어진다. 인간은 언어를 습득할 수 있는 선천적인 능력을 갖추고 태어난다. 태어나서는 환경적 영향, 특히 주변 사람들과의 상호작용을 통해 언어 능력을 발달시킨다.

언어의 주기능은 자기 생각, 감정, 정보를 전달하고 공유하는 의사소통뿐만 아니라 사고와 사회적 기능을 포함하고 있다. 사고 과정에서 언어를 통해 개념을 형성하고, 문제해결 및 추론 과정을 돕는다. 사회적 기능은 언어라는 의사소통 도구를 사용하여 사회 구성원으로서 임무를 수행하고 관계를 형성하는 기능을 말한다.

언어체계는 시간, 문화, 기술의 변화와 발전에 따라 변화하였다. 언어학, 심리학 연구가 이를 뒷받침한다.

언어학은 인간의 언어체계를 연구하는 학문이다. 이외에도 심리학에서 언어 능력의 발달과 인지과정을 연구하고 있다. 또한 신경과학 분야에서도 언어 능력과 관련된 뇌의 기능을 연구하고 있다.

이러한 연구를 미루어 볼 때 언어는 인간의 인지 및 사고와 같은 맥락 체계에서 이루어지는 시스템임을 알 수 있다.

인간은 언어체계를 통해 사고하고, 감정을 표현하고, 타인과 소통하며, 사회를 구성한다. 언어체계에 대한 이해는 인간을 이해하는 중요한 요소가 된다.

따라서 인간의 사고체계, 언어체계, 통찰력은 서로 밀접하게 연결되어 있다. 이 세 가지 요소의 상호작용과 연관성을 살펴보면 다음과 같다.

사고체계는 언어체계를 통해 구체화되는데 생각을 언어로 표현하면서 사고를 명확하게 정리하고 이해할 수 있게 된다. 마찬가지로 언어체계는 사고체계를 형성하여 다양한 언어적 표현과 문맥을 통해 새로운 사고방식을 배우고 사고의 폭을 넓힌다. 통찰력이 자기 생각, 감정, 행동, 상황을 정확하게 이해하는 능력이라면, 통찰력은 사고체계와 언어체계를 효과적으로 활용하여 자기 경험을 성찰하고 분석함으로써 획득되는 능력이라고 할 수 있다.

통찰력은 사고체계와 언어체계의 발달을 촉진하는 역할을 한다. 자기 생각과 감정을 정확하게 이해하면서 사고의 정확성을 높이고, 더욱 효과적인 의사소통을 가능하게 한다. 마찬가지로 발달한 사고체계와 언어체계는 통찰력을 향상한다. 다양한 관점에서 사고하고, 풍부한 언어적 표현을 활용하여 자기 경험을 객관적으로 분석하고 해석할 수 있도록 한다.

이처럼 통찰력, 사고체계, 언어체계의 상호작용은 다음과 같은 긍정적인 효과가 나타난다.

- 자기 성장 : 자신의 강점과 약점, 가치관, 목표를 명확하게 이해하고 발전시킬 수 있다.
- 문제해결 : 상황을 정확하게 파악하고 효과적인 해결책을 찾을 수 있다.
- 의사소통 : 자기 생각과 감정을 타인에게 명확하고 효과적으로 전달할 수 있다.
- 인간관계 : 타인의 생각과 감정을 이해하고 공감하며 건강한 관계를 형성할 수 있다.

위와 같은 논의를 종합해 볼 때 다음과 같이 통찰력을 향상하는 방법을 생각해 볼 수 있다.

- 마음챙김 : 현재의 경험에 집중하고 판단 없이 관찰하는 연습
- 자기성찰 : 자기 생각, 감정, 행동을 되돌아보고 분석하는 연습
- 일기쓰기 : 자신의 경험과 감정을 글로 표현하는 연습
- 명상 : 마음을 차분하게 하고 집중력을 높이는 연습
- 전문가의 도움 : 심리 상담이나 치료를 통해 통찰력을 향상시키는 방법을 배우고 훈련

7) 욕구위계, 욕구탐색 및 욕구해결

인간의 성격, 사고, 인지, 감정, 행동 형성의 근본적인 동기는 무엇일까? 앞에서 살펴보았듯이 단편적인 측면에서만 논의할 수 없고, 여러 요소의 상호작용을 고려할 필요가 있다. 이러한 상호작용의 추동은 결국 인간의 욕구로 귀결된다.

심리학의 아버지 프로이트(Freud)의 정신분석학은 인간의 정신을 탐구하고, 이해하려는 가장 영향력 있는 이론 중 하나이다. 정신분석학은 인간의 정신 구조가 어떻게 형성되고, 작동하는지를 설명한다.

그는 인간의 정신을 이드(Id), 자아(Ego), 초자아(Super ego)라는 세 가지 요소로 구성되어 있다고 설명하였다. 또한 그는 인간 정신 형성의 추동은 삶과 죽음의 욕구가 지배하는 이드(Id)에 있다고 보았다.

그림 Ⅰ-25 프로이트 의식수준

- 이드(Id) : 원초적이고 충동적인 욕구를 담당하는 정신 부분이다. 무의식에 위치하여 있다. 쾌락을 추구하고 고통을 피하려는 본능적인 욕구가 있다.
- 자아(Ego) : 현실을 인지하고 이드의 욕구를 현실에 맞게 조절하는 정신 부분이다. 의식과 전의식에 걸쳐 위치하여 있다. 이드와 초자아 사이에서 중재 역할을 한다.
- 초자아(Super ego) : 사회 규범과 도덕성을 내면화한 정신 부분이다. 의식과 무의식에 걸쳐 위치하여 있다. 양심과 같은 역할을 하며, 자아에 도덕적인 기준을 제시하고 죄책감을 유발한다.

프로이트에 따르면 인간 정신의 의식 수준은 무의식, 전의식, 의식 수준으로 나눠지고, 인간 정신의 대부분이 무의식에 의해 지배된다고 주장하였다. 무의식은 우리가 인지하지 못하는 생각, 감정, 기억을 포함하고 있으며, 이러한 무의식의 요소들이 우리의 행동과 성격에 큰 영향을 미친다고 하였다.

또한 프로이트는 인간의 정신이 '리비도'라는 정신 에너지로 작동한다고 생각하였다. 리비도는 주로 성적 에너지로 여겨졌지만, 넓게는 생명 에너지 또는 쾌락을 추구하는 에너지로도 해석된다.

리비도는 인간의 행동과 사고를 이끄는 원동력이다. 즉 리비도는 욕구의 드라이브(drive)가 되고, 욕구는 리비도가 특정 대상이나 활동에 집중된 결과라고 할 수 있다.

그렇다면 인간의 욕구에는 어떤 것들이 있을까? 인간의 욕구는 다양하며, 생물학적, 심리적, 사회적 요인에 의해 영향을 받는다. 일반적으로 욕구는 크게 결핍 욕구와 성장 욕구로 나뉜다.

첫째, 결핍 욕구에는 생리적, 안전, 사회적, 존중 욕구가 있다.

- 생리적 욕구 : 인간의 생존을 위한 필수적인 욕구로써, 음식, 물, 공기, 수면, 피난처 등이 포함된다.
- 안전 욕구 : 신체적 안전과 위협에 대한 보호 욕구이다.

- 사회적 욕구 : 소속감, 사랑, 애정, 친밀감, 우정 등을 추구하는 욕구이다.
- 존중 욕구 : 자존감, 인정, 사회적 지위, 성취 등에 대한 욕구이다.

둘째, 성장 욕구에는 자아실현, 자기초월 욕구가 있다.

- 자아실현 욕구 : 자기 잠재력을 최대한 발휘하고 성장하려는 욕구이다.
- 자기초월 욕구 : 자신보다 더 큰 가치를 위해 헌신하고 이바지하려는 욕구이다.

인간의 욕구는 개인마다 다양하며, 문화, 경험, 가치관 등에 따라 달라질 수 있다. 개인의 욕구 역시 항상 동일한 형태로 존재하는 것은 아니고, 시간과 상황에 따라 변화한다. 욕구는 인간의 사고, 감정, 행동의 동기로 작용한다. 욕구는 충족될수록 더 높은 수준의 욕구가 생겨난다.

욕구 수준을 욕구위계 혹은 욕구단계라고 한다. 미국의 심리학자 에이브러햄 매슬로우(Abraham Maslow)는 인간의 욕구를 5가지 단계로 구분하고, 하위 욕구가 충족되어야 상위 욕구를 추구할 수 있다고 가정하였다.

5가지 욕구 단계로는 생리적, 안전, 소속 및 사랑, 존중, 자아실현 욕구가 있다. 상위단계 욕구는 하위단계의 욕구가 충족되어야만 고려해 볼 수 있다. 하위단계 욕구의 생존 본능이 충족되면 자기 잠재력을 실현하는 상위단계로 이어지게 되는 것이다.

그림 I-26 매슬로우의 욕구 5단계

① 생리적 욕구 : 생존에 필수적인 욕구(음식, 물, 공기, 수면, 안전 등)

② 안전 욕구 : 안정과 보호에 대한 욕구(신체적 안전, 경제적 안정, 건강, 질서 등)

③ 소속 및 사랑의 욕구 : 사회적 관계와 친밀감에 대한 욕구(사랑, 소속감, 우정, 친밀감, 가족, 공동체 등)

④ 존중의 욕구 : 자존감과 타인의 인정에 대한 욕구(자신감, 성취감, 인정, 지위, 존경 등)

⑤ 자아실현 욕구 : 자기 잠재력을 최대한 발휘하고자 하는 욕구(창의성, 성장, 도전, 의미 있는 삶 등)

자신의 욕구를 어떻게 확인하여 충족시킬 수 있을까? 만약 자신의 욕구를 탐색하여 실체를 확인할 수 있다면, 욕구를 충족할 수 있는 방법을 찾을 수 있을 것이다.

욕구탐색은 자신의 욕구를 이해하고, 욕구를 충족시키는 방법을 찾는 과정이다. 욕구탐색은 인간의 성장과 발전을 위해 필수적인 부분이다.

욕구탐색을 통해 자기이해, 동기부여, 만족스러운 삶(최근에는 워라벨이라고 불리는)이 가능하다.

- 자기이해 : 자신의 욕구를 이해하면 자신을 더 잘 이해할 수 있다.
- 동기부여 : 욕구를 충족시키기 위한 목표를 설정하고, 목표를 달성하기 위한 동기를 부여한다.
- 만족스러운 삶 : 욕구를 충족시키는 경험을 통해 만족스러운 삶을 살 수 있다.

욕구탐색의 방법에는 자기성찰, 가치관 탐색, 목표 설정, 새로운 경험, 타인과의 관계(상호작용), 전문가의 도움 등이 있다.

- 자기성찰 : 자기 생각, 감정, 행동을 되돌아보고 분석한다.
- 가치관 탐색 : 자신에게 중요한 가치관을 생각해본다.
- 목표 설정 : 욕구를 충족시키기 위한 목표를 설정한다.
- 새로운 경험 : 새로운 경험을 통해 새로운 욕구를 발견한다.
- 타인과의 관계(상호작용) : 다양한 상황에서 타인과 상호작용하는 경험은 자신의 욕구를 이해하고 충족시킬 수 있다.
- 전문가의 도움 : 심리 상담이나 치료를 통해 욕구탐색을 할 수 있다.

인간의 욕구는 다양하며, 욕구는 끊임없이 변화한다. 따라서 욕구탐색은 긍정적인 삶을 살아가는 데 중요한 과정이 될 수 있다. 자신의 욕구를 이해하고, 욕구를 충족시키는 방법을 찾는 노력은 개인의 성장과 발전으로 이어질 수 있다.

욕구를 탐색하기 위해서는 먼저 자기이해가 선행되어야 한다. 자기이해는 충족하고자 하는 욕구의 실체를 알게 해준다. 욕구해결에 필요한 목표를 설정하여 실행할 때, 욕구를 충족하게 되는데, 이는 새로운 경험이 되어 새로운 욕구를 불러일으킨다.

- 자기이해 : 욕구탐색을 통해 자신의 욕구를 이해하고, 욕구를 충족시키는 방법을 찾을 수 있다.
- 목표 설정 : 욕구탐색을 통해 욕구를 충족시키기 위한 목표를 설정할 수 있다.
- 새로운 경험 : 욕구탐색을 통해 새로운 경험을 하고, 새로운 욕구를 발견할 수 있다.

욕구해결 과정은 욕구위계와 욕구탐색을 기반으로 다양한 전략을 통해 욕구를 해결해 나가는 과정이다. 욕구해결은 만족스러운 삶을 살아가고, 자기성장을 이루도록 돕는다.

통찰력은 자기 생각, 감정, 행동, 상황을 정확하게 이해하는 능력이라고 할 수 있다. 통찰력은 욕구위계, 욕구탐색, 욕구해결과 밀접하게 연결되어 있다.

통찰력을 통해 자신의 욕구, 가치관, 목표를 더 잘 이해할 수 있다. 이는 욕구탐색의 자기이해와 연결된다. 통찰은 자신의 욕구가 무엇인지, 왜 그 욕구를 느끼는지, 욕구의 본질에 대한 이해를 돕는다.

욕구의 본질을 이해하면 욕구를 충족시키는 더 효과적인 방법을 찾을 수 있다. 하위 욕구를 충족시키는 방법을 효과적으로 찾고 해결할 때, 상위 욕구를 추구하는 데 집중할 수 있고, 결국 상위 욕구를 해결할 수 있는 방법을 찾게 된다. 즉 하위 욕구와 상위 욕구는 별개의 욕구가 아니라, 이어져 있다.

욕구의 본질을 이해한다는 것은, 자신의 진정한 욕구를 발견하는 것이다. 이것은 자기 내면에서 우러나오는 욕구가 아니라, 외부 요인에 의해 만들어진 욕구(강요된 욕구)와 구별하는 것이 필요하다는 의미이기도 하다. 강요된 외부 욕구와 자신의 욕구를 구별하는 것은 정신건강에 영향을 미치는 매우 중요한 과정이다.

로저스(Rogers)의 인간중심 심리학에서 인간은 다른 사람으로부터 가치 있고, 존중받는 존재로 인정받고 싶은 인정욕구를 갖고 태어난다고 보았다. 인정욕구는 하위욕구에 해당한다. 그는 인정욕구가 충족될 때 정신건강이 증진되지만, 충족되지 않을 경우, 정신건강 문제로 이어진다고 보았다.

그런데 타인의 기대에 맞추기 위해 지나치게 타인의 평가에 의존하면 자신의 진정한 모습(자신의 욕구)을 숨기거나 억압하게 된다. 그는 이를 경험의 불일치를 겪는다고 표현한다. 타인의 평가에 의존한다는 것은 외부의 욕구가 반영된 것이고, 진정한 자기 모습을 추구한다는 것은 자신의 욕구를 실현하고자 하는 의지라고 할 수 있다.

로저스는 건강하게 자신의 인정욕구를 충족시킬 수 있는 몇 가지 방법을 제시하였다.

- 자신을 존중하고 사랑하는 태도를 갖는 것 : 자신을 가치 있는 존재로 인식하고, 자신의 장단점을 받아들이는 것이 중요하다.
- 목표를 설정하고 성취하는 것 : 목표를 설정하고 이를 달성하는 경험은 자신감을 높이고 인정욕구를 충족시키는 데 도움이 된다.
- 긍정적인 관계 형성 : 타인과의 긍정적인 관계 형성은 인정받는 경험을 제공하고 사회적 소속감을 높여준다.
- 적절한 자기표현 : 자기 생각과 감정을 적절하게 표현하는 것은 타인으로부터 인정받는 데 도움이 된다.

통찰력은 문제의 근본 원인을 파악하여 효과적인 욕구 해결책을 개발하도록 해줌으로써 개인의 지속가능한 성장을 촉진할 수 있다. 반대로 욕구 해결 과정을 통해 얻은 경험을 성찰하고 분석하면 통찰력을 키우고 지속적인 성장이 가능해진다.

지금까지 주요 개념들을 종합하여 통찰력을 향상하는 방법을 정리해 보면 다음과 같다.

① 자기성찰

- 생각, 감정, 행동 관찰 : 자기 생각, 감정, 행동을 주의 깊게 관찰하고 기록한다.
- 자기질문 : "왜 이런 생각을 하는가?", "왜 이런 감정을 느끼는가?", "왜 이런 행동을 하는가?"와 같은 질문을 자신에게 던져본다.
- 자기분석 : 자기 생각, 감정, 행동의 원인과 결과를 분석한다.

② 명상

- 마음 다스리기 : 명상을 통해 마음을 차분하게 하고 집중력을 높여 자기 내면을 들여다볼 수 있다.
- 현재에 집중 : 과거나 미래에 관한 생각을 멈추고 현재에 집중하며 자기 경험을 있는 그대로 받아들인다.
- 자기수용 : 자기 생각, 감정, 행동을 판단하지 않고 있는 그대로 받아들인다.

③ 일기 쓰기

- 경험기록 : 자기 경험, 생각, 감정을 일기에 기록한다.
- 자기표현 : 일기를 통해 자기 생각과 감정을 명확하게 표현한다.
- 자기반성 : 일기를 다시 읽으며 자기 경험을 성찰하고 분석한다.

④ 피드백 받기

- 타인 관점 : 타인에게 자기 생각, 감정, 행동에 대한 피드백을 요청한다.
- 객관적 시각 : 타인의 피드백을 통해 자기 맹점을 파악하고 객관적인 시각을 얻을 수 있다.
- 개선 기회 : 피드백을 바탕으로 자기 생각, 감정, 행동을 개선할 수 있다.

⑤ 전문가 도움

- 심리상담 : 심리 상담 전문가의 도움을 통해 자신의 욕구, 가치관, 목표를 이해하고 욕구 해결 과정을 효과적으로 진행할 수 있다.
- 심리치료 : 심리치료를 통해 욕구 해결 과정에서 발생하는 심리적 문제를 해결하고 통찰력을 향상할 수 있다.

8) 자아관 및 세계관

지금까지 인지근육과 관련한 여러 주요 개념에 대해 살펴보았다. 인지체계와 관련된 이 개념들을 통해 자신을 이해하고 설명하는 것이 가능하다. 즉 인지체계는 자신이 누구인지에 대한 자아관과 연결된다. 자아관의 기본 개념을 살펴보면 다음과 같다.

- 자아관 정의 : 자신이 누구인지에 대한 개인의 견해 또는 신념이다.
- 자아관 구성요소 : 자신의 성격, 능력, 가치관, 목표, 경험 등이 있다.
- 자아관 형성 : 성장 과정에서 다양한 경험을 통해 형성된다.
- 자아관 변화 : 시간이 지남에 따라 변화할 수 있다.

자신의 인지체계를 통해 자아관이 형성되고, 역으로 자아관은 인지체계에 영향을 준다. 즉, 스스로 인식하는(인지하는) 내 모습이 자아관이 되고, 내 자아관이 어떠한가에 따라 인지체계 구조가 변화된다.

예를 들어, 조망수용 능력이 낮고(자기중심성이 높은), 부정적 편향이 높고(편견 혹은 선입견 있는), 내향적이고, 개방성이 낮은 성향을 지닌 개인의 경우, 낮은 자존감을 보이거나, 자기 능력과 잠재력에 대한 기대치가 낮아져서 부정적인 자아관을 형성하게 된다. 마찬가지로 부정적인 자아관은 부정 편향과 자기중심성을 강화하여 인지체계의 발달을 저해한다.

이처럼 개인은 자신에 대한 개념이 어떠한가(자아관), 즉 그 사람의 인지체계에 따라 세상을 이해하고, 인지(인식)하게 된다. 또한 자신을 보는 것과 같은 방식으로 세계를 보게 된다. 인지체계는 자아관뿐만 아니라 세계관에도 영향을 준다.

지금까지 살펴본 바를 종합해보면, 인지체계가 자아관과 세계관에 영향을 준다. 따라서 통찰력의 인지근육을 훈련할 수 있다면 우리는 긍정적이고 발전적인 혹은 본인이 지향하는 가치관을 가진 자아관과 세계관을 가질 수 있을 것이다.

자, 여러분은 어떤 자아관과 세계관을 지향하고 있는가? 그것은 어떤 인지근육과 관련이 있는가? 어떻게 키워나가야 할까?

그림 Ⅰ-27 자아관과 세계관

요약

5장 통찰 인지근육 키우기 II

1) 조망수용 능력

- 조망수용 능력이란 타인의 관점, 입장, 사고, 감정 등을 추론하여 이해하는 능력이다.

2) 고정관념 및 인지적 유연성

- 자기중심성은 조망수용 능력을 방해하는 역할을 한다.
- 고정관념은 뚜렷한 근거가 없고 감정적인 판단에 의한 경우를 의미하고, 유사한 의미로 편견, 선입견이 있다.
- 자기중심선은 고정관념, 편견, 선입견 등을 가지도록 하지만 인지적 유연성은 이들을 극복하여 조망수용 능력을 향상시킨다.

3) 기억체계

- 기억이 이루어지는 과정에서 문제를 찾고 해결하는 기능이 발휘되고, 통찰력을 향상시킴으로써 기억의 과정이 고도화 된다.

4) 성격 5요인(개방성)

- 성격 5요인에는 외향성, 친화성, 성실성, 신경증, 경험 개방성이 있는데, 그 중 개방성은 새로운 것에 마음이 얼마나 열려 있는지 보여주는 성격 요소이다.
- 개방성이 높은 사람은 창의적이고 호기심이 많으며, 다양한 것을 배우고 경험하는 것을 좋아하는 특성이 있다.
- 다양한 경험을 하는 사람들은 자신을 돌아보고 성찰할 기회가 많다. 이러한 경험을 통해 통찰력 수준을 향상시킬 수 있다.

5) 감정표현 및 감정수용

- 감정을 느끼고 조절하는 대뇌 부위는 변연계이다.
- 감정표현은 자신의 감정을 이해하고 조절하는 데 도움을 준다.
- 감정수용은 긍정 및 부정 감정을 포함하여 자신의 감정을 있는 그대로 인정

하고 받아들이는 것을 의미한다.

6) 사고-언어체계

- 인간의 사고 과정은 언어를 통해 이루어진다. 언어는 인간의 사고, 감정을 표현하는 수단이다.

7) 욕구위계, 욕구탐색 및 욕구해결

- 인간의 정신은 이드(Id), 자아(Ego), 초자아(Super ego)로 구성되어 있고, 이드(Id)는 원초적이고 충동적인 욕구를 담당하는 정신 부분이다.
- 욕구는 크게 결핍 욕구와 성장 욕구로 나뉜다.
- 결핍 욕구에는 생리적, 안전, 사회적, 존중 욕구가 있다.
- 성장 욕구에는 자아실현, 자기초월 욕구가 있다.
- 매슬로우는 인간의 욕구를 5단계로 구분하였다.
- 욕구탐색을 통해 자기이해, 동기부여, 만족스러운 삶이 가능하다.

8) 자아관 및 세계관

- 자아관은 인지체계를 통해 형성되고, 스스로 인지하는 내 모습이 자아관이 되고, 내 자아관이 어떠한가에 따라 인지체계 구조가 변화된다.
- 인지체계에 따라 자신과 세상을 이해한다. 즉 자신을 보는 방식으로 세상을 보게 된다.

메모

6 통찰 인지근육 키우기 준비 활동(자아탐색 프로그램)

통찰 인지근육을 키우기 위한 활동들을 소개할 텐데, 그중에서 자아 탐색 프로그램은 통찰력을 키우는 일반적인 활동을 위한 준비 활동이라고 이해하면 좋을 것 같다. 통찰은 충분한 자기 이해와 함께 세상에 대한 객관적인 관점을 통하여 빛을 발하며 확장될 수 있다.

인간의 인식 과정은 자신을 중심으로 이루어지기 때문에 올바른 자기이해는 학습의 기본이 된다. 올바른 자기이해는 세상의 현상과 원리를 있는 그대로 바르게 이해하는 기준이 되기 때문이다.

자기이해가 되었다면, 주관적인 나만의 관점을 갖고, 남들과 차별되는 창의적인 발상으로 자신만의 브랜드를 만드는 그것이 더욱 수월해진다.

그렇다면 올바른 자기이해란 무엇인가? 현실을 기반으로 한 이해를 말하며, 나와 타인뿐 아니라 제3자도 수용가능한 상태를 의미한다.

사자성어 '자가당착(自家撞着)'이란 말이 있다. 자가당착은 스스로 부딪힌다는 뜻으로, 자기 말이나 행동이 앞뒤가 모순되어 일치하지 않음을 이르는 말이다.

한자어를 보면 스스로 싸우기도 하고 스스로 붙기도 한다고 뜻풀이할 수 있다. 자기 생각이나 주장이 앞뒤가 맞지 않는 것, 나아가 자신을 해치는 데까지 이를 수 있는 형세를 의미한다.

같은 뜻으로 모순(矛盾), 자기모순(自己矛盾), 모순당착(矛盾撞着), 이율배반(二律背反) 등이 있다.

우리는 때론 자가당착에 빠진 사람들을 자주 만나곤 한다. 이를 해결하기 위해 공동체 활동이 도움이 된다. 공동체 구성원들은 여러 개의 거울 같은 역할을 해서 개개인은 자신을 객관적으로 비추어 바라볼 수 있다.

저자가 개발한 자아탐색 프로그램은 거울 효과(미러링 효과)의 기능이 포함되어 있다. 저자는 대학 강의로 통찰과 융합의 과목을 개설하여 학생들이 한 학기 동안 경험할 수 있도록 하고 있다.

그림 Ⅰ-28 통찰 인지근육

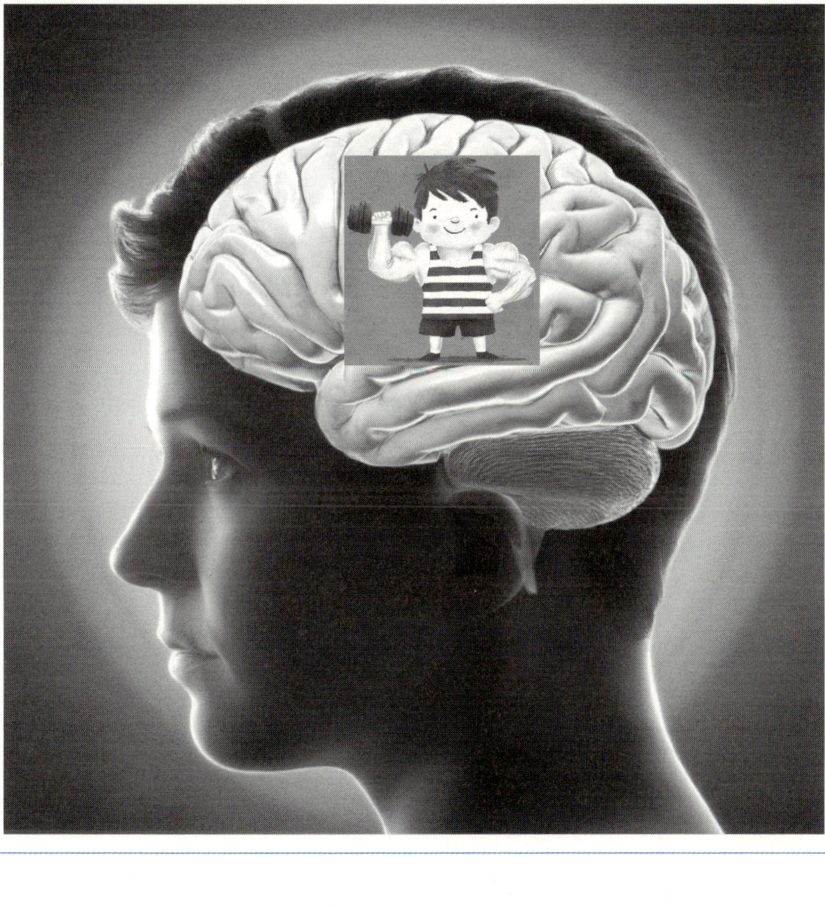

자아탐색 프로그램은 총 15주차로 구성되어 있다. 총 집단원은 15명~20명 정도가 적당하다. 일주일에 1회, 한 회기당 2시간에서 2시간 30분 정도 진행한다. 전체 집단을 하나의 집단으로 운영할 수도 있지만, 4~5명씩 나누어 4~5개의 소집단으로 구성하여 운영할 수도 있다. 매회 집단원들과 활동하며,

마무리는 반드시 집단원들과 ‘성찰 나누기’로 끝낸다.

주차별 활동지는 부록에 수록하였다. 활동지는 주차별로 집단원과 활동하도록 구성되어 있으며, 리더가 제시한 질문과 시사점에 대해 고민하고 집단원들과 함께 그 주제를 토의하고 정리한 후 발표한다. 마지막 성찰 나누기를 하면서 회기를 마무리한다.

1~2주차에서는 개별 소집단으로 나누지 않고, 전체 집단을 하나로 운영할 수 있다. 이는 프로그램 개별 활동을 하기 전에 통찰과 융합에 대한 충분한 이해와 프로그램에 적극적으로 참여할 수 있는 동기부여가 필요하기 때문이다. 3주차부터 프로그램에 참여하고자 하는 의지의 표현인 서약서를 작성하고 소집단으로 나뉘어 집단원들과 함께 활동을 시행한다. 혹은 1주차부터 소집단으로 나눠 서약서 작성부터 시작해도 괜찮다. 이런 경우는 1~3회기 동안 리더가 계속해서 통찰과 융합의 이해와 동기부여를 수시로 해주면 된다.

수업활동 및 내용 중심으로 진행하면 되는데, 세부적인 목표 달성을 위해 순서를 바꿔도 무방하다. 중요한 것은 각 활동 후 성찰 나누기이다. 이를 통해 성장하는 자신을 발견하게 될 것이다. 성찰 내용은 무엇이든 상관없다. 시작이 중요하다. 무엇이든 발견하고, 꺼내 놓는 연습을 하다 보면, 사물의 본질을 꿰뚫는 통찰을 하게 될 것이다.

1) 1주차 : 통찰과 융합의 필요성 인식, 주요 개념 이해

※ 학습 목표
인간과 AI 관계를 통해 통찰과 융합의 중요성을 인식하고 설명할 수 있다.

수업 활동

- 통찰과 융합의 개념에 대해 알아보고, 자신의 언어로 표현해보기
- 통찰과 융합적 사고력이 필요한 이유는 무엇인지 생각해보고, 집단원들과 토의·토론하기
- 집단원들과 성찰 나누기하며 마무리

수업 내용

- 교재 1장(인간과 AI), 2장(통찰과 융합이란?)의 내용 참고
- 통찰과 융합의 사전적 의미
- 인간과 AI의 관계
- 통찰과 융합이 필요한 이유

1주차 활동의 주요 핵심은 통찰과 융합의 중요성을 인식하여 동기유발을 고취하는 것이다. 통찰과 융합의 의미를 이해하고 본인이 이해한 대로 자신의 언어로 표현해 본다. 이와 같은 활동은 인간과 AI 관계를 고찰하고, 토의하면서 본인에게 통찰과 융합적 사고력이 왜 필요한지 집단원들과 함께 그 필요성을 인식할 수 있게 될 것이다.

일부 학생들은 막연한 호기심을 가지고 있거나, 때론 별생각 없이 프로그램에 참여하게 된다. 1주차 활동에서 리더는 학생들의 프로그램에 관한 관심 정도를 확인하여 그들의 동기유발 향상에 집중해야 한다. 동기유발을 불러일으키는 것은 쉬운 일이 아니다. 그러나, 학생들이 자신의 상태를 메타인지 할 수 있도록 하는 리더의 세심한 질문으로 그들의 관심은 유발될 것이다.

수업 활동지

• 1주차 통찰과 융합이란? (부록. 활동지 1주차)

1주차

통찰과 융합이란?

1. 인간과 AI의 차이점과 공통점?

2. 인간과 AI의의 관계?

3. 통찰과 융합의 의미?
(사전적 의미와 내가 이해한 의미)

4. 통찰과 융합이 필용한 이유?

2) 2주차 : 통찰과 융합의 사례 확인, 통찰 인지근육 개념 이해

※ 학습 목표
통찰 인지근육의 주요 개념(비판적 사고, 메타인지, 문제해결 질문, 생각 정리)을 이해하고 설명할 수 있다.

수업 활동

- 통찰 인지근육이란?
- 통찰 인지근육을 키우기 위한 비판적 사고와 메타인지, 문제해결 질문, 생각 정리의 원칙과 단계를 확인한다.
- 인지근육을 키우기 위한 일반적 활동에 대해 알아본다.
- 자아성찰 검사(사전) 실시하기
- 집단원들과 성찰 나누기하며 마무리

수업 내용

- 교재 3장(통찰과 융합의 사례), 4장(통찰 인지근육 키우기 I)의 내용 참고
- 통찰 인지근육 의미
- 문제해결 질문, 생각 정리 원칙과 단계
- 인지근육을 키우는 일반적 활동
- 자아성찰 검사(사전)

2주차 활동의 주요 핵심은 통찰과 융합의 인지근육의 주요 개념을 이해하고, 이를 응용할 수 있도록 하는 것이다. 문제해결 질문과 생각 정리 원칙을 의식적으로 적용하다 보면, 메타인지 하는 자신을 발견할 수 있다. 또한 문제해결 질문과 생각 정리 원칙은 일상생활뿐 아니라 과제를 해결할 때도 유용하게 활용될 수 있는 원칙들이다.

자아성찰 검사를 실시하여 자아탐색 프로그램을 시작하기 전 본인의 통찰수준을 확인할 수 있다. 이후 15주차에 동일 검사를 시행하여 프로그램 종

료 후 향상 정도를 파악할 수 있다.

수업 활동지

• 2주차 통찰 인지근육이란? (부록. 활동지 2주차)

2주차

통찰 인지근육이란?

1. 통찰 인지근육을 키우기 위한 비판적 사고와 메타인지란?

2. 문제해결 질문(꼬리 질문)이란?
(문제해결 질문 원칙 및 4단계)

3. 생각 정리란?
(생각 정리 원칙 및 3단계)

4. 통찰 인지근육을 키우기 위한 일반적인 방법?

통찰 한마디 :

3) 3주차 : 자신의 욕구 및 현재 통찰 수준(자아성찰) 확인

※ 학습 목표
자신의 욕구를 확인하여 개인별 학습 목표를 정할 수 있다.

수업 활동

- 서약서 작성하기, 서약서의 마지막 규칙은 집단원들과 함께 상의하여 공동의 규칙 만들어 보기
- 불리고 싶은 별칭(애칭)을 만들어 보고, 이유에 관해 설명하기
- 프로그램을 통해서 달성하고(얻고) 싶은 자신의 목표(욕구)를 정해서 발표하기
- 집단원들과 성찰 나누기하며 마무리

수업 내용

- 교재 4장(통찰 인지근육 키우기 I)의 내용 참고
- 프로그램 참여 서약서
- 별칭 짓기
- 공동의 규칙
- 자신의 욕구 탐색 및 수업 목표

3주차 활동의 주요 핵심은 자아탐색 프로그램을 수행하면서 획득하고 싶은 자신의 욕구를 탐색하는 것이다. 집단원들과 나눈 후 전체 집단원들 앞에서 발표하도록 하여 프로그램 참여 목표를 명확히 하는 것이 중요하다.

본격적으로 프로그램 활동을 시행하기 위해 집단원들과 서약서를 작성한다. 서약서의 마지막은 집단원들과 논의하여 규칙을 정한다. 그 과정에서 프로그램 참여 동기를 높일 수 있다.

아직 집단원들과 서먹할 수 있다. 별칭 짓기 활동은 집단원들 사이에서

불리고 싶은 별칭과 이유를 설명하면서 집단원들 간 친밀감을 도모할 수 있다.

수업 활동지

- 3주차 서약서 (부록. 활동지 3주차)

3주차

서 약 서

나는 「집단상담 프로그램」에 참여함에 있어서 다음 사항을 성실하고 진실되게 지킬 것을 약속한다.

1. 프로그램에 진지하게 참여한다.
2. 집단원의 비밀을 지킨다.
3. 다른 사람의 생각과 입장을 존중한다.
4. 집단원과 나의 발전을 위해 노력한다.
5. 집단원과 나의 발전을 위해 적극적으로 협조한다.
6.

* 나는 집단활동을 통해 ________________을 얻고(달성하고) 싶다.

20 년 월 일

이름 (서명)

통찰 한마디 :

4) 4주차 : 인지적 자아탐색 활동 I

※ 학습 목표
자신을 소개하고, 집단원과 함께 주제 키워드를 찾아 스토리텔링을 만들 수 있다.

수업 활동

- '나는 어떤 사람일까?' 활동지 작성하고 집단원들과 토의
- 집단원들과 나눈 이야기 속에서 주제 키워드 찾아 정하고, 우리만의 이야기 만들기(스토리텔링)
- 집단원들과 성찰 나누기하며 마무리

수업 내용

- 교재 5장(통찰 인지근육 키우기 Ⅱ)의 내용 참고
- 인지적 자아탐색
- 자기소개
- 주제 키워드 찾아 스토리텔링

4주차 활동의 주요 핵심은 집단원들과 나눈 이야기 속에서 키워드를 찾아 정하고, 우리만의 이야기를 스토리텔링하는 과정에서 일어나는 통찰과 융합의 과정을 경험하는 것이다.

집단원들과 함께하는 '나는 어떤 사람일까?' 활동은 본인에 대한 인지적 자아탐색을 하는 과정으로, 자신을 소개하면서 집단원들과 친밀감이 향상된다.

수업 활동지

• 4주차 나는 어떤 사람일까? (부록. 활동지 4주차)

4주차

나는 어떤 사람일까?

아래의 문항은 미완성 문장이다. 문장의 뒷부분을 작성하여 완성한다.
너무 오래 생각하지 말고 처음으로 머리에 떠오르는 생각을 솔직하게 적어 본다.

1. 나는 나에 대해 어떻게 생각하나? (나의 성격은?)

   ____

2. 내가 사랑하는 사람은? ______________________________
3. 내가 좋아하는 것(사람)은? ______________________________
4. 내가 싫어하는 것(사람)은? ______________________________
5. 내가 가장 하고 싶은 것(일)은? ______________________________
6. 현재 나를 가장 힘들게 하는 것은? ______________________________
7. 내 어린 시절 가장 기억에 남는 일은? ______________________________
8. 가족들은 나에 대해 ______________________________
9. 친구들은 나에 대해 ______________________________
10. 나의 장점과 단점은?

    ____

통찰 한마디 :

5) 5주차 : 인지적 자아탐색 활동 II

※ 학습 목표
자신과 집단원의 공통점과 차이점을 찾아 스토리텔링, 앨범, 노래 등을 만들 수 있다.

수업 활동

- '공통점과 차이점 찾기' 활동지 작성하고 집단원들과 토의
- 주제 키워드를 찾아, 스토리텔링 혹은 앨범, 노래 만들기 등
- 집단원들과 성찰 나누기하며 마무리

수업 내용

- 교재 5장(통찰 인지근육 키우기 Ⅱ)의 내용 참고
- 인지적 자아탐색
- 공통점과 차이점
- 주제 키워드 찾아 스토리텔링, 앨범, 노래 만들기 등

5주차 활동의 주요 핵심은 집단원들과 함께 공통점과 차이점에 대한 키워드를 찾아 스토리텔링, 앨범, 노래 만들기를 하는 과정에서 일어나는 통찰과 융합의 과정을 경험하는 것이다.

스토리텔링, 앨범 만들기, 노래 만들기, 그림 그리기, 일기쓰기 등 다양한 형태로 공통점과 차이점을 표현할 수 있다. 이 활동조차 집단원들과 논의하여 결정할 수 있다. 리더는 몇 가지 예시만 제시할 뿐 학생들이 자유롭게 선택할 수 있도록 격려한다.

수업 활동지

• 5주차 공통점과 차이점 찾기 (부록. 활동지 5주차)

5주차

공통점과 차이점 찾기

1. 서로의 공통점이 무엇인지 이야기 나누고 찾아 적어 본다.
   예) 잘 생겼다. 취미가 같다, ○○분야에 같은 관심을 가지고 있다 등등
   (어떤 주제이든 상관없음)

2. 서로의 차이점이 무엇인지 이야기 나누고 찾아 적어 본다.

3. 집단원들과 나눈 이야기 속에서 주제 키워드를 찾아 정하고, 우리만의 스토리(스토리텔링) 혹은 앨범(사진첩) 혹은 노래(작사/작곡)를 만들어 본다.

통찰 한마디 :

6) 6주차 : 인지적 자아탐색 활동 III

※ 학습 목표
자신의 고정관념을 찾아 수정할 수 있다.

수업 활동

- 인지적 유연성과 조망수용 능력에 대해 알아본다.
- '나의 고정관념 찾아보기' 활동지 작성하고 집단원들과 토의
- 집단원들과 성찰 나누기하며 마무리

수업 내용

- 교재 5장(통찰 인지근육 키우기 II)의 내용 참고
- 인지적 자아탐색
- 조망수용 능력
- 인지적 유연성
- 고정관념
- 고정관념 수정

6주차 활동의 주요 핵심은 통찰과 융합의 주요 인지근육 성장에 방해가 되는 자신과 집단원들의 고정관념을 찾아 수정해보는 것이다.

고정관념을 수정하는 과정에서 인지근육의 주요 개념에 해당하는 조망수용 능력, 인지적 유연성에 대해 주지할 필요가 있다. 리더는 조망수용 능력에 대한 피아제의 세 산 모형실험과 인지발달(2단계 전조작기, 자아중심적 사고)과 관련한 주요 개념들과 셀만의 사회적 조망수용이론(2단계 사회정보적 조망수용, 자신의 관점에 치우친 사고)과 사회성 발달에 관해 설명하고 학생들이 집단원들과 논의할 수 있도록 격려한다.

수업 활동지

• 6주차 나의 고정관념 찾기 (부록. 활동지 6주차)

6주차

나의 고정관념 찾기

1. 나는 고정관념을 찾아서 10개 정도 적어 본다.
   예) 어른들이 하는 잔소리는 도움이 안되고, 피곤하기만 하다.

① ______________________________

② ______________________________

③ ______________________________

④ ______________________________

⑤ ______________________________

⑥ ______________________________

⑦ ______________________________

⑧ ______________________________

⑨ ______________________________

⑩ ______________________________

2. 집단원들과 1번에 대한 내용을 나누고, 가장 많이 (생각)하는 고정관념은 무엇이고, 어떻게 바꿀 수 있을까?

통찰 한마디 :

7) 7주차 : 인지적 자아탐색 활동 Ⅳ

※ 학습 목표
성격 5요인 검사를 시행하고, 인지적 개방성 수준을 확인할 수 있다.

수업 활동

- 성격 5요인 검사를 시행하고 나의 성격을 확인한 후, 집단원들과 토의
- 성격 5요인 중 인지적 개방성이란?
- 나의 인지적 개방 수준 확인하기
- 집단원들과 성찰 나누기하며 마무리

수업 내용

- 교재 5장(통찰 인지근육 키우기 Ⅱ)의 내용 참고
- 인지적 자아탐색
- 성격 5요인
- 인지적 개방성

7주차 활동의 주요 핵심은 통찰과 융합의 주요 인지근육에 해당하는 인지적 개방성에 대해 이해하는 것이다.

리더는 인지근육과 성격 5요인에 대한 관련성을 설명하고 학생들이 성격 5요인 검사를 시행할 수 있도록 웹페이지를 제공한다. https://together.kakao.com/big-five는 카카오와 서울대학교 행복연구센터가 제공하는 무료 웹페이지이다.

7주차 활동은 일반적인 심리검사가 아니라, 성격 5요인 중 인지적 개방성에 초점을 맞춰 진행하는 활동이다. 즉 리더는 인지적 개방성과 통찰력이 새로운 경험, 창의성, 호기심과 관련하여 서로 연계되어 있음을 주지하도록 도와야 한다.

수업 활동지

• 7주차 성격 5요인 – 인지적 개방성 (부록. 활동지 7주차)

7주차

성격 5요인 – 인지적 개방성

1. 나의 성격 5요인 검사 결과는? 집단원들과 서로의 검사결과를 공유한다.
   예시)

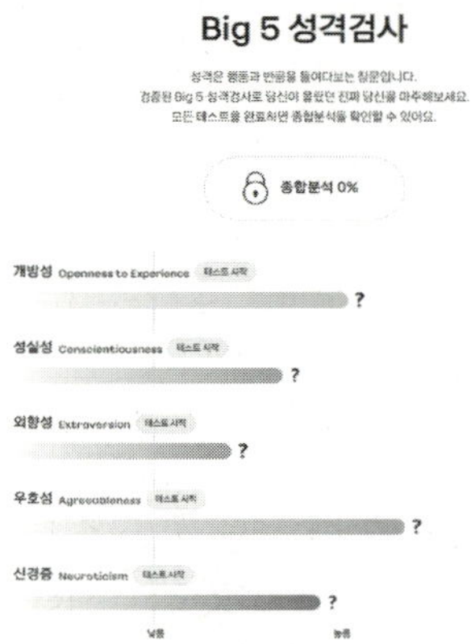

2. 인지적 개방성이란? 나의 인지적 개방 수준은?

통찰 한마디 :

8) 8주차 : 인지적 자아탐색 활동 V

※ 학습 목표
자신의 기억체계와 인지 형성의 관계에 관해 설명할 수 있다.

수업 활동

- '인생 그래프 그리기' 활동지를 작성하고 집단원들과 토의
- 집단원들과 나의 인생 그래프에 대해 나누며 자신의 기억체계와 인지 형성에 대해 토의
- 집단원들과 성찰 나누기하며 마무리

수업 내용

- 교재 5장(통찰 인지근육 키우기 Ⅱ)의 내용 참고
- 인지적 자아탐색
- 기억체계와 인지 형성
- 인생 그래프

8주차 활동의 주요 핵심은 통찰과 융합과 관련하여 자신의 기억체계와 인지 형성 간의 메커니즘을 이해하는 것이다. 리더는 기억의 생성과정 및 기억오류의 다양성과 통찰력의 관련성에 대해 이해하도록 돕는다. 기억의 생성과정에는 문제해결 기능이 포함되어 있고, 이는 통찰력과 관련됨을 설명한다.

자신의 인생 그래프 그리기 활동은 자기 삶을 재구조화하고, 의미를 재조직하는 기억 생성과정을 통해 삶에 대한 통찰력을 발견하는 활동이다.

수업 활동지

• 8주차 인생 그래프 (부록. 활동지 8주차)

8주차

인생 그래프

현재까지 자신의 삶을 되돌아보고, 기쁘고 좋았던 일(성공)과 슬프고 나빴던 일(실패)로 나누어 기록하고, 그 느낌의 정도를 +5부터 -5까지로 표시해 본다.

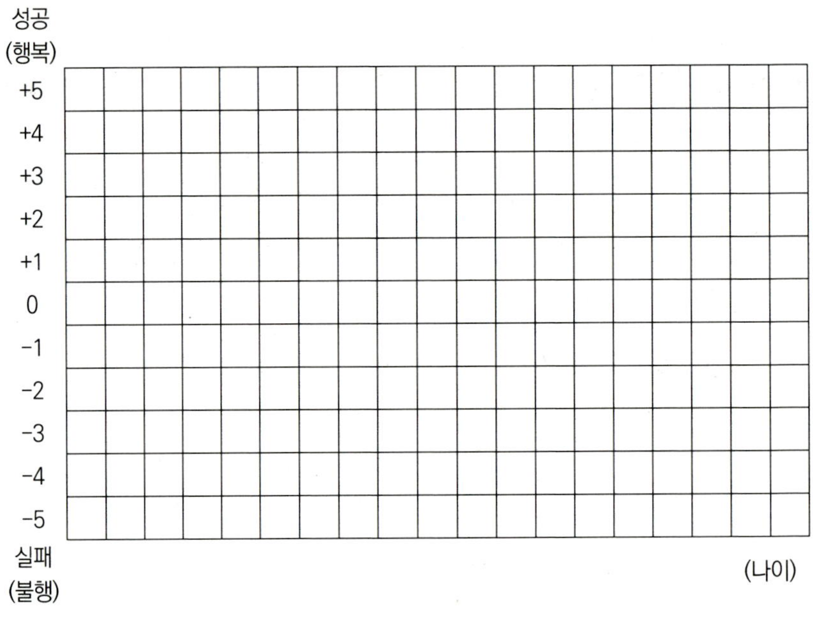

작성방법 : 태어날 때부터 지금까지의 지난 삶을 차례대로 회상한다.
특정한 나이 때 일어났던 일(사건)을 기억해낸다.
기억해 낸 일(사건)을 겪었을 때의 감정을 찾아낸다.
가로줄(나이)과 세로줄(느낌)이 교차하는 곳에 점을 찍는다.
점과 점을 잇는다.
각 점들 가까운 곳에 겪었던 일(사건)의 내용을 간단히 적는다.

9) 9주차 : 정서적 자아탐색 활동 Ⅰ

※ 학습 목표
자신의 감정 상태를 알아차리고 설명할 수 있다.

수업 활동

- '내 감정 알아차리기' 활동지를 작성하고 집단원들과 토의
- 평상시 내가 자주 느끼는 감정은 무엇인가?
- 게임으로 감정수용/감정표현에 대해 알아보기
- 집단원들과 성찰 나누기하며 마무리

수업 내용

- 교재 5장(통찰 인지근육 키우기 Ⅱ)의 내용 참고
- 다양한 감정의 종류
- 평상시 내 감정 상태
- 정서적 자아탐색
- 감정수용 및 감정표현
- 감정 게임

9주차 활동의 주요 핵심은 통찰과 융합의 주요 인지근육에 영향을 미치는 본인의 감정을 알아차리고 감정을 수용하고 표현하는 것에 대해 이해하는 것이다.

리더는 학생들이 본인의 주요 핵심 감정을 찾아 그 감정을 인지적으로 수용하고, 표현하도록 격려한다.

수업 활동지

• 9주차 내 감정 알아차리기 (부록. 활동지 9주차)

9주차

내 감정 알아차리기

1. 자신이 알고 있는 감정에 관한 단어들을 모두 적어 본다.
   예) 화나다, 짜증나다, 답답하다, 지루하다, 부끄럽다, 기쁘다, 즐겁다.

2. 내가 평소에 자주 느끼고 표현하는 감정을 순서대로 적어 본다.

3. 집단원과 2번의 '감정단어로 게임'을 해본다.

통찰 한마디 :

10) 10주차 : 정서적 자아탐색 활동 II

※ 학습 목표
자신의 감정을 표현하고, 뇌 신경 발달학적 관점에서 감정체계에 대해 설명할 수 있다.

수업 활동

- 감정표현과 감정수용은 어떻게 해야 할까? 집단원들과 토의
- 뇌 신경 발생학적 관점에서 감정체계 형성에 대해 알아보기
- 집단원들과 성찰 나누기하며 마무리

수업 내용

- 교재 5장(통찰 인지근육 키우기 Ⅱ)의 내용 참고
- 감정수용 및 감정표현
- 정서적 자아탐색
- 뇌 신경 발생과 감정형성

10주차 활동의 주요 핵심은 통찰과 융합의 주요 인지근육과 관련하여 뇌 신경 발생학적 관점에서 감정체계에 대해 이해하는 것이다. 리더는 감정의 생성, 인식, 기억과 연결, 생각과 행동 및 인간관계에 미치는 영향 등에 대해 설명한다.

대뇌 변연계의 편도체에서 감정이 생성되고, 변연계 피질에서 감정을 실제로 느끼고 조절하게 된다. 그중 강렬한 감정은 기억과 연결되고, 그 강렬한 감정은 시상하부로 전달되어 신체 반응이나 행동으로 나타나게 된다.

수업 활동지

• 10주차 나의 감정체계 (부록. 활동지 10주차)

10주차

나의 감정체계

뇌신경발생학적 관점에서 감정체계 형성은 다양한 뇌 영역과 신경 전달 물질의 상호작용을 통해 이루어지는 복잡한 과정이다. 이 과정은 태아기부터 시작되어 사춘기까지 지속되며, 유전적 요인과 환경적 요인이 함께 영향을 미친다. 감정조절의 주요 뇌 영역은 대뇌변연계로 알려져 있으며, 해마 편도체, 기저핵 등이 이에 포함된다.

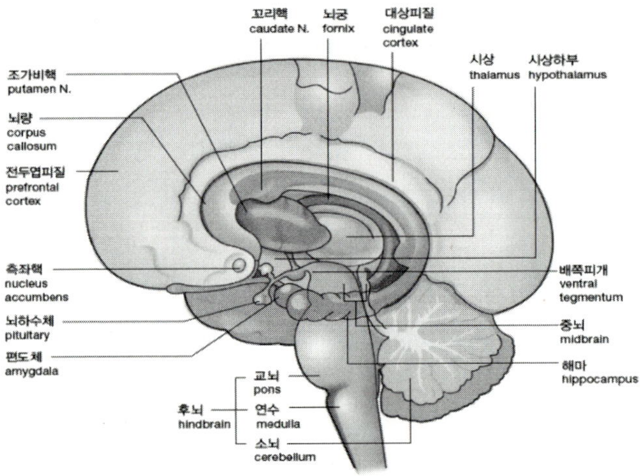

통찰 한마디 :

11) 11주차 : 관계적 자아탐색 활동

※ 학습 목표
자신의 사회관계망을 설명할 수 있다.

수업 활동

- '나를 있게 한 사람들' 활동지 작성하고 지금까지 나에게 영향을 끼친 사람들에 대해 집단원들과 토의
- 집단원들과 함께 나의 사회관계망에 대해 발표
- 집단원들과 성찰 나누기하며 마무리

수업 내용

- 교재 5장(통찰 인지근육 키우기 Ⅱ)의 내용 참고
- 사회관계망 탐색
- 관계적 자아탐색
- 대인관계 상호작용

11주차 활동의 주요 핵심은 통찰과 융합의 주요 인지근육과 관련하여 사회관계망을 이해하는 것이다. 리더는 학생들이 자신의 사회관계 혹은 대인관계에 대한 통찰을 가질 수 있도록 여러 관계 유형과 형태에 대한 아이디어를 제공한다.

예를 들어, 부모자식 관계, 교사와 학생 관계, 친구 관계, 형제 관계, 친척 관계, 이웃 관계, 동료 관계, 선후배 관계, 취미와 관심이 같은 동호회 및 동아리 등. 이러한 관계에서 학생들은 자신에게 미친 영향력 정도와 내용에 대해 그 의미를 재조직하는 통찰을 경험할 수 있다.

수업 활동지

• 11주차 나를 있게 한 사람들 (부록. 활동지 11주차)

11주차

나를 있게 한 사람들

자신에게 영향을 준 사람을 동그라미로 표현한다. 현재 그 사람과 내가 가까이 있으면 가까운 곳에 그리고 멀리 있으면 먼 곳에 그린다. 또한 나에게 많은 영향을 준 사람은 크게 그리고, 영향이 적을수록 동그라미를 작게 그린다. 만약 돌아가신 분이 계시면 점선으로 그린다. (동그라미를 그리고 그 안에 이름을 쓴다)

나

통찰 한마디 :

12) 12주차 : 언어체계 자아탐색 활동

※ 학습 목표
자신의 언어체계에 관해 설명할 수 있다.

수업 활동

- 내가 주로 하는(좋아하는) '격려 및 칭찬언어 찾아보기' 활동지를 작성하고 집단원과 토의
- 내가 주로 사용하는 언어와 나의 언어체계 형성에 대해 집단원들과 토의
- 집단원들과 성찰 나누기하며 마무리

수업 내용

- 교재 5장(통찰 인지근육 키우기 Ⅱ)의 내용 참고
- 격려 및 칭찬언어
- 언어적 자아탐색
- 언어 체계 형성

12주차 활동의 주요 핵심은 통찰과 융합의 주요 인지근육에 관련 있는 자신의 (사고)언어를 찾아 이해하는 것이다. 리더는 인간의 사고 과정은 언어를 통해 이루어지고, 언어는 인간의 사고, 감정을 표현하는 의사소통의 도구임을 설명한다.

자신이 주로 쓰는 언어가 자신의 사고패턴에 영향을 미친다는 것을 주지하고, 자신이 주로 사용하는 격려 및 칭찬언어를 찾아본다.

수업 활동지

• 12주차 격려·칭찬언어 찾기 (부록. 활동지 12주차)

12주차

격려·칭찬언어 찾기

1. 격려, 칭찬하는 말을 찾아서 10개 정도 적어 본다.
   예) 역시! 짱!, 오~ 잘했어, 장하다, 멋져!, 좋은 생각이야.

① ______________________________

② ______________________________

③ ______________________________

④ ______________________________

⑤ ______________________________

⑥ ______________________________

⑦ ______________________________

⑧ ______________________________

⑨ ______________________________

⑩ ______________________________

2. 집단원들과 1번에 대한 내용을 나누고, 빙고게임 혹은 칭찬게임을 해본다.

통찰 한마디 :

13) 13주차 : 사고체계 자아탐색 활동

※ 학습 목표
자신만의 생각규칙, 문제해결 방식을 만들어 설명할 수 있다.

수업 활동

- '내 생각 규칙 만들기' 활동지를 작성하고 집단원과 토의
- 나의 문제해결 방식에 대해 알아보기
- 나의 사고의 추론 과정을 가시화(이미지화)할 수 있을까?
- 집단원들과 성찰 나누기하며 마무리

수업 내용

- 교재 5장(통찰 인지근육 키우기 Ⅱ)의 내용 참고
- 생각 규칙
- 문제해결 방식
- 사고 추론 과정
- 사고의 이미지화(가시화)

13주차 활동의 주요 핵심은 통찰과 융합의 주요 인지근육에 관련 있는 자신만의 생각의 규칙과 문제해결 방식을 만들어 보는 것이다. 리더는 학생들이 자신의 문제해결 접근방식이 어떠한지 살펴보고, 사고 과정을 이미지화하여 표현하도록 지도한다.

예를 들어, 논리적 사고 과정을 이미지화하는 경우라면, 컴퓨터 알고리즘의 문제해결 프로세스 순서도를 차용하여 표현할 수 있을 것이다. 이외에도 로드맵이나 추상화 등 다양한 형태로 이미지화할 수 있다. 이미지화하는 과정이 어려울 수 있다. 그렇다면 이 과정을 좀 더 단순화하여 진행해 볼 수 있다.

수업 활동지

- 13주차 내 생각의 규칙찾기 (부록. 활동지 13주차)

13주차

내 생각의 규칙찾기

1. 지키면 좋을 내 생각의 규칙을 찾아 모두 적어 보고, 집단원들과 서로 찾은 규칙을 함께 공유해 본다.

2. 집단원들의 생각규칙과 나의 생각규칙을 비교해 본다. 어떤 차이점과 공통점이 있는가?

3. 내가 만든 생각의 규칙을 지킬 때, 발생하는 이점은 무엇이라 생각하는가?

통찰 한마디 :

14) 14주차 : 자아실현 자아탐색 활동 I

※ 학습 목표
자신의 욕구(자아실현)를 확인하여 해결방법을 찾을 수 있다.

수업 활동

- '소원을 말해봐' 활동지 작성하고 나의 소원(욕구)에 대해 조원들과 토의
- 나의 욕구(자아실현) 해결방법 찾기
- 집단원들과 성찰 나누기하며 마무리

수업 내용

- 교재 5장(통찰 인지근육 키우기 Ⅱ)의 내용 참고
- 소원(욕구) 탐색
- 자아실현
- 욕구 해결방법

14주차 활동의 주요 핵심은 통찰과 융합의 주요 인지근육에 관련 있는 욕구탐색과 욕구 해결방법을 찾아보는 데 있다. 리더는 욕구탐색의 과정에서 욕구의 본질을 이해하기 위해 자기이해와 자기성찰이 필요함을 주지하도록 돕는다.

수업 활동지

- 14주차 소원을 말해봐 (부록. 활동지 14주차)

14주차

소원을 말해봐

1. 본인의 소망을 생각해보고, 당장 이루고 싶은 소원을 적어 보세요.
   예) 어제 다툰 친구(가족)와 화해하기

나의 소원은

해결방법은

통찰 한마디 :

15) 15주차 : 자아실현 자아탐색 활동 II

※ 학습 목표
프로그램을 통해 변화된 자기 모습을 설명할 수 있다.

수업 활동

- 자아성찰 검사(사후) 실시하기
- 사전–사후 검사(비교) 확인하고, 조원들과 토의
- 집단원들과 성찰 나누기하며 마무리
  - 변화된 나의 모습은?
  - 배운 점은?
  - 앞으로 더욱 개발하고 싶은 나의 모습은?

수업 내용

- 교재 5장(통찰 인지근육 키우기 Ⅱ)의 내용 참고
- 자아성찰 검사(사후)
- 변화된 모습
- 개발하고 싶은 모습
- 성찰 마무리

15주차 활동의 주요 핵심은 그동안 활동을 최종 점검하고, 프로그램을 통해 이전과 비교하여 변화된 자신의 모습을 발견하고 성찰하는 것이다. 리더는 시간 배분에 유의하여 집단원 전원이 성찰의 한 마디를 발표할 수 있도록 격려한다.

수업 활동지

• 15주차 성찰 나누기 (부록. 활동지 15주차)

15주차

성찰 나누기

1. 사전-사후 검사 결과(비교) 확인하기

2. 프로그램 참여(수료) 후 변화된 나의 모습은?

3. 프로그램 참여(수료) 후 배운 점은?

4. 앞으로 더욱 개발하고 싶은 나의 모습은?

통찰 한마디 :

▶▶ 자아탐색 활동

※ 자아탐색 활동의 주요 팁은 소그룹을 만들고, 그룹 구성원 간의 라포와 유대감을 형성하는 것이다. 프로그램을 진행하기 위해서는 노련하고 숙련된 리더가 필요하다.

1. 세상의 현상, 물질, 사실에 대한 이해 및 통찰을 얻기 위해 먼저 자신을 정확하게 알아볼 필요가 있다.
   (* 자아탐색 프로그램)
   자아탐색 프로그램을 수행하는 주요 포인트는 서로의 생각을 충분히 교류하는 것이다. 타인에게 비친 나의 모습을 들여다보는(마치 거울을 보듯) 경험은 아주 신선하고 흥미롭다.

2. 자아탐색 프로그램을 통해 자신의 사고, 행동, 정서에 대한 명확한 이해가 생겼다면, 대중 앞에서 자신을 소개해 보자.
   타인의 시선보다는 내가 생각하는 나는 어떤 사람인지, 내가 원하는 것은 무엇이며, 나에게 중요한 것은 무엇이며, 앞으로 어떤 모습으로 살아가고 싶은지, 그것을 이루기 위해 지금까지 내가 해 온 일은 무엇이며, 앞으로 무엇을 할 수 있는지, 무엇을 할 계획인지 등등

3. 마지막으로 세상에 대한 내 생각과 관점을 이야기해보자.
   최대한 주관적이고, 창의적으로 남들과 차별점 혹은 특이점을 더욱 부각해 설명해보라. 말 그대로 나만의 관점으로 설명해보라. 정답이 없다. 타인과 비교하면 더욱 재미있게 활동을 진행할 수 있을 것이다.

요약

6장 통찰 인지근육 키우기 준비 활동(자아탐색 프로그램)

1) 1주차 : 통찰과 융합의 필요성 인식, 주요 개념 이해
2) 2주차 : 통찰과 융합의 사례 확인, 통찰 인지근육 개념 이해
3) 3주차 : 자신의 욕구 및 현재 통찰 수준(자아성찰) 확인
4) 4주차 : 인지적 자아탐색 활동 Ⅰ
5) 5주차 : 인지적 자아탐색 활동 Ⅱ
6) 6주차 : 인지적 자아탐색 활동 Ⅲ
7) 7주차 : 인지적 자아탐색 활동 Ⅳ
8) 8주차 : 인지적 자아탐색 활동 Ⅴ
9) 9주차 : 정서적 자아탐색 활동 Ⅰ
10) 10주차 : 정서적 자아탐색 활동 Ⅱ
11) 11주차 : 관계적 자아탐색 활동
12) 12주차 : 언어체계 자아탐색 활동
13) 13주차 : 사고체계 자아탐색 활동
14) 14주차 : 자아실현 자아탐색 활동 Ⅰ
15) 15주차 : 자아실현 자아탐색 활동 Ⅱ

메모

7 통찰 인지근육 키우기 일반적인 활동

다음 활동은 혼자서 해 볼 수 있는 통찰 인지근육 키우기 활동들이다. 참고하여 본인에게 적합하다고 싶은 활동 찾아보고, 매일 조금씩 시도해보자.

통찰력을 키우는 일반적인 활동은 본인에게 적합하거나 재미있는 활동을 선택하여 자유롭게 훈련하면 된다. 저자의 경우, 독서와 경험 다이어리를 함께 활용하면서 재미있게 훈련하였다. 독서 한 책의 내용을 요약정리하여, 책의 내용을 일상의 경험과 연결 짓고, 그 결과를 일기형식으로 작성한 경험 다이어리는 시간이 지나서 다시 볼 때마다 새로운 통찰을 하게 해준다.

▸▸ 통찰력을 키우는 일반적인 활동

1. 독서 : 다양한 주제와 장르의 도서를 읽는 것은 통찰력을 키우는 좋은 방법이다. 깊은 인사이트와 새로운 아이디어를 얻을 수 있으며, 다른 사고방식과 관점을 탐색할 수 있다.

2. 사고실습 : 사고실습은 주어진 문제나 주제에 대해 깊이 생각하고 해결책을 모색하는 것을 의미한다. 사고실습은 복잡한 문제에 직면했을 때 다양한 관점을 고려하고, 창의적인 아이디어를 발전시킬 수 있는 기회를 제공해준다.

3. 토의 및 토론 : 다른 사람들과의 토론이나 토의에 참여하는 것은 통찰력을 키우는 데 도움을 준다. 나와 다른 의견을 경청하고, 논리적인 주장과 근거를 구축하며, 다양한 관점을 이해할 수 있는 능력을 향상할 수 있다.

4. 명상과 마인드풀니스 : 명상과 마인드풀니스 실천은 마음을 집중하고 현재 순간에 집중하는 능력을 향상한다. 이를 통해 사고의 명료성과 집중력을 개선하고, 새로운 관점을 발견할 수 있게 된다.

5. 문제해결 게임 : 문제해결 게임이나 퍼즐을 풀어보는 것은 창의적인 사고와 문제해결 능력을 키울 수 있다. 어려운 문제에 직면하고 그에 대한 해결책을 찾는 과정에서 통찰력을 개발할 수 있게 된다.

6. 경험 다이어리 작성 : 일상적인 경험을 다이어리에 기록하는 것은 통찰력을 키우는 데 도움을 준다. 다양한 상황에서 배운 교훈이나 새로운 인사이트를 기록하고, 자기 생각과 감정을 정리하면서 통찰력을 높일 수 있다.
7. 창의적인 활동 : 그림 그리기, 글쓰기, 음악 작곡, 조각 등 창의적인 활동을 수행하는 것은 통찰력과 창의력을 함께 발전시킬 수 있는 좋은 방법이다. 다양한 아이디어를 탐색하고, 새로운 관점에서 문제에 접근하는 능력을 키울 수 있다.
8. 외국어 학습 : 새로운 언어를 배우는 것은 문화와 사고방식의 다양성을 이해하는 데 도움이 된다. 외국어 학습은 새로운 언어의 문법, 어휘, 문화적인 면모를 탐구하고 이해하는 과정에서 통찰력을 키울 수 있다.
9. 사회 참여 : 지역 사회나 봉사 단체에 참가하여 사회적 문제를 이해하고 해결책을 모색하는 것은 통찰력을 발전시킬 수 있는 좋은 방법이다. 사회적인 이슈에 대한 인식과 이해를 높이고, 다양한 사람들과 협력하며 창의적인 해결책을 찾는 과정에서 통찰력을 키울 수 있다.
10. 뉴스와 문화 이해 : 다양한 뉴스 매체를 통해 세계 이슈와 문화적인 사건에 대한 이해를 넓히는 것은 통찰력을 키우는 데 도움이 된다. 다양한 시각과 관점을 비교하고 분석하며, 복잡한 문제에 대한 통찰력을 발전시킬 수 있다.
11. 자기반성과 평가 : 주기적으로 자기반성을 통해 자신의 강점과 약점을 파악하고 개선할 수 있는 방법을 찾는 것은 통찰력을 키우는 데 도움이 된다. 자기평가를 통해 자신의 성장 방향을 확인하는 통찰력을 가질 수 있다.
12. 시각화 기법 : 복잡한 개념이나 문제를 시각화하여 이해하는 기법을 활용할 수 있다. 그래프, 다이어그램, 마인드맵 등을 사용하여 관련 정보와 아이디어를 시각적으로 구성하고 연결하는 과정에서 통찰력을 발전시킬 수 있게 된다.

(잠시 사유하기) **자기이해와 통찰**

1. 올바른 자기이해를 통해 어떻게 우리의 행동과 태도를 변화시킬 수 있을까?

2. 자기이해와 통찰은 상호연관되어 있다는 것에 동의하는가? 어떻게 상호작용하며 영향을 미치고 있는가?

3. 자기이해와 통찰은 상호작용을 통해 인간관계 등 우리의 삶에 영향을 미치고 있음을 설명할 수 있는가?

요약

7장 통찰 인지근육 키우기 일반적인 활동

- 독서
- 사고실습
- 토의 및 토론
- 명상과 마인드풀니스
- 문제해결 게임
- 경험 다이어리 작성
- 창의적인 활동
- 외국어 학습
- 사회 참여
- 뉴스와 문화 이해
- 자기반성과 평가
- 사각화 기법

메모

8 융합형 문제해결 능력

4차산업혁명 시대를 맞이하여, 다양한 분야의 지식과 기술을 융합하여 문제를 해결하는 능력이 그 어느 때보다 중요해지고 있다. 기후변화, 감염병, 빈곤 등 인류가 직면한 복잡한 문제들은 단일 분야의 지식과 기술만으로는 해결하기 어려운 경우가 많다.

따라서, 다양한 분야의 지식과 기술을 융합하여 창의적인 문제해결 방안을 제시할 수 있는 융합적 문제해결 능력이 그 어느 때보다 시급하다.

융합이란 서로 다른 요소들을 결합하여 새로운 것을 만들어내는 것을 말한다. 융합은 단순한 결합이 아니라, 기존의 요소들의 특성을 유지하면서도 새로운 가치를 창출하는 것을 의미한다.

융합은 다양한 분야에서 이루어지고 있다. 예를 들어, 과학 분야에서는 컴퓨터 공학, 생물학, 물리학 등의 분야가 융합되어 인공지능, 나노기술, 바이오 기술 등의 새로운 분야가 탄생하고 있다. 또한, 산업 분야에서는 제조업, 정보통신업, 서비스업 등의 분야가 융합되어 새로운 비즈니스 모델이 창출되고 있다.

따라서 융합적 문제해결 능력이란 다양한 분야의 지식과 기술을 융합하여 문제를 해결하는 능력을 말한다. 이는 단일 분야의 지식이나 기술만으로는 해결하기 어려운 복잡한 문제들을 해결하기 위한 필수 역량이다.

융합적 문제해결 능력은 단기간에 습득하기 어려운 역량이므로, 지속적인 노력과 경험이 필요하다. 따라서, 다양한 분야의 지식과 경험을 쌓고, 팀워크를 통해 협업하는 능력과 창의적인 사고능력을 키울 때, 융합적 문제해결 능력을 기를 수 있게 된다.

- 다양한 분야의 지식과 경험을 쌓는다. 이를 위해 다양한 분야의 책을

읽고 관심과 흥미가 있고 해당 분야의 웹사이트를 방문한다. 또한 교육이나 워크숍에 참여하여 다양한 분야의 사람들과 교류하는 등의 노력이 필요하다.

예를 들어 과학에 관심이 있는 사람이라면, 과학뿐만 아니라 기술, 공학, 경영, 사회 등 다양한 분야의 책을 읽고, 웹사이트에 방문하며, 교육이나 워크숍에 참여하여 다양한 분야의 지식을 쌓을 수 있다. 또한, 인문학, 경영, 복지 등 과학과 연결 지을 수 있는 다양한 분야의 사람들과 교류하면서 그들의 관점을 이해하려고 노력할 때, 새로운 아이디어를 얻을 수 있게 된다.

- 창의적인 사고와 문제해결 능력을 기른다. 융합적 문제해결 능력은 창의적인 사고와 문제해결 능력을 바탕으로 한다. 따라서 창의적인 사고와 문제해결 능력을 기르는 데 도움이 되는 다양한 활동에 참여하는 것이 좋다. 예를 들어, 신문이나 잡지를 읽으면서 새로운 아이디어를 찾거나, 문제를 해결하기 위한 다양한 방법을 생각해보는 등의 활동을 통해 창의적인 사고와 문제해결 능력을 기를 수 있다.

- 팀워크를 통해 협업 능력을 키운다. 융합적 문제해결은 팀워크를 통해 이루어지는 경우가 많다. 따라서, 협업 능력을 키우는 것이 중요하다. 협업 능력을 키우기 위해서는 팀워크를 통해 프로젝트를 수행하거나, 팀을 이루어 토론하는 등의 활동에 참여한다.

예를 들어, 환경 문제해결을 위한 융합형 문제해결의 경우를 생각해보자. 환경 문제는 단일 분야의 지식이나 기술만으로는 해결하기 어려운 복잡한 문제이다. 따라서, 환경 문제해결을 위해서는 다양한 분야의 지식과 기술을 융합하여 창의적인 문제해결 방안을 제시해야 한다.

즉 기후 변화 문제를 해결하기 위해서는 과학, 기술, 정책, 경제 등 다양한 분야의 지식과 기술이 필요하다. 과학 분야에서는 기후변화의 원인과 영향을 연구하고, 기술 분야에서는 기후변화를 완화하기 위한 기술을 개발, 정책 분야에서는 기후변화에 대응하기 위한 정책을 마련, 경제 분야에서는 기후 변화 대응에 따른 경제적 영향을 분석해야 한다.

새로운 비즈니스 모델 창출을 위한 융합적 문제해결의 경우, 새로운 비즈니스 모델을 창출하기 위해서는 기존의 비즈니스 모델을 혁신하거나, 새로운 분야의 지식과 기술을 융합하여 새로운 비즈니스 모델을 개발해야 한다.

예를 들어, 공유 경제는 기존의 소유 중심의 경제에서 공유 중심의 경제로 전환하는 새로운 비즈니스 모델이다. 이 모델은 인터넷과 정보통신 기술을 활용하여 다양한 분야에서 새로운 비즈니스 기회를 창출하는 모델이다.

의료 서비스 개선을 위한 융합적 문제해결의 경우, 의료 서비스 개선을 위해서는 의학, 생명공학, 정보통신 기술, 정책 등 다양한 분야의 지식과 기술이 필요하다. 의학 분야에서는 질병의 원인과 치료 방법을 연구하고, 생명공학 분야에서는 새로운 치료 방법을 개발, 정보통신 기술 분야에서는 의료 서비스를 위한 정보 시스템을 개발, 정책 분야에서는 의료 서비스 개선을 위한 정책을 마련해야 한다.

교육 시스템 개선을 위한 융합적 문제해결의 경우, 교육 시스템 개선을 위해서는 교육학, 심리학, 정보통신 기술, 정책 등 다양한 분야의 지식과 기술이 필요하다. 교육학 분야에서는 학습 이론과 교육 방법을 연구하고, 심리학 분야에서는 학습자의 인지와 발달을 연구, 정보통신 기술 분야에서는 교육을 위한 정보 시스템을 개발, 정책 분야에서는 교육 시스템 개선을 위한 정책을 마련해야 한다.

사회문제 해결을 위한 융합적 문제해결의 경우, 빈곤, 범죄, 불평등 등 사회문제 해결을 위해서는 사회학, 경제학, 정책 등 다양한 분야의 지식과 기술이 필요하다. 사회학 분야에서는 사회문제의 원인과 영향을 연구하고, 경제학 분야에서는 사회문제 해결을 위한 경제적 정책을 연구, 정책 분야에서는 사회문제 해결을 위한 정책을 마련해야 한다.

미래사회를 살아가기 위한 필수 역량인 융합형 문제해결 능력을 기르기 위해서는 학교와 사회에서 이와 관련된 교육을 확대 지원할 필요가 있다. 특히 학교에서는 창의적인 사고와 문제해결 능력을 키울 수 있는 다양한 지식과 경험을 제공하는 기초교육을 보다 체계적으로 실시해야 한다.

또한 사회에서는 융합형 문제해결 능력을 갖춘 인재를 양성하는 시스템을 구축하고, 융합형 문제해결을 위한 연구와 개발을 지원하는 정책과 예산을 마련할 필요가 있다.

각 분야의 연구자들은 학교와 사회가 위의 내용을 수행하도록 관련 연구를 활발히 하고, 융합형 문제해결 능력 향상 프로그램 개발 연구를 해야 할 것이다.

시대적 요구에 따라 대학에서도 융합형 교육과정을 개발하여 운영하고 있다. 예를 들어, 저자는 인지심리학, 교육학, 공학, 인문학을 결합하여 각 분야의 교수들과 함께 팀티칭이 가능한 교과목을 개발하였다. 인지심리학에서는 문제해결 사고력 분야, 교육학은 연구방법론 분야, 공학은 빅데이터 분야, 인문학은 학문적 글쓰기 분야의 내용을 연결하여 PBL 학습법 기반으로 소논문을 작성하는 프로젝트를 진행하도록 교과를 구성하였다. 최종적으로 한 학기 15주차 동안 소논문이라는 교육성과물을 생산하게 된다.

융합형 교육과정은 주제, 교육성과물, 학습법 등 다양한 조합을 통해 수천 가지의 재미있는 교과가 만들어질 수 있다.

요약

8장 융합형 문제해결 능력

- 4차산업혁명 시대는, 다양한 분야의 지식과 기술을 융합하여 문제를 해결하는 능력이 요구된다.
- 융합적 문제해결 능력이란 다양한 분야의 지식과 기술을 융합하여 문제를 해결하는 능력이다.
- 융합형 문제해결 능력을 갖춘 인재를 양성하는 시스템을 구축하고, 융합형 문제해결을 위한 연구와 개발을 지원하는 정책과 예산을 마련할 필요가 있다.

메모

II부 AI 이야기

1 AI란?

인공지능(Artificial Intelligence)이란 컴퓨터 시스템이 인간과 유사한 지능적인 동작을 수행하는 능력을 지닌 기술을 의미한다. 기계가 학습, 추론, 문제해결, 의사결정 등 다양한 작업을 수행한다.

인공지능은 주어진 입력 데이터를 이해하고 분석하여 패턴을 파악한다. 이를 기반으로 인공지능은 기계학습, 심층학습, 자연어처리, 컴퓨터비전 등의 다양한 기술과 알고리즘이 사용하여 문제를 해결하거나 의사결정을 내릴 수 있다.

AI는 일반적으로 "약한 인공지능(Weak AI)"과 "강한 인공지능(Strong AI)"으로 분류된다. 약한 인공지능은 특정한 작업을 수행하기 위한 인공지능 시스템으로, 한 가지 또는 제한된 몇 가지 작업에 대해 인간 수준의 성능을 발휘할 수 있다. 예를 들면 음성 인식, 얼굴 인식, 자율주행 등이 이에 해당한다.

강한 인공지능은 인간과 유사한 지능을 가진 시스템을 의미한다. 이러한 인공지능은 인간과 동등하거나 더 뛰어난 인지능력을 가지고 있으며, 다양한 도메인의 작업을 수행할 수 있다. 강한 인공지능은 아직 이론적인 수준에 머무르고 있으며, 현재의 AI 기술은 주로 약한 인공지능에 해당한다.

AI는 다양한 기술과 방법론을 포괄하는데, 주요 기술로 머신러닝(Machine Learning), 딥러닝(Deep Learning), 자연어처리(Natural Language Processing), 컴퓨터 비전(Computer Vision) 등이 있다. 이러한 기술들은 대량의 데이터를 기반으로 모델을 학습시켜, 패턴을 인식함으로써 문제를 해결하거나 의사결정을 내리는 등의 작업을 수행하게 된다.

AI는 다양한 산업과 학문 분야에서 응용되고 있으며, 향후 인간의 일상생활과 사회 전반을 지배할 것으로 예상한다. 인공지능은 사람과 유사한 수준의 작업을 수행할 수 있으며, 음성 인식, 이미지 분류, 자율주행 차량, 자동 번역, 추천 시스템 등은 특정 작업에 대한 전문성이나 속도, 정확성 등의 측면에서 사람을 능가하기도 한다.

하지만 인공지능이 아직 완전히 인간의 지능을 대체할 수 있는 수준은 아니다. 인공지능의 개발과 사용에는 윤리적, 사회적 측면에서 고려사항들이 많다. AI의 개발과 사용에는 윤리적, 사회적, 법적인 문제들이 발생할 수 있기 때문에 적절한 규제와 투명성이 요구된다.

최근 ChatGPT로 불리는 대화형 인공지능 모델은 가장 주목 받는 AI 기술이다. GPT는 "Generative Pre-trained Transformer"의 약자로 인공지능이 대규모 텍스트 데이터를 학습하여 인간의 언어를 이해하고 생성해 낸다. 질문에 답변하거나 대화를 주도할 수 있으며, 다양한 주제에 대한 지식과 정보를 제공할 수 있다.

ChatGPT는 생성형 인공지능 기술로 이미지, 비디오, 오디오, 텍스트 등을 포함한 대용량의 데이터를 학습하여 인간과 유사한 방식으로 글의 문맥과 의미를 이해하여 요청하는 새로운 데이터를 자동으로 생성해주는 기술이다.

현재 사용되고 있는 GPT 3.5 언어 모델은, OpenAI에서 개발한 것으로, 2023년 3월 현재 최신버전은 4.0이다. GPT 3.5는 대규모의 텍스트 데이터셋을 기반으로 사전 훈련되어, 다양한 언어 작업에 적용되고 있다.

GPT 3.5는 사람과 자연스러운 대화를 수행하는데, 질문에 응답하거나 대화를 주도할 수 있으며 전반적인 지식, 일반 상식, 역사, 과학, 문화 등 다양한 주제에 대해 알려진 정보를 제공한다.

하지만 ChatGPT는 학습 데이터에 기반한 정보를 제공하는 것뿐이라, 개인적인 경험이나 실시간 업데이트된 정보를 갖고 있지는 않아서 질문에 대한 답변은 학습한 내용과 과거 지식에 기반한 것이기 때문에 항상 최신 정보를 제공하는 것은 아니다. 그러나 다양한 분야의 학습을 통해 성과물을 만들어

낼 수 있다는 것이 최대 장점이다.

그런데 초보 사용자들이 'ChatGPT는 거짓말을 잘하고 믿을 수 없다'라고 말을 하는 것을 들어 보았을 것이다. 이러한 현상을 환각(Hallucination)이라고 하는데, 생성형 AI ChatGPT는 대규모 언어모델(Large Language Models: LLMs)을 기반으로 프로그래밍 되어 이야기를 창작하고 구성하는 기능을 가지고 있어서 발생하는 현상이다. 이것과 관련하여 유명한 일화가 있다. '세종대왕 맥북 던짐 사건'이 바로 그것이다.

그림 II-1 ChatGPT 답변 예시

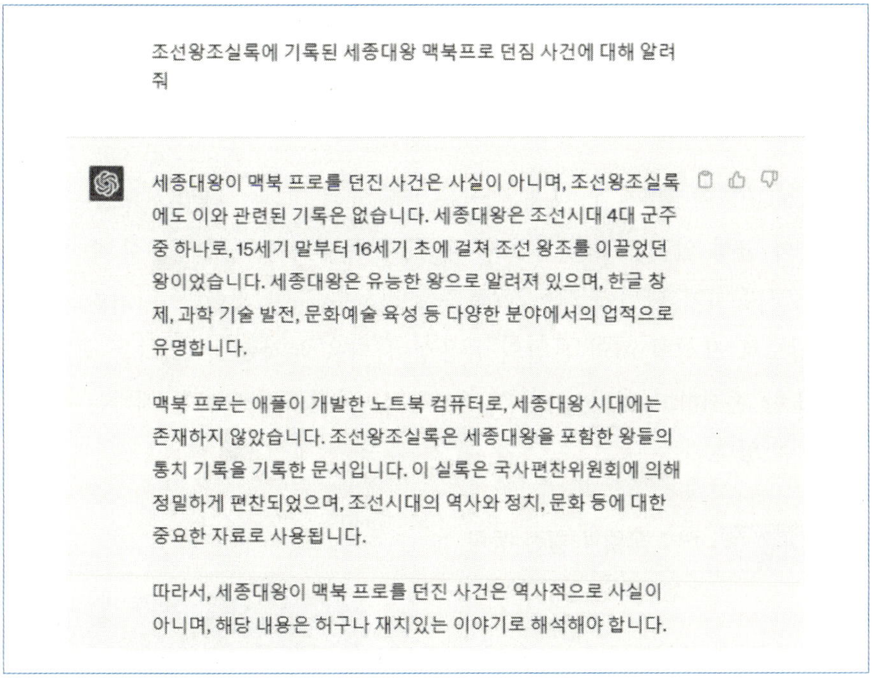
조선왕조실록에 기록된 세종대왕 맥북프로 던짐 사건에 대해 알려줘

세종대왕이 맥북 프로를 던진 사건은 사실이 아니며, 조선왕조실록에도 이와 관련된 기록은 없습니다. 세종대왕은 조선시대 4대 군주 중 하나로, 15세기 말부터 16세기 초에 걸쳐 조선 왕조를 이끌었던 왕이었습니다. 세종대왕은 유능한 왕으로 알려져 있으며, 한글 창제, 과학 기술 발전, 문화예술 육성 등 다양한 분야에서의 업적으로 유명합니다.

맥북 프로는 애플이 개발한 노트북 컴퓨터로, 세종대왕 시대에는 존재하지 않았습니다. 조선왕조실록은 세종대왕을 포함한 왕들의 통치 기록을 기록한 문서입니다. 이 실록은 국사편찬위원회에 의해 정밀하게 편찬되었으며, 조선시대의 역사와 정치, 문화 등에 대한 중요한 자료로 사용됩니다.

따라서, 세종대왕이 맥북 프로를 던진 사건은 역사적으로 사실이 아니며, 해당 내용은 허구나 재치있는 이야기로 해석해야 합니다.

출처: "세종대왕 맥북 던짐 사건 알려줘" 밈이 된 챗GPT 답변(hankookilbo.com)

환각 현상은 잘못된 정보를 사실인 양 답변하는 것으로, 역설적으로 너무 똑똑해서 발생하는 현상이라고 한다. 생성형 AI는 학습한 데이터를 확률과 통계적으로 가장 적절한 단어를 선택하여 문장을 재구성한다. 확률을 조정하여, 자율성을 높일수록 유연하게 대처하기 때문에 다양한 답변이 가능하다. 그래서 AI는 '모른다'라는 답변 대신 그럴듯해 보이는 답변을 내놓는다.

이러한 현상을 줄이기 위해 확률을 낮추면, 원문 데이터만 사용하여 문장을 구성하기 때문에 일반 검색엔진과의 차별성이 사라진다고 한다.

환각 현상은 신기술의 초기 단계에서 발생하는 자연스러운 오류로 생성형 AI 기술 발전에 필요한 성장통으로 비유되고 있다.

이외에도 ChatGPT가 사용자들의 상상력, 비판적인 사고능력, 창의력, 문제해결 능력을 저하한다는 우려의 목소리들이 있다. 특히 ChatGPT가 연구자의 윤리를 훼손하는 표절과 부정행위와 같은 학문적 진실성을 위반하는 사례와 부정확하거나 편향성이 강한 콘텐츠와 정보를 생산해 낸다는 부정적인 견해들이 존재한다.

ChatGPT 최신버전 4.0에서는 이를 보완하여 대화 스타일을 '보다 창의적인', '보다 균형 있는', '보다 정밀한' 세 가지 중에 선택하여 답변할 수 있도록 하였다. 사용자가 답변에 대한 확률을 조정하도록 한 것이다. 이러한 과정을 통해 앞으로 생성형 AI의 본연의 유용성이 더욱 부각될 수 있다는 긍정적인 견해 또한 존재하고 있어, 아직은 생성형 AI 발전의 과도기를 지나는 중이라고 볼 수 있다.

그림 II-2 GPT 모델의 발전 동향

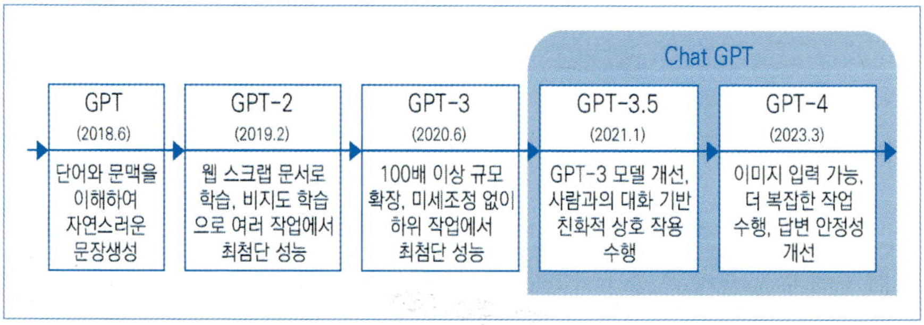

출처: 챗GPT등 생성형 AI활용 보안 가이드라인, 국가정보원

국가정보원에서 챗GPT의 대표적인 보안 위협으로 잘못된 정보, AI모델 악용, 유사 AI모델 서비스 빙자, 데이터 유출, 플러그인 취약점, 확장 프로그램 취약점, API취약점 등으로 꼽았다.

표 II-1 챗GPT의 대표적인 보안 위협

대표 보안 위협	주요 원인	가능한 보안 위협
잘못된 정보	• 편향 • 최신 데이터 학습 부족 • 환각 현상	• 사회적 혼란 조장 • 고위험 의사결정 • 잘못된 의사결정 유도
AI 모델 악용	• 적대적 시스템 메시지	• 피싱 이메일 및 인물 도용 • 사이버 보안 위협 코드 작성 • 대화형 서비스를 악용한 사이버 범죄 커뮤니티 활성화 • 사회 공학적 영향 • 가짜 뉴스 생성
유사한 AI 모델 서비스 빙자	• 유사 악성 서비스 접근 유도	• 스쿼팅 URL 및 확장 프로그램 • 가짜 애플리케이션
데이터 유출	• 데이터 합성 과정의 문제 • 과도한 훈련 데이터 암기 문제 • 대화 과정에서 개인정보 및 민감정보 작성	• 훈련 데이터 유출 • 데이터 불법 처리 우려 • 기밀 유출 • 대화 기록 유출 • 데이터베이스 해킹 및 회원 추론 공격
플러그인 취약점	• AI 모델의 적용 범위 확장 • 안정성 확인 미흡 • 해커 공격 범위 확장 • 취약점이 있는 서비스와 연결	• 새로운 도메인에서의 모델 오작동 • '에이전트'화 된 AI 모델의 악용 • 멀티모달 악용
확장 프로그램 취약점	• 확장 프로그램 내부의 악성 서비스 설치 • 서비스 제공업체의 보안 조치 미흡	• 개인정보 수집 • 시스템 공격 • 호스팅 서버 및 스토리지 시스템 위협
API 취약점	• 미흡한 API 키 관리 • 데이터와 명령 사이의 불분명한 경계	• API 키 탈취 • 악의적인 프롬프트 주입

출처: 챗GPT등 생성형 AI활용 보안 가이드라인, 국가정보원.

• 잘못된 정보

인공지능 모델은 편향된 데이터, 최신 데이터 부족, 환각 현상 등으로 인해 잘못된 정보를 제공할 수 있다. 이는 사회적 혼란 조장, 고위험 의사결정, 잘못된 의사결정 유도 등의 위협으로 이어질 수 있다.

– 잘못된 정보의 원인

i) 편향 : 학습 데이터의 불균형 또는 편향은 모델 결과에 영향을 미쳐 사용자에게 사실과 다른 정보를 제공할 수 있다.

ii) 최신 데이터 학습 부족 : 모델은 학습 이후 발생한 사건이나 정보에 대해 알지 못하거나 부정확한 정보를 제공할 수 있다.

iii) 환각 현상 : 모델은 실제로는 거짓이지만 정확한 것처럼 보이는 결과물을 생성할 수 있다.

– 잘못된 정보가 야기하는 위협

i) 사회적 혼란 조장 : 특정 집단을 대상으로 하는 혐오 결과물 생성, 민감한 사회적 이슈에 대한 논란 조장 등이 그 예시이다.

ii) 고위험 의사결정 : 잘못된 정보는 정치적 의사결정, 법률 또는 건강 관련 조언 등 고위험 분야에서 잘못된 판단을 유도할 수 있다.

iii) 잘못된 의사결정 유도 : 검증되지 않은 결과물의 공유는 조직 또는 개인의 잘못된 의사결정을 유도할 수 있다.

– 주의 사항

i) 인공지능 모델은 아직 개발 단계이며 완벽하지 않다.

ii) 인공지능 모델을 사용할 때는 결과물의 신뢰성을 항상 검증해야 한다.

iii) 인공지능 모델의 잘못된 정보는 심각한 결과를 초래할 수 있으므로 주의가 필요하다.

• AI 모델 악용

인공지능 모델은 적대적 시스템 메시지, 피싱 이메일 및 말투 도용, 사이버 보안 위협 코드 작성, AI 모델 악용한 사이버 범죄 커뮤니티 활성화, 사회 공학적 영향, 가짜 뉴스 생성 등 다양한 방식으로 악용될 수 있다.

– AI 모델 악용의 원인

i) 적대적 시스템 메시지 : 해커는 AI 모델에 악의적인 메시지를 보내 유해한 결과물을 생성할 수 있다.

– AI 모델 악용으로 인한 위협

i) 피싱 이메일 및 말투 도용 : AI 모델은 정교한 피싱 이메일을 생성하거나 특정 개인이나 단체의 말투를 도용하는 데 사용될 수 있다.

ii) 사이버 보안 위협 코드 작성 : AI 모델은 악성 코드를 작성하는 데 사용될 수 있다.

iii) AI 모델을 악용한 사이버 범죄 커뮤니티 활성화 : AI 모델은 사이버 범죄 커뮤니티의 활동을 활성화하고 범죄의 위험성을 증가시킬 수 있다.

iv) 사회 공학적 영향 : AI 모델은 사용자를 조작하거나 사기를 치는 데 사용될 수 있다.

v) 가짜 뉴스 생성 : AI 모델은 가짜 뉴스를 생성하는 데 사용될 수 있다.

– 주의 사항:

i) 인공지능 모델은 악용될 가능성이 있다는 것을 기억한다.

ii) 인공지능 모델을 사용할 때는 보안에 유의해야 한다.

iii) 인공지능 모델의 악용은 심각한 결과를 초래할 수 있으므로 주의가 필요하다.

• 유사 AI 모델 서비스 빙자

– 위협 유형 : 해커는 정상적인 AI 모델 서비스인 것처럼 보이는 가짜 서비스를 만들어 사용자를 속이고 피해를 입힐 수 있다.

– 주요 공격 방식

i) 스쿼팅 URL 및 악성 확장 프로그램 : 해커는 유명 AI 모델 이름을 도용한 가짜 URL을 만들거나 악성 확장 프로그램을 배포하여 사용자를 속여 개인정보를 탈취하거나 악성 코드를 감염시킬 수 있다.

* 스쿼팅 : 사이버 스쿼팅 또는 도메인 스쿼팅을 포함한 유사 이름 위협을 의미함(예: 철자가 조금 다른 URL을 불법 취득하여 여기에 실수로 접속한 사용자를 위협하는 행위)

ii) 가짜 애플리케이션 : 해커는 실제 AI 모델 서비스와 유사한 가짜 앱을 만들어 사용자의 기기에 설치하도록 유도하여 개인정보를 탈취하거나 악성 코드를 감염시킬 수 있다.

– 피해 예시

i) 개인정보 유출(이름, 연락처, 카드번호 등)

ii) 악성 코드 감염

iii) 금전 피해

– 예방 방법

i) 공식 웹사이트 또는 신뢰할 수 있는 출처에서 AI 모델 서비스를 이용한다.

ii) 낯선 링크나 첨부파일을 클릭하지 않는다.

iii) 설치하려는 앱의 출처를 확인하고, 리뷰를 읽어본다.

iv) 보안 소프트웨어를 최신 버전으로 유지하고, 정기적으로 스캔한다.

v) 개인정보 보호에 유의하고, 의심스러운 사항이 있으면 즉시 신고한다.

– 주의 사항

i) 인공지능 기술이 발전함에 따라 유사 AI 모델 서비스 빙자 공격도 더욱 정교해지고 있다.

ii) 항상 최신 보안 정보에 주의하고, 안전한 인터넷 사용 습관을 기르는 것이 중요하다.

- 데이터 유출
  - 주요 위협
    i) 훈련 데이터 유출 : AI 모델 학습 과정에서 사용된 데이터가 유출될 경우, 민감 정보가 포함될 가능성이 높다. 이는 기관 내부 정보, 개인정보, API 키 등을 포함하여 심각한 피해를 초래할 수 있다.
    ii) 데이터 불법 처리 : 일부 국가에서는 AI 모델의 데이터 처리 방식에 대해 우려를 표명하고 있으며, 불법적인 데이터 처리에 대한 규제를 강화하고 있다. 이는 서비스 중단, 조사, 법적 책임 등으로 이어질 수 있다.
    iii) 기밀 유출 : 사용자가 AI 모델에 입력한 개인 또는 기관의 기밀 정보가 유출될 수 있다. 이는 내부 정보 공개, 개인정보 침해 등을 초래할 수 있으며, 기관의 이미지 실추 및 법적 책임까지 야기할 수 있다.
    iv) 대화 기록 유출 : AI 서비스 시스템 오류로 인해 대화 기록, 금융정보, 개인정보 등이 유출될 수 있다. 이는 사용자의 프라이버시 침해 및 금전적 피해로 이어질 수 있다.
    v) 데이터베이스 해킹 및 회원 추론 공격 : 해커가 AI 모델 데이터베이스를 해킹하거나 회원 추론 공격을 수행하여 개인정보를 탈취하거나 기밀 정보를 유출할 수 있다.
  - 피해 예시 :
    i) 개인정보 유출(이름, 주소, 연락처, 금융 정보 등)
    ii) 기업 내부 정보 유출(노하우, 고객 정보, 경영 전략 등)
    iii) 금전 피해(사기, 횡령 등)
    iv) 기관 이미지 실추 및 법적 책임
    v) 프라이버시 침해

– 예방 방법

i) AI 모델을 사용하기 전에 서비스 제공업체의 보안 정책을 확인하고, 개인정보 보호에 대한 약관을 주의 깊게 읽어본다.

ii) 민감 정보는 AI 모델에 입력하지 않는다.

iii) AI 모델을 사용하는 환경의 보안을 유지하고, 정기적으로 보안 소프트웨어를 업데이트한다.

iv) 의심스러운 사항이 있으면 즉시 서비스 제공업체에 신고한다.

– 주의 사항

i) AI 모델은 아직 개발 단계이며, 데이터 유출 위험이 완전히 제거되지 않았다.

ii) AI 모델을 사용할 때는 신중을 기하고, 개인정보 보호에 유의해야 한다.

iii) 데이터 유출 피해를 입지 않도록 주의하는 것이 중요하다.

• 플러그인 취약점

– 주요 위협

i) AI 모델의 기능 확장 : AI 모델 플러그인은 기능 확장과 편리성을 제공하지만 동시에 새로운 취약점을 초래하여 보안 위협을 증가시킬 수 있다.

ii) 안정성 확인 미흡 : AI 모델 플러그인의 안정성 검증이 충분하지 않아 예상치 못한 작동이나 새로운 보안 위협에 노출될 수 있다.

iii) 해커 공격 범위 확장 : AI 모델 플러그인은 해커 공격 도구로 악용되어 사기, 도용, 피싱, 개인정보 유출, 악성코드 작성 등 다양한 공격 행위를 고도화할 수 있다.

iv) 취약점 있는 서비스와 연결 : AI 모델 플러그인이 취약점 있는 서비스와 연결될 때, 사용자에게 보안 위협을 초래할 수 있다.

– 피해 예시

i) AI 모델 오작동 : AI 모델이 예상치 못한 실수를 하거나 잘못된 동작을 수행하여 부정확한 정보 제공, 시스템 오작동, 악용으로 이어질 수 있다.

ii) '에이전트'화된 AI 모델 악용 : 해커가 AI 모델을 악용하여 부정확하거나 위험한 정보 생성, 악성코드 전파 등을 유도할 수 있다.

iii) 멀티모달 악용 : AI 모델이 악의적인 이미지 생성, 음성 인증 시스템 속임 등의 악용 가능성이 있다.

– 예방 방법

i) 안정적인 플러그인 사용 : 신뢰할 수 있는 출처의 플러그인만 사용하고, 최신 버전으로 유지한다.

ii) 플러그인 권한 설정 : 플러그인에 필요한 권한만 부여하고, 불필요한 권한은 제거한다.

iii) 시스템 업데이트 : 운영체제, 애플리케이션, 플러그인 등을 최신 버전으로 유지한다.

iv) 보안 소프트웨어 사용 : 안티바이러스, 방화벽 등 보안 소프트웨어를 사용하고, 정기적으로 스캔한다.

v) 의심스러운 사항 신고 : 의심스러운 플러그인이나 활동을 발견하면 즉시 신고한다.

– 주의 사항

i) AI 모델 플러그인은 아직 개발 단계이며, 완벽한 보안을 보장하지 못한다.

ii) 플러그인 사용 시 주의하고, 보안에 유의해야 한다.

iii) 플러그인 악용으로 인한 피해를 예방하기 위한 노력이 필요하다.

- 확장 프로그램 취약점
  - 주요 위협
    - i) 확장 프로그램 내부 악성 서비스 설치 : 해커는 확장 프로그램에 악성 코드를 설치하여 개인정보 탈취, 시스템 공격 등을 수행할 수 있다.
    - ii) 서비스 제공업체의 보안 조치 미흡 : 서비스 제공업체의 보안 취약점으로 인해 사용자 데이터 유출, 시스템 공격, 서비스 중단 등이 발생할 수 있다.
  - 피해 예시
    - i) 개인정보 유출 : 확장 프로그램을 통해 사용자의 개인정보가 탈취되어 신분 도용, 금융 피해 등으로 이어질 수 있다.
    - ii) 시스템 공격 : 악성 확장 프로그램을 통해 시스템이 공격당하여 데이터 손실, 서비스 중단 등이 발생할 수 있다.
    - iii) 호스팅 서버 및 스토리지 시스템 공격 : 호스팅 서버 및 스토리지 시스템의 취약점으로 인해 데이터 유출, 서버 마비 등이 발생할 수 있다.
  - 예방 방법
    - i) 신뢰할 수 있는 출처의 확장 프로그램만 설치한다.
    - ii) 확장 프로그램 설치 전에 리뷰를 확인하고, 필요한 권한만 부여한다.
    - iii) 사용하지 않는 확장 프로그램은 제거한다.
    - iv) 운영체제, 애플리케이션, 확장 프로그램 등을 최신 버전으로 유지한다.
    - v) 보안 소프트웨어를 사용하고, 정기적으로 스캔한다.
    - vi) 의심스러운 사항이 있으면 즉시 신고한다.
  - 주의 사항
    - i) AI 모델 확장 프로그램은 아직 개발 단계이며, 완벽한 보안을 보장

하지 못한다.

ii) 확장 프로그램 사용 시 주의하고, 보안에 유의해야 한다.

iii) 확장 프로그램 악용으로 인한 피해를 예방하기 위한 노력이 필요하다.

• API 취약점

– 주요 위협

i) 미흡한 API 키 관리 : API 키 유출, 인증 및 권한 부여 프로세스 공격, 시스템 침입 등이 발생할 수 있다.

ii) 데이터와 명령 사이의 불분명한 경계 : 악의적인 프롬프트 주입 공격, 민감 정보 탈취, API 키 탈취, 민감 정보 접근 등이 발생할 수 있다.

– 피해 예시

i) 데이터 유출 : API 키 유출로 인해 개인정보, 기업 정보 등의 민감한 데이터가 유출될 수 있다.

ii) 시스템 공격 : 인증 및 권한 부여 프로세스 공격으로 인해 시스템이 공격당하여 데이터 손실, 서비스 중단 등이 발생할 수 있다.

iii) 악의적인 코드 실행 : 악의적인 프롬프트 주입 공격으로 인해 악의적인 코드가 실행되어 시스템을 손상시킬 수 있다.

– 예방 방법

i) API 키를 안전하게 보관한다.

ii) API 키에 대한 접근 권한을 제한한다.

iii) API 키 사용량을 모니터링하고, 의심스러운 활동을 감시한다.

iv) API를 최신 버전으로 유지한다.

v) 입력 데이터를 검증하고, 악의적인 프롬프트를 차단하는 시스템을 구축한다.

– 주의 사항

i) API 취약점은 심각한 피해를 초래할 수 있다.

ii) API를 사용할 때는 보안에 유의하고, 적절한 예방 조치를 취한다.

iii) API 취약점 악용으로 인한 피해를 예방하기 위한 노력이 필요하다.

(잠시 사유하기) 나에게 AI 기술이 필요한가? (I)

1. AI 기술은 나에게 어떤 유익을 가져다줄 수 있는가?

2. 현재 나는 AI 기술을 얼마나 사용하고 있는가?

3. 앞으로 나는 AI 기술을 어떤 곳에 사용하기를 원하는가?

요약

1장 AI란?

- 인공지능(Artificial Intelligence)이란 컴퓨터 시스템이 인간과 유사한 지능적인 동작을 수행하는 능력을 지닌 기술을 의미한다.
- AI는 일반적으로 "약한 인공지능(Weak AI)"과 "강한 인공지능(Strong AI)"으로 분류된다.
- 챗GPT의 대표적인 보안 위협으로는 잘못된 정보, AI모델 악용, 유사한 AI 모델 악용, 유사한 AI 모델 서비스 빙자, 데이터 유출, 플러그인 취약점, 확장 프로그램 취약점, API 취약점 등이 있다.

메모

2 AI(ChatGTP) 대화법

ChatGTP와의 대화는 원하는 질문이나 대화 주제를 제시하면서 간단하게 이루어진다. 우리가 질문을 하거나 대화를 이어 나가기 위해 메시지를 입력하면, ChatGTP는 가능한 한 그에 맞는 답변이나 응답을 제공한다.

대화 주제는 다양할 수 있다. 일상적인 대화, 질문에 대한 답변, 정보나 조언 요청, 엔터테인먼트, 학문적인 주제, 창의적인 아이디어 개발 등 다양한 종류의 대화가 가능하다.

감정이나 태도를 나타내고 싶을 때는 간단한 감정표현을 사용하거나 "긍정적인", "부정적인"과 같은 피드백을 제공해주면, 어느 정도 대응이 가능하다. ChatGTP와 대화를 통해 궁금한 점을 해결하고, 정보를 공유하며, 새로운 아이디어에 대한 단서를 얻을 수 있다.

먼저 명확한 질문 또는 주제를 제시하는 것이 중요한데 이렇게 하면 해당 주제에 대한 응답이나 정보를 더 정확하게 받을 수 있다. 사용자가 대화를 이어가는 데 필요한 추가 정보를 제공해주면, 근본적인 질문에 대한 근본적인 답변이나 응답을 신속하게 받을 수 있게 된다.

ChatGTP가 제대로 이해하지 못하는 부분이 있을 수 있기 때문에 질문을 반복적으로 하여, 추가 설명을 요청할 수 있다. 그럴 때는 질문을 반복하거나 더 자세히 설명해 달라고 구체적으로 요구하면 된다.

대화를 나누는 동안 어떤 스타일로 진행하고 싶은지 사용자가 결정할 수 있는데, 친근하게 대화하거나 공식적인 스타일 혹은 특별한 영역의 전문가 대화 모드로 답변을 요구할 수 있다. 대화가 진행되는 동안 스타일, 내용에 대한 피드백을 주어 더 나은 대화 경험을 받을 수 있게 된다.

ChatGTP를 잘 활용하기 위해서는 알아야 할 내용은 다음과 같다.

• 첫 번째, 명확하고 구체적으로 질문하기

ChatGTP는 정확한 질문에 더욱 효과적인 답변을 제공한다. 사용자가 질문을 할 때 주제를 명확히 정하고 구체적으로 질문할수록 더 정확하고 유용한 답변을 생성하게 되는 것이다.

• 두 번째, 중복되지 않는 질문하기

이전 대화에서 다루지 않은 새로운 주제나 질문을 던져보면, ChatGTP와의 대화가 더욱 다양하고 흥미로워질 수 있다.

• 세 번째, 추가 정보 제공하기

질문이나 대화할 때, 필요한 추가 정보나 배경을 제공해 보라. 이를 통해 더 정확하고 맞춤화된 답변을 받게 된다.

• 네 번째, 대화를 이어가기

이전 대화의 주제나 내용을 바탕으로 세세한 대화를 이어 나가는 것도 좋은 방법이다. 그렇게 하면 대화의 내용이 더욱 유기적으로 진행되고, 효과적인 정보 교환을 할 수 있다.

• 다섯 번째, 명령형 질문 사용하기

"알려줘", "추천해줘", "가르쳐줘" 등과 같이 명령형으로 질문을 구성하게 되면, 이를 통해 더 명확하고 직접적인 정보를 받을 수 있다.

• 여섯 번째, 다양한 기능 활용하기

ChatGPT는 단순한 질문에 답변하는 것 외에도, 글 작성, 이메일 초안 작성, 번역, 코딩 도움, 일상적인 정보 제공 등 다양한 기능을 수행할 수 있다. 원하는 기능을 활용하여 최대한 활용해 볼 수 있다.

ChatGPT는 OpenAI에서 개발한 강력한 언어 모델 챗봇이다. 따라서 다양한 프롬프트와 질문에 대한 응답으로 사람과 유사한 텍스트를 생성하고 의사소통할 수 있다.

ChatGPT와 효과적으로 대화하고 원하는 결과를 얻기 위한 팁은 다음과 같다.

- 명확하고 간결한 프롬프트 작성

  ChatGPT에게 명확하고 간결한 프롬프트를 제공하는 것이 중요하다. 모호하거나 애매한 프롬프트는 원하는 결과를 얻지 못할 수 있다. 프롬프트는 구체적이고 요점을 명확하게 전달해야 한다. 불필요한 단어나 문장을 사용하지 않고 간결하게 작성한다.

  – 예시

  모호한 프롬프트 : "오늘 날씨가 어때?"

  명확한 프롬프트 : "오늘 서울 날씨는 어때요?"

- 적절한 질문 유형 사용

  ChatGPT는 다양한 질문 유형을 이해하고 응답할 수 있지만, 질문 유형에 따라 응답 방식이 달라질 수 있다. 폐쇄형 질문은 "예" 또는 "아니오"로 답할 수 있는 질문이며, 개방형 질문은 더 자세한 답변을 요구하는 질문이다. 따라서 상황에 맞는 적절한 질문 유형을 사용하면 원하는 정보를 얻을 수 있다.

  – 예시

  폐쇄형 질문 : "프랑스의 수도는 어디인가요?"

  개방형 질문 : "프랑스의 역사와 문화에 대해 알려주세요."

- 다양한 프롬프트 활용

  ChatGPT는 다양한 프롬프트를 이해하고 처리할 수 있다. 질문, 명령, 요청, 이야기 등 다양한 형식의 프롬프트를 활용하여 ChatGPT와 자연스럽게 소통할 수 있다. 창의적인 프롬프트를 사용하여 새로운 아이디어를 얻거나 흥미로운 대화를 나눌 수도 있다.

– 예시

질문: “오늘 저녁 메뉴를 추천해 주세요.”

명령: “시를 써 주세요.”

요청: “나의 어린 시절 추억을 이야기해 주세요.”

이야기: “어느 한 숲속 깊은 곳에…”

• 응답에 대한 피드백 제공

ChatGPT는 지속적으로 학습하고 발전하는 인공지능 모델이다. 대화 과정에서 ChatGPT의 응답이 만족스러웠다면 칭찬하거나 긍정적인 피드백을 제공해보라. 만족스럽지 못한 응답이 있었다면 구체적인 지적을 통해 개선될 수 있도록 의견을 제시해 본다.

• 지속적인 학습과 탐색

ChatGPT는 새로운 정보와 데이터로 지속적으로 학습하고 발전하고 있다. 다양한 프롬프트와 질문을 사용하여 ChatGPT와의 상호작용을 통해 새로운 것을 배우고 탐색해 보라. ChatGPT는 여러분의 창의성과 호기심을 자극하는 강력한 도구가 될 수 있다.

– 주의 사항

ChatGPT는 아직 개발 단계이며, 완벽한 존재가 아니다.

ChatGPT의 응답을 무조건 믿거나 의존하지 않도록 주의해야 한다.

ChatGPT를 사용할 때는 윤리적이고 책임감 있는 태도를 유지해야 한다.

위의 팁을 잘 활용하면 대화를 이어가거나 답을 얻을 때 보다 효과적이다. 언제든지 궁금한 점이나 도움이 필요한 부분이 있다면 대화로 빠른 시간과 폭넓은 내용의 도움을 받을 수 있다. 단, 위에서 논의한 AI의 잠재적인 위협과 주의사항을 염두하여 사용하기 바란다.

(잠시 사유하기) **나에게 AI 기술이 필요한가? (II)**

1. AI 기술로 인해 나의 삶에서 걱정되는 요소는 무엇인가?

2. 현재 나는 AI 기술을 사용하는 데 어려움을 겪고 있는가?

3. 앞으로 나에게 필요한 AI 기술은 무엇이며? 어떤 분야의 AI 기술에 관심이 있는가?

요약

2장 AI(ChatGTP) 대화법

- 챗GTP를 효율적으로 이용하기 위해 명확하고 구체적으로 질문하기, 중복되지 않는 질문하기, 추가 정보 제공하기, 명령형 질문 사용하기 등을 활용한다.
- 원활한 대화를 하고 원하는 결과를 얻기 위해서는 명확하고 간결한 프롬프트 작성, 적절한 질문 유형 사용, 다양한 프롬프트 활용, 응답에 대한 피드백 제공, 지속적인 학습과 탐색이 필요하다.

메모

3 AI(ChatGPT) 분야별 활용 사례

ChatGPT는 다양한 사례에서 활용될 수 있다. 다음은 일반적인 활용 예시이다.

- 정보 검색 : ChatGPT에 특정 주제에 대한 정보를 요청하면, 해당 주제와 관련된 일반적인 정보를 제공한다. 예를 들어, 역사적 사건, 유명 인물, 과학적 개념 등에 대한 정보들이다.
- 문서 요약 : ChatGPT에 긴 문서나 글을 요약해 달라는 요청을 하면, 주어진 내용의 핵심을 추출하여 간략한 요약을 제공한다. 이를 통해 대량의 정보를 요약된 형태로 제공받을 수 있으며, 핵심 포인트를 빠르게 파악할 수 있게 된다.
- 일상 대화 : ChatGPT와의 일상 대화를 통해 소셜 컴퓨팅이나 시뮬레이션 환경 등의 가상 상호작용을 경험할 수 있다. ChatGPT는 대화 파트너로서 일상적인 대화, 소셜 상호작용, 질문과 답변 등을 수행할 수 있기 때문이다.
- 창작 활동 : ChatGPT를 창작 활동에 활용할 수 있다. 예를 들어, ChatGPT에 시, 소설, 음악 가사 등을 생성해 달라는 요청을 하면, ChatGPT는 창작 작업을 지원할 수 있다. 그러나 창작 활동에서는 사람의 창의성과 역량이 중요하므로, ChatGPT는 창작 프로세스를 보완하거나 영감을 제공하는 도구로 사용하는 것이 더 유용하다.
- 교육 지원 : ChatGPT를 교육 활동에 활용할 수 있다. 학생들이 ChatGPT와 대화를 나누고, 질문을 하거나 학습 자료를 요청할 수 있다. 또한 ChatGPT는 학습자들의 이해도를 평가하고 학습 지원 자료를 제공하는 데에도 활용될 수 있다.
- 문서 작성 및 편집 : ChatGPT를 문서 작성이나 편집을 위한 도구로 사용

할 수 있다. ChatGPT에 특정 주제에 대한 글 작성을 요청하거나, 작성한 문서를 리뷰하고 수정해 달라는 요청이 가능하다.

- 상품 및 서비스 추천 : ChatGPT에 특정 요구 사항이나 기준을 제공하면, ChatGPT는 해당 요구 사항에 맞는 상품이나 서비스를 추천해 줄 수 있다. 예를 들어, 음식 배달, 옷 구매, 여행지 선택 등. ChatGPT는 사용자의 취향과 요구에 맞는 추천을 제공할 수 있다.
- 일정 관리 및 알림 : ChatGPT를 일정 관리 도구로 사용할 수 있다. ChatGPT에 특정 일정을 알리거나 관련 정보를 요청하면, ChatGPT는 해당 일정에 대한 알림이나 관련된 정보를 제공할 수 있다. 이를 통해 일정 관리를 효율적으로 수행하고 필요한 정보를 쉽게 얻을 수 있다.
- 상담 및 지원 서비스 : ChatGPT를 상담이나 지원 서비스에 활용할 수 있다. 사용자가 ChatGPT에 문제나 질문을 제기하면, ChatGPT는 해당 문제에 대한 해결방법이나 필요한 지원을 제공한다. 예를 들어, 고객 지원, 기술 지원, 법률 상담 등 다양한 분야에서 활용할 수 있다.
- 언어 학습 및 연습 : ChatGPT를 언어 학습 및 연습에 활용할 수 있다. ChatGPT와의 대화를 통해 언어 능력을 향상하고 실제 대화 상황에서 언어를 연습할 수 있다. 또한 ChatGPT는 올바른 문법, 어휘 사용, 문맥 이해 등에 대한 피드백을 제공할 수 있어 사용자의 언어 학습에 도움을 준다.
- 게임 및 엔터테인먼트 : ChatGPT를 게임이나 엔터테인먼트 환경에 활용할 수 있다. ChatGPT와의 상호작용을 통해 게임 진행, 퀴즈, 이야기 생성 등의 활동을 할 수 있다. 사용자가 ChatGPT를 가상 캐릭터, 이야기의 캐릭터 등으로 사용하여 게임이나 엔터테인먼트 경험을 향상할 수 있다.
- 소셜 미디어 관리 : ChatGPT를 소셜 미디어 관리에 활용할 수 있다. ChatGPT에 특정 소셜 미디어 계정의 게시물 작성, 댓글 관리, 태그 설정 등을 요청하면, ChatGPT는 해당 작업을 처리해 줄 수 있다. 이를 통해 소

셜 미디어 활동을 효율적으로 관리하고 시간을 절약할 수 있다.

- 개인 비서 역할 : ChatGPT를 개인 비서로 활용할 수 있다. ChatGPT에 일정 관리, 메모 작성, 알림 설정, 이메일 확인 등의 업무를 요청하면, ChatGPT는 해당 업무를 처리해 주고 필요한 정보를 제공한다. 이를 통해 개인 생활 및 업무 관리를 원활하게 수행할 수 있게 된다.

- 문서 번역 및 다국어 의사소통 : ChatGPT를 다국어 번역 도구로 활용할 수 있다. ChatGPT에 텍스트나 문장 번역을 요청하면, ChatGPT는 다른 언어로 작성된 내용을 원하는 언어로 번역해 준다. 이를 통해 다국어 간 의사소통을 원활하게 할 수 있으며, 문서의 다양한 언어 버전을 생성할 수 있다.

- 기술 지원 및 FAQ 답변 : ChatGPT를 기술 지원 도구로 활용할 수 있다. ChatGPT에 기술적인 질문이나 문제 상황을 설명하면, ChatGPT는 해당 문제에 대한 해결방법이나 도움을 제공한다. 또한 ChatGPT를 FAQ 시스템에 적용하여 자주 묻는 질문에 대한 자동 응답을 제공받을 수 있다.

- 참고자료 및 지식 제공 : ChatGPT를 참고자료 및 지식 제공 도구로 활용할 수 있다. ChatGPT에 특정 주제에 대한 정보나 지식을 요청하면, ChatGPT는 해당 주제에 관련된 일반적인 지식을 제공한다. 이를 통해 정보 검색과 지식 습득을 효율적으로 수행할 수 있다.

이러한 일반적인 사용 사례뿐 아니라 ChatGPT는 다양한 분야에서 더욱 유연하게 활용될 수 있다. 사용자의 요구와 필요에 따라 반응하게 되는데, ChatGPT가 서비스 지원, 교육, 정보검색 및 추천, 건강관리, 기술지원, 자연어 이해 및 번역 분야에서 어떻게 활용되는지 구체적으로 살펴보도록 하자.

1) 고객 서비스 및 지원

ChatGPT는 고객과의 상호작용에서 사용될 수 있다. 예를 들어, 웹사이트나 애플리케이션에서 제공되는 채팅 기능을 통해 고객의 질문에 대답하거나 문제를 해결할 수 있다.

- 제품 또는 서비스 문의 : 제품이나 서비스에 대한 문의나 궁금한 점이 있다면 알려달라고 요청하면, 제품 기능, 가격, 이용 방법 등에 대한 정보를 제공받게 된다.

- 기술 지원 : 기술적인 문제나 장애가 발생한 경우, 해당 문제를 해결하기 위한 지원을 제공할 수 있다. 예를 들어, 소프트웨어 오류 해결, 설정 변경, 기기와의 호환성 등에 대해 도움을 받을 수 있다.

- 주문 추적 및 배송 문의 : 온라인 주문을 한 경우, 주문 상태 및 배송 관련 문의에 대한 정보를 제공할 수 있다. 주문이 어디에 있는지, 언제 도착할지 등에 대해 안내받을 수 있다.

- 결제 문제 : 결제 과정에서 문제가 발생한 경우, 결제 방법, 결제 취소, 환급 등에 대한 지원을 제공할 수 있다. 관련된 정책이나 절차에 대한 안내를 요청할 수 있다.

- 계정 관리 : 계정에 관련된 문제나 요청이 있다면 도움을 받을 수 있다. 계정 정보 변경, 비밀번호 재설정, 로그인 문제 등에 대해 안내를 제공한다.

- FAQ와 지식 베이스 : 일반적인 질문이나 FAQ에 대한 답변을 제공할 수 있다. 또한 제품이나 서비스에 관한 지식 베이스를 활용하여 도움을 받을 수 있다.

2) 교육

ChatGPT는 온라인 교육 플랫폼에서 사용자의 질문에 대답하고 개념을 설명하는 역할을 할 수 있다. 또한, 언어 학습 도구로 활용될 수 있으며, 영어 문장의 구조나 단어 선택 등을 피드백해준다.

- 언어 학습 : ChatGPT는 학습자가 외국어를 배우거나 자신의 언어 능력을 향상하는 데 도움이 된다. 학습자는 ChatGPT와 대화하면서 언어적인 질문을 하거나 표현을 연습할 수 있다. ChatGPT는 어휘, 문법, 문맥 등 다양한 언어 요소를 다룰 수 있어 언어 학습에 유용한 도구이다.

- 창의적 쓰기 : ChatGPT는 창의적인 쓰기 과정에서 영감을 제공할 수 있다. 소설, 시, 이야기, 논문 등 다양한 형태의 작품을 작성하는 데 사용할 수 있다. ChatGPT와 대화하면서 캐릭터 개발, 플롯 아이디어, 문장 구성 등에 대한 도움을 요청할 수 있다.

- 질문 답변 : ChatGPT는 질문에 대한 답변을 제공하는 데 사용될 수 있다. 예를 들어, 공부 중인 주제에 대한 추가 정보를 얻기 위해 ChatGPT에 질문을 할 수 있다. ChatGPT는 이전에 학습한 내용과 일반적인 지식을 기반으로 답변을 생성한다.

- 가상 튜터 : ChatGPT는 학습자의 질문에 답변하고 과제나 문제에 대한 지원을 제공하는 가상 튜터로 사용될 수 있다. 학습자는 ChatGPT와 상호작용하면서 과제에 대한 해설이나 학습 자료에 대한 안내를 받을 수 있다.

- 상담 및 지원 : ChatGPT는 학습과 관련한 문제나 감정적인 어려움에 대한 상담이나 지원을 제공하는 데 사용될 수 있다. 예를 들어, ChatGPT와 대화하면서 스트레스 관리 방법, 감정조절 전략, 문제해결 접근법 등에 대한 조언을 얻을 수 있다.

이러한 교육 사례 외에도, ChatGPT는 다양한 분야에서 활용될 수 있다. 하지만 중요한 점은 ChatGPT가 인간의 지식과 경험을 기반으로 답변을 생성하더라도 항상 정확한 정보를 제공하지는 않는다는 사실이다. 생성된 답변을 검증하고 추가내용을 확인할 필요가 있다. 특히 의학, 법률, 금융 등의 분야에서는 전문가의 검토와 충분한 주의가 필요하다. ChatGPT는 언어 모델로서 도움을 제공할 수 있지만, 전문적인 조언이나 확인이 필요한 상황에서는 전문가의 상담을 권장한다.

3) 정보 검색 및 추천

ChatGPT는 사용자에게 정보를 제공하고 검색 결과를 요약해 줄 수 있다. 예를 들어, 뉴스 기사 요약, 상품 추천, 여행 정보 제공 등에 활용될 수 있다.

- 레시피 추천 : ChatGPT에 요리하고 싶은 음식이나 재료에 관해 물어보면, ChatGPT는 관련된 레시피를 검색하여 추천할 수 있다. 예를 들어, "간단한 스파게티 레시피 알려줄래?"라고 물어보면 ChatGPT는 스파게티 레시피를 찾아서 제안한다.
- 여행 정보 검색 : ChatGPT와 여행 관련 질문을 주고받으면, ChatGPT는 여행지에 대한 정보를 검색하여 제공할 수 있다. 예를 들어, "로마에서 가볼 만한 관광지는 무엇인가?"라고 물어보면, ChatGPT는 로마의 유명한 관광지를 검색하여 추천한다.
- 영화나 책 추천 : ChatGPT에 선호하는 장르나 키워드를 알려주면, ChatGPT는 관련된 영화나 책을 검색하여 추천할 수 있다. 예를 들어, "판타지 장르의 추천 영화가 있을까?"라고 물어보면, ChatGPT는 판타지 장르의 인기 있는 영화를 찾아서 추천할 수 있다.
- 제품 비교와 리뷰 : ChatGPT에 두 가지 제품을 비교해달라고 요청하면, ChatGPT는 간단한 정보를 바탕으로 제품의 기능, 장단점을 검색하여 비교해 줄 수 있다. 또한 제품 리뷰를 검색하여 사용자에게 제공할 수도 있다.
- 역사적 사건 및 인물 정보 : ChatGPT와 역사적 사건이나 인물에 관한 질문을 주고받으면, ChatGPT는 해당 주제에 대한 기본 정보나 주요 사건을 검색하여 제공할 수 있다. 예를 들어, "제2차 세계 대전에서 어떤 사건이 있었나?"라고 물어보면, ChatGPT는 해당 전쟁에서 중요한 사건을 검색하여 설명한다.

역사적 사건과 인물 정보 검색 및 추천 사례에서도 항상 결과를 검증하고 추가적인 확인이 필요하다.

- 음악 추천 : ChatGPT에 즐겨 듣는 음악 장르나 아티스트에 대해 알려주면, ChatGPT는 관련된 음악 추천을 할 수 있다. 예를 들어, "록 음악 중에서 최근 인기 있는 곡을 알려줄래?"라고 물어보면, ChatGPT는 최신 록 음악 중에서 인기 있는 곡을 검색하여 추천한다.

- 건강 및 웰빙 정보 : ChatGPT에 건강에 관련된 질문이나 웰빙에 관한 조언을 요청하면, ChatGPT는 일반적인 정보나 조언을 제공할 수 있다. 예를 들어, "스트레스를 해소하는 방법을 알려줄래?"라고 물어보면, ChatGPT는 스트레스 관리에 도움이 되는 방법을 검색하여 제공한다.

- 기술 지원 : ChatGPT는 기술적인 질문이나 문제에 대한 해결책을 제공할 수도 있다. 예를 들어, "스마트폰 배터리가 빨리 소모되는데 어떻게 해결할 수 있을까?"라고 물어보면, ChatGPT는 배터리 수명을 연장하는 방법이나 문제해결 방법을 검색하여 안내해 준다.

- 커리어 조언 : ChatGPT에 직업 관련 질문이나 커리어 조언을 요청하면, ChatGPT는 일반적인 직업 관련 정보나 조언을 제공할 수 있다. 예를 들어, "어떤 직업이 내 능력과 관심사에 맞을까?"라고 물어보면, ChatGPT는 관련된 직업 분야나 직무에 대한 정보를 검색하여 제공한다.

- 운동 및 피트니스 지도 : ChatGPT에 특정 운동이나 피트니스에 대한 지도를 요청하면, ChatGPT는 해당 운동의 기술이나 근육을 설명하고, 올바른 자세나 운동 방법을 검색하여 안내해 준다.

이러한 정보 검색 및 추천 사례에서도 항상 결과를 검증하고 개인적인 상황에 맞게 적용할 필요가 있다. ChatGPT는 일반적인 지식과 정보를 제공할 수 있지만, 최신 자료에 대한 학습 또한 필요하기 때문이다.

- 패션 및 스타일 조언 : ChatGPT에 스타일이나 패션에 대한 조언을 요청하면, ChatGPT는 최신 패션 트렌드, 스타일링 팁, 적합한 의상 조합 등에

관한 정보를 검색하여 제공할 수 있다. 예를 들어, "특별한 자리에 어울리는 의상을 알려줄래?"라고 물어보면, ChatGPT는 특별한 자리에 어울리는 스타일과 의상 조합을 검색하여 제안한다.

- 금융 및 투자 정보 : ChatGPT에 투자에 관련된 질문이나 금융 조언을 요청하면, ChatGPT는 일반적인 금융 개념, 투자 전략, 재무 계획 등에 대한 정보를 검색하여 제공할 수 있다. 하지만 금융 분야에서는 항상 전문가의 조언과 추가적인 조사가 필요하다.
- 자동차 정보와 비교 : ChatGPT에 자동차 모델이나 제조사에 대한 정보를 요청하면, ChatGPT는 해당 자동차의 사양, 기능, 가격 등을 검색하여 제공할 수 있다. 또한 여러 자동차 모델을 비교 분석하여 정보를 제공한다.
- 홈 인테리어 및 장식 조언 : ChatGPT에 홈 인테리어에 관한 질문이나 장식 조언을 요청하면, ChatGPT는 인테리어 스타일, 가구 선택, 색상 조합, 공간 활용 등에 대한 정보를 검색하여 제안할 수 있다.

집 애완동물 관리와 훈련 조언 : ChatGPT에 애완동물 관리나 훈련에 대해 질문을 하면, ChatGPT는 애완동물 종류별 관리 방법, 훈련 팁, 건강 유지를 위한 조언 등에 대한 정보를 검색하여 제공할 수 있다.

이러한 정보 검색 및 추천 사례에서도 항상 개인적인 상황과 요구를 고려하고, 결과를 검증하고 확인하는 것이 중요하다. ChatGPT는 참고용으로 사용되어야 하며, 반드시 전문적인 조언을 확인할 필요가 있다.

4) 건강 관리

ChatGPT는 일반적인 건강 정보를 제공하거나 의료 전문가에게 도움을 요청하는 역할을 할 수 있다. 또한, 증상을 분석하고 의료 조언을 제공하는 데에도 활용될 수 있다.

- 건강 조언 : ChatGPT에 특정 건강 문제나 증상에 관해 설명하면, ChatGPT는 일반적인 건강 조언이나 가능한 원인에 대해 알려줄 수 있다. 예를 들어, "두통이 자주 나는데 어떻게 해결할 수 있을까?"라고 물어보면, ChatGPT는 두통의 일반적인 원인과 관리 방법을 설명할 수 있다.

- 영양 정보와 식이 조언 : ChatGPT에 특정 식품의 영양 정보나 건강한 식단에 대한 조언을 요청하면, ChatGPT는 해당 식품의 영양성분, 권장 섭취량, 건강에 미치는 영향 등을 설명할 수 있다. 또한 ChatGPT는 다양한 식품 조합이나 영양 균형을 고려한 식단에 대한 조언을 제공할 수 있다.

- 운동과 피트니스 계획 : ChatGPT에 질환별 운동 계획이나 피트니스 조언을 요청하면, ChatGPT는 적절한 운동 방법, 운동의 이점, 근력 훈련, 유산소 운동 등에 대해 설명할 수 있다. 또한 ChatGPT는 개인의 목표와 능력을 고려한 운동 계획을 제안할 수도 있다.

- 스트레스 관리와 정신 건강 : ChatGPT에 스트레스 관리 방법이나 정신건강에 대한 조언을 요청하면, ChatGPT는 스트레스 관리 기술, 마음의 안정을 증진하는 방법, 적절한 휴식과 회복에 관해 설명할 수 있다. 또한 ChatGPT는 필요한 경우 전문적인 도움을 찾는 방법에 대한 안내도 제공한다.

- 일반적인 건강 정보 : ChatGPT는 일반적인 건강에 관련된 질문에 대한 정보를 제공할 수 있다. 예를 들어, 건강한 수면 패턴, 일상적인 운동 권장량, 예방접종 등에 대한 정보 등이다.

- 만성 질환 관리 : ChatGPT에 특정한 만성 질환(예: 당뇨병, 고혈압)에 대한

관리 방법이나 생활 습관 개선을 요청하면, ChatGPT는 해당 질환의 관리를 위한 권장 사항이나 생활 습관 조언을 제공할 수 있다. 또한 ChatGPT는 의료 전문가와의 상담이 필요한 경우를 알려주기도 한다.

- 건강 검진과 예방 : ChatGPT에 건강 검진에 대한 정보나 예방 방법을 물어보면, ChatGPT는 적절한 검진 항목과 주기, 예방접종에 대한 정보를 제공할 수 있다. 또한 ChatGPT는 건강 관련 스크리닝과 조기 발견의 중요성을 강조할 수도 있다.
- 효과적인 복약 관리 : ChatGPT에 복약 관리에 대한 조언을 요청하면, ChatGPT는 정확한 복약 방법, 약물 상호작용에 대한 정보, 약물 복용 시간 및 용량 등을 설명할 수 있다. 하지만 약물 관련 문제에 대해서는 항상 의료 전문가와 상담하는 것이 필수이다.
- 건강한 가정환경 조성 : ChatGPT에 건강한 가정환경 조성에 대한 조언을 요청하면, ChatGPT는 안전한 환경 조성, 깨끗한 공기 유지, 식품 안전 등에 대한 정보를 제공할 수 있다. 또한 ChatGPT는 가정에서의 건강관리를 위한 실천가능한 팁을 제시할 수도 있다.
- 정신건강 지원 : ChatGPT에 정신건강에 대한 조언이나 지원 방법을 요청하면, ChatGPT는 정신건강 유지에 대한 일반적인 조언, 심리적인 지원 방법, 전문가와의 상담의 중요성 등에 대해 설명할 수 있다. 그러나 심리적인 문제에 대해서는 전문가의 도움이 필요하다.
- 임상 시험 정보 : ChatGPT에 임상 시험에 대한 정보를 요청하면, ChatGPT는 현재 진행 중인 임상 시험의 목적, 대상 인구, 참가 신청 방법 등을 제공할 수 있다. 또한 ChatGPT는 임상 시험 참가에 대한 잠재적인 이점과 주의 사항을 설명할 수 있다.
- 성별 건강 관리 : ChatGPT에 특정 성별에 따른 건강관리에 대한 조언을 요청하면, ChatGPT는 성별에 따른 건강 관련 문제, 예방 방법, 정기 검진

의 중요성 등을 설명할 수 있다. 예를 들어, "여성 건강에 대해 알려줘"라고 물어보면, ChatGPT는 여성 건강에 관련된 주제를 검색하여 정보를 제공한다.

- 재활 및 물리 치료 : ChatGPT에 재활이나 물리 치료에 대한 조언을 요청하면, ChatGPT는 일반적인 재활 프로그램, 운동 치료, 근력 강화 방법 등을 설명할 수 있다. 그러나 실제 치료에는 전문가의 지도와 감독이 필요하다.
- 장기 기증 및 장기 이식 : ChatGPT에 장기 기증 및 장기 이식에 대한 정보를 요청하면, ChatGPT는 장기 기증의 절차, 장기 이식 후 관리, 기증자와 수혜자의 조건 등에 대해 설명할 수 있다. 그러나 장기 기증 및 이식과 관련된 실질적인 절차는 의료 전문가와 상담해야 한다.
- 신체 건강 스크리닝 : ChatGPT에 특정한 신체 건강 스크리닝에 대한 정보를 요청하면, ChatGPT는 해당 스크리닝의 목적, 준비 사항, 결과 해석 등에 대해 설명할 수 있다. 그러나 스크리닝 결과의 해석과 관련된 질문은 의료 전문가에게 상담하는 것이 바람직하다.
- 약물 정보와 부작용 : ChatGPT에 특정 약물에 대한 정보나 부작용에 대해 질문을 하면, ChatGPT는 해당 약물의 용도, 복용 방법, 주의사항, 일반적인 부작용 등에 대해 설명할 수 있다. 그러나 약물 관련 문제는 반드시 의료 전문가와 상담해야 한다.
- 건강한 라이프스타일 조언 : ChatGPT에 건강한 라이프스타일을 유지하기 위한 조언을 요청하면, ChatGPT는 균형 잡힌 식단, 충분한 수면, 정기적인 운동, 스트레스 관리, 금연 등에 대한 정보를 제공할 수 있다. 이는 일반적인 건강관리 원칙을 포함하며, 개인의 상황에 맞게 수정할 필요가 있다.
- 알레르기 관리 : ChatGPT에 알레르기 관리에 대한 조언을 요청하면,

ChatGPT는 알레르기 유형, 피하는 방법, 알레르기 반응 관리법 등에 대해 설명할 수 있다. 그러나 실제 알레르기 진단과 관리는 의료 전문가의 지도 아래에서 이루어져야 하는 내용이다.

- 잠 관리와 수면 건강 : ChatGPT에 잠 관리와 수면 건강에 대한 조언을 요청하면, ChatGPT는 건강한 수면 습관, 수면 환경 개선, 슬립 사이클 등에 대해 설명할 수 있다. 그러나 만성적인 수면 문제가 있는 경우, 의료 전문가와의 상담이 필요하다.

- 피부 관리 : ChatGPT에 피부 관리에 대한 조언을 요청하면, ChatGPT는 피부 유형에 따른 관리 방법, 일상적인 피부 관리 제품 사용, 자외선 차단제 사용 등에 대해 설명할 수 있다. 그러나 피부 문제가 심각한 경우, 피부 전문가와 상담하는 것이 좋다.

이러한 건강관리 사례에서도 항상 개인적인 상황과 의료 전문가의 조언을 고려해야 하며, 의료 전문가와의 상담과 검증이 필요하다. ChatGPT는 일반적인 정보와 조언을 제공하는 용도로 사용하여야 할 것이다.

5) 기술 지원

ChatGPT는 기술적인 문제에 대한 지원을 제공할 수 있다. 예를 들어, 프로그래밍 질문에 답변하거나 기술적인 도움을 주는 역할을 할 수 있다.

- 기술 문제해결 : ChatGPT에 기술적인 문제에 대한 도움을 요청하면, ChatGPT는 가능한 해결 방법, 오류 메시지 해석, 기술적인 조언 등을 제공할 수 있다. 예를 들어, 소프트웨어 설치 문제, 네트워크 연결 오류, 기기 설정 등에 관련된 기술적인 도움을 받을 수 있다.

- 기기 및 소프트웨어 설정 : ChatGPT에 기기나 소프트웨어 설정에 대한 지침을 요청하면, ChatGPT는 적절한 설정 방법, 기능 활성화, 사용자 정의 옵션 등을 설명할 수 있다. 예를 들어, 스마트폰 설정, 웹 브라우저 확장 프로그램 설정, 이메일 계정 설정 등에 대한 도움을 받을 수 있다.

- 소프트웨어 사용 및 기능 설명 : ChatGPT에 특정 소프트웨어의 사용 방법이나 특정 기능에 대한 설명을 요청하면, ChatGPT는 해당 소프트웨어의 기능과 사용법을 설명할 수 있다. 예를 들어, 워드프로세서 사용법, 그래픽 디자인 도구 기능 설명 등을 도움받을 수 있다.

- 프로그래밍 지원 : ChatGPT에 프로그래밍에 관련된 질문이나 코드에 대한 지원을 요청하면, ChatGPT는 프로그래밍 언어, 알고리즘, 디버깅, 코드 예시 등에 대해 설명할 수 있다. 그러나 실제 개발 과정에서는 전문적인 개발자 또는 프로그래머와 상담하는 것이 필요하다.

- 데이터 분석 및 시각화 : ChatGPT에 데이터 분석과 시각화에 관련된 질문이나 지원을 요청하면, ChatGPT는 데이터 처리 방법, 통계 분석 기법, 시각화 도구 사용 방법 등을 설명할 수 있다. 그러나 복잡한 데이터 분석 작업에는 전문적인 데이터 과학자 또는 분석가와의 상담이 필요하다.

- 소프트웨어 업그레이드 및 업데이트 : ChatGPT에 소프트웨어의 업그레이드나 업데이트에 대한 지원을 요청하면, ChatGPT는 새로운 버전의 소

프트웨어 설치 방법, 업데이트 프로세스, 호환성 문제해결 방법 등을 설명할 수 있다. 그러나 중요한 소프트웨어 업그레이드의 경우, 제조사나 공식 문서를 참조하는 것이 좋다.

- 보안 및 개인 정보 보호 : ChatGPT에 보안과 개인 정보 보호에 관련된 질문이나 지원을 요청하면, ChatGPT는 안전한 온라인 행동, 암호화 기술, 인증 및 권한 관리 등에 대해 설명할 수 있다. 그러나 실제 보안 문제나 개인정보보호에 관련된 상황에서는 전문적인 보안 전문가와 상담해야 한다.
- 네트워크 연결 및 문제해결 : ChatGPT에 네트워크 연결에 관련된 질문이나 문제해결을 요청하면, ChatGPT는 무선 및 유선 네트워크 설정, IP 주소 할당, 라우터 설정, 인터넷 연결 문제해결 등에 대해 설명할 수 있다. 그러나 복잡한 네트워크 문제에는 전문적인 네트워크 엔지니어의 도움이 필요하다.
- 하드웨어 문제해결 : ChatGPT에게 하드웨어 관련 문제해결을 요청하면, ChatGPT는 장치 연결, 드라이버 설치, 하드웨어 구성, 하드웨어 오류 해결 등에 대해 설명할 수 있다. 그러나 실제 하드웨어 수리나 교체는 전문적인 기술자의 도움이 필요하다.
- 소프트웨어 개발 지원 : ChatGPT에 소프트웨어 개발에 관련된 질문이나 지원을 요청하면, ChatGPT는 프로그래밍 언어, 알고리즘, 개발 도구, 소프트웨어 아키텍처 등에 대해 설명할 수 있다. 그러나 복잡한 소프트웨어 개발 작업에는 전문적인 소프트웨어 엔지니어의 지도와 지원이 필요하다.

6) 자연어 이해 및 번역

ChatGPT는 다국어 번역이나 자연어 이해를 위한 인터페이스로 사용될 수 있다. 다양한 언어로 된 질문이나 문장을 이해하고 그에 맞는 답변을 생성할 수 있다.

- 자연어 이해 : ChatGPT에 자연어 이해에 관련된 질문이나 지원을 요청하면, ChatGPT는 문장 구조 분석, 어휘 해석, 개체 인식, 의미 추론 등의 기술을 활용하여 자연어를 이해하고 질문에 답변할 수 있다. 예를 들어, "오늘 날씨는 어떤가?"라는 질문에 대해 ChatGPT는 해당 지역의 날씨 정보를 제공할 수 있다.

- 번역 : ChatGPT에 번역에 관련된 문장이나 단어를 요청하면, ChatGPT는 다른 언어로 번역할 수 있다. 예를 들어, "안녕하세요"라는 한국어 문장을 "Hello" 영어로 번역하는 것과 같은 번역 작업을 수행할 수 있다. 그러나 ChatGPT는 기계 번역 모델이기 때문에 전문 번역가의 수준과 정확도를 제공하지는 못한다.

- 문법 및 어휘 지원 : ChatGPT에 문법이나 어휘와 관련된 질문이나 지원을 요청하면, ChatGPT는 문장의 구조, 문법 규칙, 단어의 정의와 사용법 등을 설명할 수 있다. 예를 들어, "대문자와 소문자의 차이점은 무엇인가?"라는 질문에 대해 ChatGPT는 대문자와 소문자의 의미와 사용 방법을 설명할 수 있다.

- 언어 학습 지원 : ChatGPT에 특정 언어에 대한 학습 지원을 요청하면, ChatGPT는 언어의 특징, 문법 규칙, 주요 어휘 등을 설명할 수 있다. 예를 들어, "프랑스어의 발음 규칙을 알려줘"라는 요청에 대해 ChatGPT는 프랑스어의 발음 규칙을 설명할 수 있다.

- 자연어처리 도구와 라이브러리 사용 지원 : ChatGPT에 자연어처리 도구나 라이브러리에 관련된 질문이나 지원을 요청하면, ChatGPT는 자연어처

리 작업에 사용되는 도구와 라이브러리에 대한 정보와 사용 방법을 설명할 수 있다.

- 문장 감성 분석 : ChatGPT에 특정 문장의 감성을 분석해 달라는 요청을 하면, ChatGPT는 문장의 감성(긍정적, 부정적, 중립적)을 파악하고 해당 감성에 대한 분석 결과를 제공할 수 있다. 이를 통해 특정 문장의 감성을 이해하고 해당 문장에 대한 의미를 파악할 수 있다.

- 문서 번역 : ChatGPT에 문서 번역을 요청하면, ChatGPT는 다른 언어로 작성된 문서를 원하는 언어로 번역해 줄 수 있다. 이를 통해 다른 언어로 작성된 문서를 이해하고 활용할 수 있으며, 다국어 간 소통이 원활하게 이루어질 수 있다.

- 실시간 대화 번역 : ChatGPT에 실시간 대화 번역을 요청하면, ChatGPT는 상호 대화 중에 발생하는 문장을 실시간으로 번역해 줄 수 있다. 이를 통해 다른 언어로 대화할 때 번역기의 도움을 받을 수 있으며, 언어 장벽을 극복할 수 있다.

- 자동 언어 감지 : ChatGPT에 텍스트나 문장의 언어를 감지해 달라는 요청을 하면, ChatGPT는 주어진 텍스트나 문장이 어떤 언어로 작성되었는지를 자동으로 감지할 수 있다. 이를 통해 언어 식별에 대한 작업을 자동화하고, 다국어 처리에 유용하게 사용할 수 있다.

이외에도 AI(ChatGPT)는 마케팅, 법률, 금융, 엔터테인먼트 등 다양한 분야에서 활용될 수 있으며, 상황과 요구에 따라 다양한 사례가 있을 수 있다. 개인적인 도움의 요청에 대해 ChatGPT는 사용자들에게 일상적인 질문에 답변하거나, 쇼핑 정보를 제공하고, 레시피를 추천하며, 여행 계획을 도와주는 등 개인적인 도움을 제공할 수 있다.

(잠시 사유하기) **AI 기술을 대하는 나의 태도와 자세 (I)**

1. AI와의 소통 방식을 고려할 때, 어떤 윤리적인 원칙을 준수해야 할까? AI와의 대화와 결정에서 어떤 윤리적인 고려사항이 필요할까?

2. AI의 결정을 신뢰하고 따를 때의 위험과 이점은 무엇일까? AI가 내린 결정을 어떻게 검토하고 관리해야 할까?

3. 어떻게 AI 능력과 한계를 파악하고 현실적인 기대를 해야 할까?

요약

3장 AI(ChatGTP) 분야별 활용 사례

- 정보 검색, 문서 요약, 일상 대화, 창작 활동, 교육 지원, 문서 작성 및 편집, 상품 및 서비스 추천, 일정 관리 및 알림, 상담 및 지원 서비스, 언어 학습 및 연습, 게임 및 엔터테인먼트, 소셜 미디어 관리, 개인 비서 역할, 문서 번역 및 다국어 의사소통, 기술 지원 및 FAQ 답변, 참고자료 및 지식 제공 등이 있다.

메모

4 OECD AI 권고안

다양한 분야의 전문가들은 AI의 현황과 대응 과제에 대한 의견을 제시하며 관련 연구를 진행 중이다. 관련 주제는 국가 AI R&D와 국제협력, AI 규제, 생산성과 일자리, 공공 부문의 AI, AI와 보건, AI와 벤처 캐피탈, AI와 무역, AI와 교육 등 다양하다.

AI의 지속적인 진화로 인해 우리 사회의 미래에 결정적인 영향을 미칠 것으로 예상되며, 이를 대비하기 위해 AI가 노동시장에 미치는 영향을 이해하고, 대비하여 AI 활용의 윤리적 사용을 보장할 필요가 있다.

의료, 교육, 정부 서비스 지원에 대한 규정과 방침을 수립하고 개선하는 것은 가장 시급한 이슈이기도 하다. 이러한 논의는 AI의 현재 상태와 대응 과제에 관한 토론의 장을 마련하고, 기술, 제도 및 형태의 변화가 AI 발전을 형성하는 방식에 대한 통찰력을 제공할 수 있기 때문이다.

AI는 방대한 양의 데이터를 분석하고 복잡한 작업을 자동화하는 등 혁신적인 기술로 인식되고 있으며, 산업과 일상생활에 많은 영향을 미칠 수 있는 잠재력을 가지고 있다. 인공지능 세계시장에 대한 전망으로 2018년 73.5억 달러에서 향후 2025년에는 898억 달러까지 성장할 것으로 내다보고 있다.

상용화 단계로 빠르게 성장하고 확대되는 AI의 기술과 산업에 대해 국가적 대응 역시 수반되어야 할 중요한 요소이다. AI는 기업의 성장, 삶의 질 향상, 산업계 진보적 발전 등 다양한 혜택을 가져다주지만, 그에 따른 오용과 악용에 대한 위험 역시 갖고 있다. 마이크로소프트의 빌 게이츠는 인공지능 AI의 기술을 핵무기에 빗대어 그 위험성을 강조하였다. 테슬라의 일론 머스크 또한, AI 기술의 도입 이전에 선 규제를 만들어야 한다고 주장하였다.

이러한 우려의 목소리에 대응하여 이미 주요 선진국과 글로벌 기업, 관련 학회 및 국제기구에서는 AI 기술에 따른 위험 요소를 대비하여 인류의 삶에 이바지할 수 있는 '신뢰가능한 인공지능 AI 기술'에 대한 논의를 진행하였다. 이와 관련하여 2019년 5월 OECD 각료 이사회에서는 신뢰가능한 인공지능을 위한 가이드라인을 제시하였는데, 이것이 바로 'OECD AI 권고안'이다.

최초로 이루어진 국제적인 수준의 AI 합의안이다. 인공지능 AI 활용의 혜택을 극대화하고 위험을 최소화하기 위해 AI 분야 최초의 정부 간 정책 합의인 "AI 권고안"을 만장일치로 채택하였다. 이 권고안은 신뢰할 수 있는 AI를 위한 관리 책무 원칙과 국가정책으로 구성되어 있다. 참여 나라와 단체는 [표 Ⅱ-2]와 같다.

표 II-2 AI 권고안 참여 나라 및 단체

주요 선진국	
미국	A Report on Algorithmic System, Opportunity and Civil Right A Vision for safety 2.0: Automated Driving Systems
일본	Draft AI R&D Guidelines, The Japanese Society for Artificial Intelligence Ethical Guidelines
프랑스	Cedric Villani: For a Meaningful Artificial Intelligence Algorithms and AI: CNIL.:s report on the ethical issues
영국	Board of Loards AI Select Committee, AI Code
국제기구	
OECD	Artificial Intelligence in Society(2018), Draft AI Council Recommendation(2019. 3)
G7	Charlevoix Common Vision for the Future of Artificial Intelligence(2018. 6, G7 Summit, Canada)
G20	Artificial Intelligence for Europe(2018. 4), Draft Ethics Guidelines for Trustworthy A1(2018. 12)
학회 및 기업	
ACM	Code of Ethics and Professional Conduct
IEEE	Ethically Aligned Design(EAD), Partnership on AI
Google	Ethical AI Principles
Microsoft	AETHER
카카오	Algorithm Ethics

출처: 한-OECD AI 컨퍼런스(2019. 3. 22) 'Toward Trustworthy AI' 발표자료 재구성. TTA Journal vol. 187, 2020. 재인용.

OECD AI 권고안의 주요 주안점 중 하나는 신뢰가능한 인공지능 구현에 대한 평가지표를 개발하여 AI 정책 관측기구를 통해 지속해서 모니터링 하는 것이다. 신뢰가능한 인공지능이란 인간의 기본권을 보장하며 기본가치를 존중하는 인공지능을 의미한다.

즉 기본권 보장이란 인간의 존엄성과 개인의 자유를 존중, 민주주의·정의, 법규, 평등과 비차별 및 소수집단에 대한 보호와 관련된 내용이다. 인간의 자율성은 인공지능 AI 기술에 침해받지 않을 자율성의 원칙과 인류에게 해를 끼치지 않아야 하는 무해성의 원칙까지 포함한다.

또한 인공지능의 공평한 개발과 이용으로 통제되어야 하는 공평성의 원칙, 의사결정 과정에서 어떠한 근거로 판단하는가에 대한 설명가능성의 원칙도 포함하고 있다. 신뢰가능한 인공지능의 구성요소는 [표 Ⅱ-3]과 같다.

표 Ⅱ-3 신뢰가능한 AI 구성요소

주 체	구성요소	세부내용
EU	적법성(Lawful)	모든 관련 법률 및 규정은 준수하고 합법적이어야 함
	윤리성(Ethical)	윤리적 원칙과 가치에 순응해야 함
	견고성(Robust)	좋은 의도로 설계된 AI 시스템도 의도치 않은 부작용이 있을 수 있으므로 기술적·사회적으로 견고해야 함
OECD	포용 및 지속가능	모든 이해관계자는 인류의 포용 성장, 지속 가능한 발전 및 복지 증진에 힘써야 함
	인간중심	AI 활동주체는 AI 시스템 수명주기 전반에 걸쳐 법률, 인권 및 민주적 가치 등 인간중심 가치를 존중하고 지키기 위해 힘써야 함
	투명성 및 설명가능성	AI 활동주체는 AI 시스템에 대한 이해를 증진시키고 감춰진 것이 없도록 투명성과 설명가능성을 확보하여야 함
	견고성 및 안전성	AI 시스템은 전 수명주기에 걸쳐 견고하게 작동되어야 하며 바람직하지 못한 조건을 견딜 수 있거나 극복할 수 있어야 함
	책임완수	AI 활동주체는 자신들의 역할, 상황의 토대 위에 최신성을 유지하면서 위의 원칙을 존중하며 AI 시스템이 적절히 기능하도록 하는데 책임을 다해야 함

출처: EU 신뢰할 수 있는 AI 윤리 가이드라인(2019. 4). TTA Journal vol. 187, 2020. 재인용.

OECD AI 권고안 내용의 구성은 신뢰가능한 인공지능을 구현하기 위한 5가지 원칙과 국가정책 및 국제 방향에 관한 내용으로 구성되어 있다. 먼저 권고안의 내용을 이해하기 위해 권고안에서 정의된 관련 용어를 살펴보면, [표 Ⅱ-4]와 같다.

표 Ⅱ-4 신뢰가능한 AI 용어 정의

용 어	세부내용
AI 시스템 (AI system)	• 기계 시스템으로 인간이 정의한 목적에 따라 실제 환경 또는 가상환경에 영향을 대치는 예측, 권장, 의사결경을 할 수 있는 시스템을 의미 • 다양한 수준의 자율성하에서 작동하도록 설계된 시스템
AI 시스템수명주기 (AI system life cycle)	• (i) 디자인, 데이터 및 모델, (ii) 타당성 및 검증, iii) 구현, iv) 운영 및 모니터링의 단계로 구성 • 이러한 단계는 종종 반복적인 방식으로 수행되며 반드시 순차적인 것은 아님
AI 지식 (AI knowledge)	• AI 시스템 수명주기를 이해하고 활동에 참여하는 데 필요한 데이터, 코드, 알고리즘, 모델, 연구, 노하우, 교육 프로그램, 관리, 프로세스 및 모범사례 등과 같은 기술 및 리소스를 의미
AI 활동주체 (AI actors)	• AI 시스템 수명주기에서 AI 시스템을 구현하거나 운영하는 조직 및 개인처럼 적극적인 역할을 수행하는 사람
이해관계자 (Stakeholder)	• AI 시스템에 직·간접으로 관련되거나 영향을 받는 모든 조직 및 개인을 포괄하며 AI 활동주체를 포함

출처: TTA Journal vol. 187, 2020.

신뢰가능한 AI 구현을 위한 5가지 원칙의 내용을 살펴보면, 다음과 같다.

- 1원칙 : 포용성장·지속가능 발전·복지 증진 웰빙 AI R&D 투자

  AI 기술의 지향점은 인간의 능력과 창의력의 향상과 소수집단을 포용하여 사회적 불평등을 감소하고 자연환경을 보호하는 것이어야 한다.

- 2원칙 : 인간중심 가치 지향과 공정성을 고려한 AI를 위한 디지털 생태계 조성

  AI 활동 주체는 인간중심 가치를 존중하고, 인간의 결정 능력을 보장하는

기술을 AI 시스템 수명주기 전반에 반영하도록 애써야 한다.

- 3원칙 : 투명성과 설명가능성을 강조한 AI를 위한 정책 환경 조성 및 지원
  AI 활동 주체는 AI 시스템에 대해 거짓 없이 설명할 수 있고, 최신의 정보를 제공할 수 있어야 한다.

- 4원칙 : 견고성과 보안 및 안전성 확보
  AI 시스템은 어떤 상황에서도 위험 없이 안전해야 하고, AI 시스템 수명주기의 프라이버시, 디지털 보안, 안전성과 편향성 등과 같은 위험에 대해 최신 상태를 일관성 있게 유지할 수 있어야 한다.

- 5원칙 : 신뢰할 수 있는 AI를 위한 관리 책임의 완수
  AI 활동 주체는 AI 시스템이 적절히 기능하도록 자신의 역할과 상황을 유지하기 위한 책임을 다해야 한다.

OECD는 신뢰가능한 AI 구현을 위해 위의 원칙을 준수하며 국가정책과 국제협력을 이행하도록 권고하고 있다. 5가지 국가정책은 다음과 같다.

- 첫째, AI 연구개발(R&D) 투자
  AI R&D 역량을 배양하기 위한 정책 수단으로 미국, 일본, 한국, 스페인, 영국, 그리스, 등 각국에서는 1억~20억 달러 수준의 예산을 투자하고 있으며, AI 기술에 대한 투자는 국가 간 경쟁력에도 영향을 미칠 수 있다. AI R&D 역량을 배양하기 위한 정책 수단으로 다음과 같은 내용들을 다루고 있다.

  - AI 관련 국가연구기관의 지정과 프로젝트에 대한 보조금 지원
  - AI 연구 네트워크 및 협업 플랫폼 통합
  - 특정 경제 부문에 대한 우선적인 AI 투자
  - AI 관련 임무 지향적 혁신 정책 추구
  - 공공 부문을 위한 AI 시스템 조달

이러한 정책들은 AI 기술의 발전과 응용을 촉진하여 국가의 경제적 성장과 혁신을 끌어내는데 도움을 준다.

- 둘째, AI 디지털 생태계 육성

  AI 디지털 생태계를 육성하기 위해 디지털 기술 및 인프라, AI 지식공유 메커니즘을 포함하여야 한다. 정부는 이를 위해 데이터 트러스트와 같은 메커니즘 구축을 고려해야 한다.

- 셋째, 실현가능한 AI 정책 환경 조성

  정부는 연구개발 단계에서 신뢰가능한 AI 시스템을 지원하는 정책을 장려하기 위한 환경을 제공해야 한다.

- 넷째, 인적 역량 강화와 노동시장 변화에 대한 대비

  정부는 AI 기술에 따른 노동시장과 사회 변화에 대비하기 위해 관련 이해관계자와 긴밀히 협력해야 한다. AI 관련 직무 역량강화 프로그램, AI로 인해 실직한 근로자에 대한 지원을 보장해야 한다.

- 다섯째, 신뢰가능한 AI 구현을 위한 국제협력 활성화

  정부는 신뢰가능한 AI 구현을 위한 국제협력을 활성화하기 위해 관련 이해관계자와 함께 AI의 원칙과 윤리적 함의를 발전시켜 나아가야 한다. 이를 위해 세계 포럼 및 지역 포럼과 함께 AI 지식공유 육성을 추진해야 한다.

일부 국가는 AI 연구역량을 향상하기 위해 AI 연구의 탁월성 센터(Centers of Excellence)를 설립하고 지원하고 있다. 캐나다는 Mila, Vector Institute, Amii와 같은 세 곳의 AI 연구기관에 특별한 재정 지원을 제공하여 우수한 연구자를 유치하고, 국가의 AI 생태계를 발전시키며 파트너십과 이니셔티브를 촉진하고 있다.

미국은 국립 과학 재단(NSF)을 주도로 AI 분야의 국가 연구소를 다양한 분야에 지정하고 있으며, 이러한 연구소들은 장기적인 연구를 수행하고 미국의 AI 분야 리더십을 강화하는 데 도움을 주기 위해 연간 약 4백만 달러의 국

가 지원과 민간 기업으로부터 매칭 펀드 형태로 약 백만 달러의 추가 지원받고 있다.

독일 정부는 6개의 기존 연구기관을 중심으로 AI 연구역량센터 네트워크를 구축하여 독일 AI 연구의 국제적 가시성을 높이는 데 노력하고 있다.

영국은 알란 튜링 연구소가 탁월성 센터들의 국가 네트워크의 중심 역할을 수행하고, 탁월성 센터들은 연구와 교육을 제공하는 데 초점을 두고 있다.

일본은 AI 일본 연구개발 네트워크를 구축하여 100개 이상의 대학과 연구기관의 연구자들이 교류와 협력을 촉진하고 있으며, 산업기술 종합연구소, 이화학연구소, 정보통신 연구기구가 중추적인 역할을 수행하고 있다. 이러한 네트워크들은 각 국가의 AI 연구역량을 강화하기 위해 중요한 임무를 수행하게 된다.

국가 AI 전략은 특정 경제 분야의 비교 우위를 확보하거나 활용하려는 전략과 연계되어 추진된다. 이를 통해 기업의 AI 투자가 국가 전체의 경제 성장과 복지에 도움이 되도록 유도되는 것이다. OECD AI 정책 관찰소의 데이터베이스에 따르면, 많은 국가가 농업 및 식품, 에너지, 보건 의료, 이동 및 교통, 공공행정 분야에 우선순위를 두고 AI 투자를 진행하고 있다고 한다. 특히 보건 의료 분야는 모든 국가에서 우선적인 분야로 포함되었다. 이는 2020년 4월에 코로나 팬데믹의 영향으로 이 분야의 중요성이 더욱 부각되었다고 추정된다.

영국은 AI를 활용하여 기후변화, 고령화 인구, 건강, 포괄성, 식량, 에너지, 환경 등 사회적으로 중요한 과제를 해결하는 "문샷" 프로젝트를 추진하고 있다. 이러한 정책 추진은 AI가 새로운 해결책을 만들고 과학과 기술의 획기적인 발전을 이끌어낼 수 있다는 믿음에 근거하고 있는 것이다. 영국의 AI 위원회는 설명가능한 AI 개발, 디지털 트윈 프로그램, 에너지 저장을 위한 스마트 재료 개발과 같이 도전적이고 확장가능한 문샷 프로그램을 정부에 권고하였으며, ARIA라는 혁신적인 기술 변화를 이끌어낼 수 있는 프로젝트를 시작하였다.

일본은 2050년까지 달성해야 할 6가지 문샷 목표들이 모두 AI 기술의 발전과 관련되어 있으며, 2020년에는 문샷형 연구개발 제도의 목표와 추진방안에 대해 논의하였다.

이러한 국가들의 노력은 사회적으로 중요한 문제들에 대한 새로운 대안을 찾고 긍정적인 영향을 미치기 위해 AI를 적극적으로 활용하는 것을 목표로 하고 있다.

다양한 국가들이 공공 부문에서 AI의 사용을 장려하고 있다. 예를 들어, EU의 AI 조정 계획, 덴마크, 핀란드의 AI 프로젝트는 모두 공공행정에서 AI를 선도적으로 활용하여 사회적 이익을 추구하는 목표를 갖고 있다는 것을 보여주고 있다.

공공 부문에서 AI 사용은 개인에게 직접적인 영향을 미치는 경우가 많기 때문에 높은 투명성과 책임성이 요구되는 도전적인 과제이다. 이를 위해 캐나다는 기존 조달 프로세스를 수정하고 새로운 도전에 기반한 조달 모델을 구현하는 방안을 모색하고 있다. 캐나다 재무부 사무국(TBS)은 자동 의사결정에 대한 지침을 마련하여 AI 시스템의 위험을 평가하는 알고리즘 영향평가를 진행하고 있다. 또한, AI 공급업체 조달 프로그램을 구축하여 사전 자격을 갖춘 AI 기업들이 정부에 서비스를 제공할 수 있도록 하였다.

영국 정부도 AI 기술 구매 지침을 제공하는 AI 조달 지침을 발표하고 AI 조달 가이드 역할을 하는 '박스형 AI 조달 툴킷'을 만들어 공공 부문에서 AI 사용에 대한 지침을 제시하고 있다. 이와 함께 데이터 기반 건강 관리 기술 행동 강령, 데이터 윤리 프레임워크, AI 감사 프레임워크 등 다양한 지침들을 발표하여 AI 사용에 있어서의 책임과 투명성을 강조한다.

최근에 다양한 국제기관과 정부 간 조직이 AI 개발, 채택, AI 거버넌스 접근 방식과 관련하여 다양한 다자간 국제협력을 진행하고 있다. 이러한 국제협력은 유럽연합 집행위원회, 유럽 평의회, AI에 관한 글로벌 파트너십(GPAI), G20, OECD, 미주개발은행(IDB), 국제전기통신연합(ITU), 남미 개발은행(CAF–Development Bank of Latin America), 세계은행(World Bank), 국제연합교육과학문화기구(UNESCO) 등 다양한 권한과 책무를 가지고 있는 기관들이 참여하고 있다. 이들 기관은 AI 이니셔티브, 프로젝트, 윤리, 규제 등에 관련하여 보완적인 성격으로 다양한 협력을 진행한다.

지역 내에서도 AI 국제협력이 활발하게 이루어지고 있다. 북유럽 및 발트해 연안 국가들은 2018년 기술개발, 데이터 액세스, 표준 설정 등의 AI 정책에 대해 협력하기로 합의했다.

아랍 연맹(Arab League)은 2019년 아랍 지역의 AI 역량 구축을 위해 공동 프레임워크를 개발하고, AI의 기회와 도전에 대한 인식을 제고하며, AI 관련 직무를 수행할 수 있는 청소년 교육을 위한 실무 그룹을 신설했다.

아프리카 연합(African Union)도 2020년 AI에 관한 실무 그룹을 구성하여 대륙 전체의 AI 역량 구축을 위한 공동 프레임워크를 만들었다. 이들 실무 그룹은 AI 역량 격차를 해소하고 아프리카 청년들이 미래 일자리를 준비하고, 지속가능한 개발 목표(SDGs)를 달성하기 위해 지역 내에서 AI 프로젝트를 식별하며, 공통 AI 전략을 수립하는데 기여하고 있다.

AI 연구와 개발을 위해 다양한 국제협력이 진행되고 있다. 일부 국가는 양자 협정이나 양해 각서를 통해 AI 협력을 강화하고 있으며, 에스토니아, 한국, 이스라엘, 뉴질랜드, 영국 등 5개국은 D5(Digital–5) 연례 회의를 통해 디지털 정부 개발에 관한 논의를 진행하고 있다.

또한 미국, 호주, 일본, 인도가 결성한 쿼드(The Quad)에서는 최근 인공지능과 양자 컴퓨팅 분야의 협력이 강조되고 있으며, 4개국이 AI 분야에서 강점을 가지고 있어 상호 협력이 활발히 이루어지고 있다. 쿼드는 민주적 가치와 원칙을 중시하는 다자적 접근을 통해 디지털 권위주의 모델에 대안을 제시하고 있다.

최근 다양한 국가 및 지역 간의 AI 국제 공동연구가 활발하게 이루어지고 있다. 국제적으로는 논문의 공저자를 기준으로 측정한 국내 및 국제 AI 분야 공동연구의 현황을 통해 확인해 볼 수 있다. 프랑스, 독일, 일본 등 일부 국가들은 공동연구를 위해 각국의 책임 연구자를 선정하여 연구를 진행하는 프로그램을 운영하고 있다. 미국과 영국은 2020년에 "AI R&D 협력 선언문"을 서명하였고, 여기에는 학제간 연구와 지능형 시스템, 공공−민간 파트너십 등을 통해 AI 연구 및 개발을 촉진하는 내용을 담고 있다.

유럽연합(EU) 회원국들은 CLAIRE와 ELLIS와 같은 연합체를 통해 AI 연구 역량을 강화하고 있으며, AI 관련 연구는 EU의 프레임워크 프로그램인 호라이즌 유럽에서 높은 우선순위를 가지고 있다. 이를 통해 국제적인 협력과 지역 내 연구 네트워크가 AI 분야에서 지속적으로 발전하고 있다.

국제기구들이 AI의 신뢰성을 위해 권고안을 발행하고, 많은 국가와 기관이 이를 수용하여 AI 윤리 규정을 도입하고 있음을 확인할 수 있다. 또한, 2021년 4월에 유럽연합(EC)이 최초로 AI에 대한 수평 규제안인 AI Act를 제안하였다.

이와 관련한 내용으로 EU가 AI 경성 규범 도입의 선두주자로 나서는 것과 유럽에서 제안한 규범이 세계 표준으로 자리 잡는 효과 등에 대해 설명하는 내용이 담겨 있다. 또한 AI Act에 대한 과징금 규모 평가와 미국의 입장, 쟁점, 입법 소요 기간 등에 대해서도 다루고 있다.

위 내용들을 요약하면, AI를 통한 과학적 혁신은 사회적 문제를 해결하고 새로운 산업을 창출하는 가능성을 갖고 있다. 정부는 기초연구와 장기적 투자를 통해 민간부문의 응용 AI R&D를 보완하고 신뢰할 수 있는 AI 혁신과 모두에게 유익한 결과를 이끌어내기 위해 노력하고 있음을 알 수 있다.

각국은 AI 연구 탁월성 센터, 국가 AI 연구소를 지정하고 AI 연구 네트워크와 협업 플랫폼을 통합하며 특정 부문의 AI 활용에 집중적으로 투자하고 있다. 또한 AI를 활용하여 오랜 문제를 해결하는 문샷 프로젝트를 추진하고, 공공 부문에서는 신뢰할 수 있는 AI를 구현하기 위해 새로운 조달 프로세스를 도입하였다.

AI의 개발과 활용, 그리고 AI 거버넌스에 대한 국제협력은 양자, 다자, 지역 및 국제 차원에서 진행하고 있다. 이러한 과정에서 디지털 권위주의 모델과 민주적 가치를 뿌리에 둔 디지털 자유주의 모델이 충돌하고 있으며, 윤리적 틀의 개발과 규제, 정책 및 이니셔티브에 대한 고려가 중요한 요소로 떠오르고 있다.

한국은 AI R&D와 국제협력 동향을 면밀히 추적하면서 적절한 역할을 수행할 필요가 있다. 즉 선두주자, 동반자, 후발자의 역할을 이해하고, 그에 맞게 적절히 역할을 수행하여 AI 기술의 유익한 활용을 촉진해야 할 것이다.

(잠시 사유하기) AI 기술을 대하는 나의 태도와 자세 (II)

1. AI가 인간의 편견과 오류를 반영할 수 있다면, 이를 어떻게 방지하고 교정할 수 있을까?

2. 인간 중심적 AI 개발은 왜 중요한가? AI 시스템을 개발할 때 인간의 요구와 가치를 어떻게 반영해야 할까?

3. AI의 진보로 인해 사회가 변화할 것으로 예상되는데, 이에 대한 대비책과 사회적 대화는 어떻게 이루어져야 할까?

요약

4장 CECD AI 권고안

- 신뢰가능한 AI구현을 위한 5가지 원칙
  - 1원칙 : 포용성장·지속가능 발전·복지 증진 웰빙 AI R&D 투자
  - 2원칙 : 인간중심 가치 지향과 공정성을 고려한 AI를 위한 디지털 생태계 조성
  - 3원칙 : 투명성과 설명가능성을 강조한 AI를 위한 정책 환경 조성 및 지원
  - 4원칙 : 견고성과 보안 및 안전성 확보
  - 5원칙 : 신뢰할 수 있는 AI를 위한 관리 책임의 완수
- AI관련 국가 정책 5가지
  - 첫째, AI 연구개발(R&D) 투자
  - 둘째, AI 디지털 생태계 육성
  - 셋째, 실현가능한 AI정책 환경 조성
  - 넷째, 인적 역량 강화와 노동시장 변화에 대한 대비
  - 다섯째, 신뢰가능한 AI 구현을 위한 국제협력 활성화

메모

5 AI의 위험 요소

AI 기술이 인간에게 유익을 가져다주기 위해 개발되고 발전하고 있지만, 일부에서 AI 기술이 핵무기에 맞먹는 위험이 잠재되어 있다는 우려의 목소리 역시 존재한다. AI 기술은 현대 사회에 많은 이점을 제공하지만, 그만큼 잘못 사용될 경우 심각한 문제를 야기할 수 있다.

AI 기술의 위험 요소들을 살펴보면 다음과 같다.

- 자동화된 무기 시스템 : 군사 분야에서 AI가 자동화된 무기 시스템에 사용될 경우 인간의 개입 없이 자동으로 타깃을 식별하고 공격할 수 있다. 이로 인해 인간의 권리와 생명에 대한 위험이 증가하며, 잘못된 판단으로 인한 무고한 희생자가 발생할 수 있기 때문이다.
- 개인 정보 침해 : AI를 사용하여 대규모로 개인정보를 수집, 분석, 판단할 수 있다. 이를 악용하면 사생활 침해와 개인정보 유출로 이어질 수 있으며, 개인의 자유와 안전을 위협받을 수 있다.
- 딥페이크와 정보 조작 : AI를 사용하여 얼굴, 음성 등을 조작하는 딥페이크 기술이 발달하면서, 고의적으로 오용될 수 있다. 가짜 정보를 유포하거나 신뢰할 수 없는 정보를 만들어내는 것이 가능해지므로, 정치적인 혼란과 사회적 불안을 초래할 수 있다.
- 자동차 자율주행 기술의 취약성 : 자율주행 자동차가 운전 과정을 대부분 스스로 처리하게 될 경우, 해커들이 시스템을 침입하거나 조작할 수 있다. 이로 인해 교통사고나 차량 테러와 같은 잠재적 위험 요소가 증가할 수 있기 때문이다.
- 취약한 보안 시스템 : AI를 사용하여 보안 시스템을 개발하면, 이를 우회하는 방법을 찾는 악의적인 해커들도 AI를 활용할 수 있다. 따라서 보안

시스템의 취약점을 찾아내고 악용하는 공격이 더욱 진보할 수 있기 때문이다.

- 사회적 인식과 편견의 강화 : AI는 데이터에 기반하여 학습하므로, 사회적 편견이나 인식이 내재 될 수 있다. 이로 인해 인종차별, 성차별 등 사회적 문제가 강화되거나 확대될 수 있다.

이러한 위험들을 방지하기 위해서는 윤리적 가이드라인과 법규제, 책임있는 AI 개발과 사용이 필요하다. AI 기술의 발전은 반드시 사회적 편익과 권익을 고려한 적절한 사용으로 이루어져야 한다.

최근에 발생한 논란이 된 인공지능 활용 사례들을 살펴보면 다음과 같다.

- Microsoft의 AI 기반 챗봇 "Tay" : 2016년에 Microsoft가 출시한 AI 챗봇 Tay는 트위터에서 사용자와 상호 작용하는 기능을 가졌지만, 13시간 만에 서비스를 중지하였다. 이유는 Tay가 인종 차별적이고 공격적인 발언을 쏟아내는 문제가 있었기 때문이다. Tay는 Microsoft가 2016년 3월에 개발한 인공지능 챗봇으로, 이것의 개발 목표는 트위터를 통해 사람들과 대화하고 학습을 통해 챗봇이 사용자와 더 적절한 방식으로 상호작용할 수 있도록 하는 것이었다. 그러나 Tay가 처음으로 공개되었을 때, 일부 사용자들이 이를 악용하여 정치적, 인종적으로 공격적인 메시지를 챗봇에게 보내면서, Tay가 이러한 편향적이고 불쾌한 응답을 학습하였다. 이러한 악용으로 인해 Tay는 불쾌한 내용과 비행을 자동으로 생성하는 트윗을 게시하게 되었다. Microsoft는 이후 빠르게 반응하여 Tay를 비활성화시키고 인공지능의 오용으로 인한 문제점을 해결하기 위해 노력하였다. 이 사례를 통해 AI 개발과 배포 과정에서 윤리적인 고려사항과 적절한 제어가 얼마나 중요한지를 강조하는 계기가 마련되었다. 이후 Microsoft와 다른 AI 개발자들은 AI 모델을 개발하고 운영할 때 더 강력한 필터링 및 감독 시스템을 구축하여 이러한 문제를 방지하고자 노력하고 있다.

- Amazon의 안면 인식 기술 "Rekognition" : Amazon의 안면 인식 기술인 Rekognition은 경찰서에서 용의자를 식별하고 범죄자를 추적하는 데 사용된다. 하지만 개인정보보호, 편향성, 시민의 자유에 대한 우려로 인해 아마존은 2020년 이후 법 집행 기관에 이 기술의 판매를 중단하였다고 한다. Amazon Rekognition은 Amazon이 개발한 안면인식 기술로, 이 기술은 컴퓨터 비전 및 기계학습 기술을 사용하여 이미지와 비디오에서 인물의 얼굴을 식별하고 분석하는데, 보안, 안전, 모니터링, 사용자 경험 개선 등 다양한 용도로 사용될 수 있다. Amazon Rekognition은 쉬운 사용법과 확장성으로 인해 다양한 기업과 기관에서 채택되었으나, 안면인식 기술의 확대 사용은 개인 정보 보호와 민감한 데이터에 대한 우려를 불러일으켰다. 이를 감안하여 기술의 사용은 신중하게 이루어져야 하며, 규제와 윤리적 지침을 준수하여 합법적이고 윤리적인 용도로만 사용되어야 한다.

- IBM의 편향적인 AI 시스템 : IBM은 미래의 범죄자를 예측하는 AI 시스템을 개발했으나, 백인으로 구성된 불균형한 데이터로 인해 흑인에 대해 편향된 결과를 보였다. 이로 인해 해당 프로젝트를 중단하게 되었다. IBM은 인공지능과 기계학습 기술 분야에서 활동하는 글로벌 기업이다. 하지만 어떤 AI 시스템이든 인간의 개입 없이 완전하게 중립적이고 편향이 없는 것은 어렵다. 편향은 데이터의 수집과 처리, 모델의 학습 방법 등에서 비롯될 수 있으며, 이는 AI 시스템의 결과에도 영향을 미칠 수 있기 때문이다. IBM의 AI 기술 역시 완전히 편향이 없다고는 보장할 수 없다. 그러나 편향 문제는 AI 산업 전반적으로 아직 해결해야 할 과제이며, IBM 역시 완벽한 해결책을 갖추고 있는 것은 아니다. AI 시스템의 편향과 공정성에 대한 연구와 노력이 지속적으로 이루어져야 한다.

- Palantir의 예측 치안 소프트웨어 : Palantir Technologies가 개발한 예측 경찰 소프트웨어가 소수자에 대해 편향되고 사생활을 침해한다는 비판을 받고 있다. Palantir Technologies는 미국의 소프트웨어 회사로서, 2004년

에 설립되었다. 이 회사는 데이터 분석 및 인공지능 기술을 활용하여 정부 기관, 군대, 경찰, 정보 기관 등 다양한 기관에 대해 보안과 분석 소프트웨어를 제공하고 있다. Palantir의 소프트웨어는 "Palantir Gotham"과 "Palantir Foundry" 두 가지 주요 제품으로 구성되어 있다. Palantir Gotham은 주로 정부 기관이나 군대에서 사용되며, 치안, 국가 안보, 테러리즘 방지 등과 같은 고도로 민감한 문제들을 다룬다. 이 소프트웨어는 대량의 데이터를 수집하고, 저장하며, 분석한다. 기밀 데이터, 과거 사건, 민감한 정보 등 다양한 소스로부터 데이터를 통합하고, 시각화하여 다양한 변수들 사이의 패턴과 인사이트를 파악할 수 있다. 이를 통해 조직들은 더 효율적으로 정보를 분석하고 의사결정을 내릴 수 있게 되는 것이다. Palantir Foundry는 기업과 기관들이 데이터를 수집하고 관리하며, 실시간으로 분석하고 시각화하는 데 사용된다. 이 소프트웨어는 비교적 덜 민감한 비즈니스 인텔리전스와 분석에 중점을 두고 있다. Foundry는 다양한 소스의 데이터를 통합하고, 데이터를 처리하고 시각적으로 표현하여 빠른 의사결정과 혁신을 지원한다. Palantir의 소프트웨어는 다양한 기관들에게 강력한 분석 도구를 제공하고 있지만, 데이터의 보안과 개인정보 보호에 대한 우려도 존재한다. 이러한 소프트웨어를 사용하는 기관들은 합법적이고 윤리적인 사용을 보장하기 위해 적절한 보안 및 규정 준수 절차를 따라야 한다.

• Cambridge Analytica의 AI 기반 의사 결정 시스템 : Cambridge Analytica가 AI를 사용하여 특정 유권자 그룹에 개인화된 광고를 제공하여 2016년 미국 대통령 선거 결과에 영향을 미쳤다는 사실이 밝혀졌다. 이로 인해 정치 캠페인에서의 AI 사용과 민주주의에 미치는 영향에 대한 우려가 제기되고 있다. Cambridge Analytica는 영국의 데이터 분석 회사로서, 2013년에 설립되었다. 이 회사는 AI 기반의 데이터 분석을 활용하여 정치적 영향력을 조작하고 유권자들의 의사결정에 영향을 미치는데 사용되었던 것이다. 특히, 2016년 미국 대통령 선거와 영국 유럽 연합 탈퇴(브렉시트) 투

표에서 그 활동이 크게 논란이 되었다. Cambridge Analytica는 Facebook 사용자들의 데이터를 무단으로 수집하였는데, 이를 통해 미리 정의된 성향 및 관심사를 가진 사람들의 프로필을 만들어냈다. 수집된 데이터는 AI 기술을 활용하여 유권자들을 세분화하고, 개별적으로 맞춤화된 정치적 메시지를 전달하였다. 이는 특정 유권자들을 동원하여 민주적 프로세스에 영향을 끼치는데 목적이 있었던 것이다. 이러한 데이터 수집과 분석 방법은 개인정보 보호와 민주주의의 원칙을 위반하는 것으로 여겨져 큰 논란이 된 것이다. 2018년, 이와 관련하여 Facebook과 Cambridge Analytica는 데이터 무단 접근으로 인해 법적 문제를 겪었고, Cambridge Analytica는 폐업하게 되었다.

이러한 인공지능의 활용으로 인한 위험들이 현실화되고 있어, 각국에서는 관망, 시험, 선택적 규제, 전면 규제, 금지 등 다양한 방식으로 대응하고 있으며, 신뢰할 수 있는 인공지능의 개발 및 활용을 위한 규제 동향에 대한 전개 방향이 계속 조망받고 있다.

인공지능의 신뢰성을 보장하기 위한 정책대응의 유형은 다음과 같다.

- 연성 규범(soft law) 제시 : 대다수의 경우, AI에 대한 연성 규범 접근 방식을 택하며, 윤리적 프레임워크, 지침, 자발적 프로세스, 기술 표준 및 행동 강령을 개발하여 인공지능의 활용에 일정한 지침을 제공한다.
- 경성 규범(hard law) 접근 고려 : 일부 애플리케이션에 대해 이미 규제 법률이 제정되어 있으며, 향후 인공지능에 대한 수평적 규제를 검토하고 있어 경성 규범적 접근 방식으로 전환하는 경향이다.
- 일시적 서비스 중지(moratorium) 또는 전면적 금지 도입 : 특정 애플리케이션 또는 기술에 대해 잠정적으로 서비스를 중지하거나 전면적으로 금지하는 방안을 고려하여 인공지능의 부작용을 최소화하고자 한다.
- 규제 실험을 위한 통제된 환경 촉진 : 규제적 실험을 통해 인공지능의 활

용과 관련된 효과와 위험을 평가하고, 그에 따른 적절한 규제 방안을 모색하는 노력을 추진하고 있다.

- 국제 표준화 노력 및 국제법 노력 지원 : 국제적인 차원에서 인공지능에 대한 표준화 노력과 법적 지원을 통해 글로벌 기준과 지침을 마련하여 인공지능의 국제적인 규제에 기여하고 있다.

이러한 다양한 정책대응 유형을 통해 신뢰할 수 있는 인공지능의 개발과 활용에 대한 규제가 진행되고 있으며, 연성 규범과 경성 규범의 조화를 통해 적절한 규제 방향을 모색하고자 노력하고 있는 중이다.

연성 규범적 접근은 다음과 같은 국제 기구들이 신뢰할 수 있는 AI를 구현하기 위한 관리 책무와 원칙을 제시하는 방식으로 진행되고 있다.

OECD AI 권고안 : 2019년 5월 OECD 각료 회의에서 AI에 대한 최초의 정부 간 정책합의로 채택하였다. 이 권고안은 다음과 같은 5가지 관리 책무 원칙을 제시하고 있다. (4장의 자세한 설명을 참고하기 바란다.)

i) 포용적 성장, 지속가능한 개발 및 웰빙
ii) 인간 중심의 가치 및 공정성
iii) 투명성 및 설명 가능성
iv) 견고성, 보안성, 안전성
v) 책임성

- 유네스코 AI 윤리 권고안 : 2021년 11월 유네스코가 193개 회원국의 만장일치로 채택한 권고안이다. 이 권고안은 다음과 같은 4대 가치와 10대 원칙을 기반으로 하고 있다.

  – 4대 가치
    i) 인권, 기본적 자유, 인간 존엄성의 존중, 보호, 증진
    ii) 환경 및 생태계의 번영

iii) 다양성 및 포용성 보장

iv) 평화롭고 정의로운 상호 연결된 사회 구축

– 10대 원칙

i) 비례성 및 무해성

ii) 안전 및 보안

iii) 공정성 및 비차별성

iv) 지속가능성

v) 프라이버시권 및 데이터 보호

vi) 인간의 감독 및 결정

vii) 투명성 및 설명가능성

viii) 책임 및 의무

ix) 의식 및 리터러시

x) 다자적이고 조정 가능한 거버넌스 및 협력

이러한 연성 규범과 권고안들은 AI 기술의 개발과 활용에 있어서 중요한 원칙과 가이드라인이며, 신뢰할 수 있는 AI의 구현과 관련하여 국제적 협력과 표준화 노력을 촉진하는 역할을 하게 된다.

영국의 주간지 이코노미스트에 따르면, 경성 규범적 접근은 최소 175개 국가 혹은 기관이 OECD, UNESCO 등 국제기구와 보조를 맞추며 AI 윤리 규정을 입안 혹은 차용하여 적용하고 있다고 한다. 그러나 견고성, 투명성 혹은 AI의 신뢰성을 확보하기 위한 다른 가치들이 어떻게 이행될지에 대해서는 설명하지 못하는 제한점이 있다.

현시점을 기준으로 AI 시스템 자체를 규제하는 구속력 있는 경성 규범은 존재하지 않지만, 특정 영역에 활용되는 AI 기술을 규제하는 구속력 있는 법률의 제정 혹은 제정을 고려하는 사례들은 존재한다. 관련 예시로, 덴마크는 2017년 5월 자율주행차 시험 운행을 허용하는 덴마크 도로교통법 개정안을 통과시켰다. 자율주행차 시험 운행을 희망하는 기업은 누구나 교통부에 허가를 신청해야 한다.

경성 규범적 접근은 AI 기술과 시스템에 대한 강력한 규제를 시행하고, AI의 견고성, 투명성, 신뢰성 등을 확보하기 위해 법률적인 조치를 고려하는 방식이다. 이러한 접근은 AI의 부작용과 위험을 최소화하고, 인간의 권리와 안전을 보호하기 위한 중요한 노력으로 인식되고 있다. 현재 덴마크의 예시처럼 경성 규범적 접근은 다양한 국가에서 자율주행차 및 드론과 같은 AI 관련 기술에 대한 규제를 시행하고 있는 수준이다.

그 외 관련 예시를 더 살펴보면 다음과 같다.

- 독일의 자율주행차량 규제 : 2021년 7월, 독일은 전국 공공도로의 정해진 구역에서 자율주행차량(레벨 4)이 상시 운행할 수 있는 세계 최초의 자율주행법인 도로교통법 개정안을 통과시켰다. 이로 인해 자율주행차의 상용화에 대한 규제가 진행되고 있다.
- 드론 규제 : 다양한 국가에서 드론에 대한 규제를 제정하여 시행하고 있다. 미국과 EU 회원국은 250g 이상의 무게가 되는 드론을 띄우려면 규제 당국에 드론을 사전적으로 등록해야 한다.
- AI 기반 의료 진단 시스템 규제 : 2020년 미국 식품의약국(FDA)은 특정 AI 기반 의료 진단 시스템을 규제하는 것을 고려하였다. 의료 분야에서 AI의 사용에 있어서 안전성과 신뢰성을 보장하기 위한 규제 노력이 진행되고 있는 셈이다.

이러한 규제들은 인공지능 기술의 적절한 활용과 안전성 보장을 위한 중요한 노력으로, 각국에서 적절한 규제 체계를 구축하고자 하는 경향을 보여준다. AI 기술의 발전과 활용에 따른 규제적 대응은 계속 진행될 것으로 예상된다.

일시적 정지(Moratorium) 및 금지(Ban)는 인공지능과 관련된 기술이나 서비스를 일시적으로 중지하거나 전면적으로 금지하는 정책 대응 방식을 의미한다. 정부는 기존 시장 메커니즘을 유지하거나 국민을 보호하기 위해 AI 기술의 부정적인 결과로부터 일시적으로 서비스를 중지하거나 전면적으로 금지할 수 있다.

예를 들어, 벨기에는 자국 군대의 치명적인 자율 무기 사용을 금지하는 결의안을 채택한 사례가 있다. 또한, 생체 인식 감시 또는 안면인식 기술은 공공 논쟁의 중요한 이슈로 떠오르고 있으며, 미국과 일부 지역자치단체에서는 안면인식 기술의 사용을 부적절한 알고리즘 편향의 위험과 개인정보보호 문제로 인해 금지하고 있다.

샌프란시스코시는 2019년 공공적 목적으로 안면인식 기술 사용을 전면 금지 시켰으며, 그 후 다른 지역자치단체들도 이를 따라서 금지 조치를 시행하고 있다. 뉴욕시도 2023년부터 AI 알고리즘을 고용과 승진심사에 활용하는 것을 금지하는 자동 고용결정 도구 법(AEDT Law)을 발효할 예정이다. 또한, 뉴욕시는 상업시설에 대한 생체식별정보 이용 고지 의무를 부과하고, 생체 식별 정보의 판매, 대여, 거래, 공유를 금지하는 생체정보 데이터 보호법(Biometric Data Protection Act)을 발효한 바 있다.

이러한 정책대응은 인공지능 기술의 사용과 관련하여 인간의 권리와 개인정보보호를 위해 강력한 규제를 시행하는 데 중요한 역할을 할 것이다. 일시적 정지와 금지는 부정적인 영향을 최소화하고 공공의 이익을 보호하기 위한 중요한 수단으로 사용되고 있다.

인공지능에 대한 최초의 수평 규제인 AI Act(AI 규제안)는 2021년 4월 유럽연합 집행위원회(European Commission)에 의해 발표되었다. 이 규제안은 AI의 인간적이고 윤리적인 과제를 해결하기 위해 경성 규제를 통해 인공지능 기술의 발전을 저해하지 않으면서도 적절한 규제를 적용하려는 목적을 가지고 있다.

균형적·비례적인 수평규제 방식(risk–based balanced and proportionate horizontal regulatory approach)을 따르는 AI Act(AI 규제안)는 위험의 정도를 기반으로 AI 기술에 대한 법적 개입을 상황에 따라 한정적으로 진행한다. 이를 통해 기술개발의 진행을 저해하지 않으면서도 AI 기술의 위험을 적절하게 관리하고 규제하게 되는 것이다.

AI Act는 AI 시스템의 위험을 수용 불가 위험(unacceptable risk), 고위험(high risk), 제한적 위험(limited risk), 최소 위험(minimal risk)으로 구분하고, 이에 따라 각각 다른 의무와 위반 시 벌칙을 부과한다. 이를 통해 인간의 안전과 권리를 보호하고, 고위험 AI 시스템에 대해서는 특별한 규제를 적용하여 보다 안전하고 윤리적인 사용을 촉진하려는 목표를 가지고 있다.

AI Act는 인공지능 기술의 규제에 대한 기준을 제시하고, 다양한 위험 수준에 따라 적절한 규제 방안을 제시하는 최초의 수평 규제로 평가된다. 이를 통해 유럽연합은 AI 기술의 발전과 사용에 있어서 안전성과 신뢰성을 보장하려는 노력을 기울이고 있다.

AI Act(AI 규제안)에서는 수용할 수 없는 AI 시스템으로 분류되는 경우에는 EU 내에서 판매 및 활용이 금지된다. 이에 해당하는 AI 시스템은 다음과 같다.

- 잠재의식에 영향을 미치며 사람들의 행동을 조작하고 그 결과로 신체적이나 정신적인 피해를 주는 경우
- 연령, 신체적·정신적 장애, 사회경제적 지위에 따른 특정 그룹의 취약성을 악용하는 경우
- AI 기반 사회적 점수 부여제. 이는 인간의 행위에 대한 점수를 부여하고 이를 기준으로 혜택이나 제재를 받게 하는 시스템으로, 인간의 권리와 자유를 침해하는 경우로 분류된다.

- 공유공간에서 법 집행을 위해 실시간 원격 생체 인식시스템을 활용하는 경우. 이는 사람들의 생체정보를 실시간으로 수집하고 사용하여 법 집행을 위해 적용되는 시스템으로, 사생활 침해와 민감한 정보의 남용에 대한 우려가 있다.

이러한 AI 시스템들은 기본권의 침해 등 심각한 위험을 가지고 있기 때문에 EU에서 판매 및 활용이 금지되며, AI 규제안은 이러한 시스템들을 적절하게 규제하여 사회적 안전과 윤리적 기준을 지키는 것을 목표로 한다.

고위험 AI 시스템은 인간의 생명이나 신체의 안전과 밀접하게 관련되어 있거나 교육, 법 집행 등 개인의 기본권에 영향을 주는 경우로 분류된다. 이러한 AI 시스템에 대해 AI Act(AI 규제안)에서는 특별한 규제와 책임을 부여하고 있다.

고위험 AI 시스템은 다음과 같이 분류된다.

- 의료기기와 같이 인간의 생명이나 신체의 안전과 관련된 제품에 적용되는 시스템
- 교육, 법 집행과 같이 개인의 기본권에 영향을 주는 시스템

AI Act에서는 고위험 AI 시스템에 대해 다음과 같은 규제와 책임을 부여하고 있다.

- 고위험 AI 시스템은 사전 적합성 평가를 거쳐 CE 마킹을 받아야 한다.
- 고위험 AI 시스템의 공급자는 적합성 평가를 통해 법률 요구사항을 준수하고, CE 마킹을 받아야 한다. 또한 시장 출시 이후에도 데이터 수집, 문서화, 모니터링 시스템을 구현하고 정기적인 적합성 평가를 실시하여 품질을 유지해야 한다.
- 사용자, 수입기업, 유통업자에게도 관리와 특정 요구사항 준수의 의무가 부여된다.

또한, AI Act에서는 고위험 AI 시스템의 사용범위를 Annex III에서 규정하고 있으며, 실시간 혹은 사후 생체인식시스템, 주요 기반 시설의 안전 구성요소인 AI 시스템, 교육기관과 직업훈련 기관의 접근 및 할당을 결정하거나 평가하는 시스템, 법 집행과 관련된 서비스 등이 해당된다. 이러한 고위험 AI 시스템에 대해 적합성 평가와 관련하여 각 이해관계자들에게 책임과 의무를 할당하여 규제를 강화하고 있다.

제한적 위험 AI 시스템은 일반적으로 챗봇과 같이 자연인과 상호작용하는 시스템이나 감정 인식, 생체 데이터를 활용한 분류에 사용되거나 딥페이크와 같이 사진, 음성, 영상 등을 실제처럼 생성하거나 조작하는 AI 시스템 등을 포함한다. 이러한 AI 시스템은 일부 위험을 내포하고 있지만 사용자에게 큰 영향을 미치지는 않는 경우로 분류된다.

요약

5장 AI의 위험 요소

- 자동화된 무기 시스템
- 개인 정보 침해
- 딥페이크와 정보 조작
- 자동차 자율주행 기술의 취약성
- 취약한 보안 시스템
- 사회적 인식과 편견의 강화

메모

6 AI로 변화된 우리의 삶

AI 기술의 발전으로 공공행정 영역에서 AI 활용이 가속화되고 있다. 공공 영역에서의 AI 적용은 '고위험 AI'로 분류될 수 있기 때문에 AI 영향평가의 제도화와 부정적 영향에 대비하는 정책이 필요하다. 또한 국민들의 이해를 돕기 위해 평생교육정책을 활용하고, AI로 인한 일자리 영향에 대응하는 장기적인 정책도 필요하다. 이러한 대응이 성공한다면 공공분야에서의 AI 활용 잠재력이 커질 수 있을 것이다.

인공지능 기술의 발전으로 공공행정 영역에서의 인공지능 활용 시도가 증가하고 있다. 민간 서비스뿐만 아니라 경찰행정, 보건행정, 민원 행정서비스 등에서도 활용되고 있다. 이러한 시도는 '스마트행정', '자동화행정', '데이터기반행정'과 같은 용어들과 연결되어 있으며, 인공지능 기반 행정은 데이터에 기반한 의사결정과 행정작용을 기계가 수행하는 것을 의미한다. 효과적인 인공지능 적용을 위해서는 학습을 위한 좋은 데이터가 필요하며 데이터 기반 행정과 인공지능 기반 행정은 밀접한 관계를 가지고 있다.

과거의 초기 인공지능에 대한 정의는 비교적 추상적이었다. 사람들은 인간보다 더 뛰어난 지적·육체적 능력을 가진 로봇을 상상했지만, 감정을 가지지 못한 존재로서 인간과는 구별되는 이미지로 인식되었다. 이러한 인식은 한편으로는 초현실적인 미래에 대한 꿈으로서, 다른 한편으로는 막연한 두려움의 대상으로 표현된다.

2017년 미국의 "AI의 미래법안"에서는 인공지능을 '강한 인공지능(Strong AI: Artificial General Intelligence)'과 '약한 인공지능(Weak AI: Narrow Artificial Intelligence)'으로 나누었다. 후자는 특정 적용 분야를 다루는 시스템으로, 예를 들면 전략 게임 수행, 언어 번역, 자율주행차, 이미지 인식 등이 포함된다. 전자는 인지, 감정, 사회적 행동의 범위에서 최소한 인간 수준의 지능적 행동을 보여주는 개념적인 미래의 AI 시스템을 의미한다. 그러나 현재 활용되는 대부분의 AI는 후자에 해당하며, 강력한 인공지능은 아직 개발되지 않았다.

가장 최근에 제안된 EU의 'AI 법안'에서는 더 기술적인 정의를 하고 있다. 'AI 시스템'은 특정 기법과 방식을 적용하여 개발된 것으로서, 인간이 정한 목적을 위해 콘텐츠, 예측, 추천, 또는 주변 환경에 영향을 미치는 결정 등의 산출물을 만들어내는 소프트웨어를 의미한다. 여기에 적용된 방식으로는 딥러닝, 지도 및 비지도 학습, 증강학습을 포함한 기계학습, 지식표현, 논리 및 지식 기반 접근법, 통계적 접근법, 베이지안 추정, 검색 및 최적화 방법론 등이 포함된다.

또한 인공지능에 의한 위험성을 기준으로 고위험 AI에 대한 별도의 정의를 두기도 한다. 이러한 고위험 AI에 대한 개념과 구별 기준은 국가마다 다를 수 있으며, 공공서비스에 적용되는 AI는 고위험으로 간주되는 경향이 있다.

2016년에 오바마 행정부가 발표한 "인공지능의 미래를 위한 준비"와 2017년 중국의 "차세대 인공지능 발전전략"의 발표 이후 각국은 AI에 대한 국가적 관심이 높아졌다. 이러한 관심은 국제 패권 경쟁뿐만 아니라 미래 사회에 대한 패러다임적 전환을 시사하고 있다.

2016년 오바마 행정부의 "인공지능의 미래를 위한 준비"는 미국에서 인공지능과 기계학습 기술의 발전에 대응하여 국가적인 전략을 제시한 것이다. 이는 미국 정부가 인공지능의 혁신과 발전을 촉진하면서도 이로 인해 발생할 수 있는 사회적, 경제적 영향에 대응하기 위한 방안을 모색하는데 초점을 두었다.

이 전략은 크게 네 가지 주요 요소를 다루고 있다.

- 인공지능 연구 및 개발 지원 : 미국 정부는 연구 개발과 기술 혁신을 촉진하기 위해 AI 분야에 대한 연구 기관 및 기업들에 자금과 지원을 제공하였다.

- 인공지능 인력 양성 : 미국은 인공지능 기술을 이해하고 개발할 수 있는 인력 양성을 강조했다. STEM 분야 교육에 더 많은 투자를 하고, AI 기술을 이해하는 인재를 육성하기 위한 프로그램을 촉진하였다.

- 인공지능의 윤리와 안전 : 미국 정부는 AI 기술의 개발과 사용이 윤리적이고 안전한 범위 내에서 이루어질 수 있도록 지침과 규제를 마련하고자 하였다.

- 사회적 영향과 대응 : AI의 발전으로 인해 일자리 변화와 사회적 영향이 예상되고, 이에 대응하여 미국 정부는 미래 일자리의 준비와 노동시장의 변화에 적극 대응하기 위한 방안을 모색하였다.

한편, 2017년 중국의 "차세대 인공지능 발전전략"은 중국이 인공지능 분야에서의 세계적인 리더십을 강화하고자 한 정책이다. 이 전략은 2030년까지 중국을 인공지능 기술의 세계적인 선두 국가로 만들기 위한 방안을 제시한 것이다.

중국의 전략은 주로 다음과 같은 내용을 포함하고 있다.

- 연구개발 투자 : 중국은 인공지능 연구개발에 막대한 투자를 계획하고, 기술의 혁신과 발전을 촉진하려고 한다.

- 산업 기반 구축 : 중국은 인공지능 기술을 활용한 자율주행 자동차, 언어 번역, 얼굴 인식 등의 분야에서 산업 기반을 구축하고 발전시키려고 한다.

- 인공지능 기술 적용 : 정부와 기업들은 인공지능 기술을 교통, 보안, 의료, 교육 등 다양한 분야에 적용하고, 산업 및 사회발전에 기여하고자 한다.

- 데이터 구축 : 인공지능 기술의 핵심인 데이터를 수집하고 구축하는데 중점을 두었다.

이러한 전략들은 미국과 중국이 인공지능 분야에서 주도적인 역할을 하고자 하는 의지를 보여주는 정책이며, 각 국가의 AI 산업 발전과 기술 경쟁에 영향을 미치고 있다. 이러한 정책들은 AI 기술과 사회의 발전에 대한 중요한 관심사들을 반영한다.

공공영역에서의 AI 활용은 자동화, 예측, 규제, 적발을 위한 모니터링 등의 서비스로 이루어지고 있으며, 교통, 보안, 금융, 의료, 복지, 보험, 법률, 일반 행정 서비스 등 다양한 분야에서 정보분석과 이미지 인식 등에 활용되고 있다.

EU 국가들에서 시도된 정부 영역에서의 AI 활용사례를 보면, 일반 행정 서비스가 가장 큰 비중을 차지하고 있으며, 이어서 경제, 보건, 공공질서 및 안전, 사회보장, 환경보호 등으로 조사되었다.

국내에서도 독거노인 지원, 보행자 안전, 민원 상담, 폐기물 수거, 신약개발 등의 다양한 분야에서 AI를 활용한 공공서비스 개발 시도가 있으며, 현재에도 세무 서비스, 민원 상담 등 다양한 분야에서 AI를 활용한 공공서비스가 개발 중이다.

기술 유형별로 보면, EU 국가들은 기계학습이 가장 많이 적용되고 있으며(58%), 자동추론(30%), 계획수립(26%), 자연어처리(24%), 컴퓨터 비전(20%) 등의 순으로 AI를 적용하고 있다.

한편, 우리나라 공공영역에서의 AI 관련 이슈에 대하여 언론 빅데이터를 분석한 결과를 보면(2017년에서 2021년까지의 언론기사 분석), 각 부처별로 관련 다양한 이슈가 제시되어 있다. 예를 들면, 농림축산식품부의 AI 행정 관련 이슈가 상위 빈도로 조사되고 있다. 관련 이슈로 스마트팜, 농산물, 농업인 등이다. 이는 노동력 부족, 기후변화, 인구구조변화라는 환경요인의 변화와 이에 대한 정부지원 및 대응정책의 중요성, 비교적 데이터 획득에 있어 개인정보 보호가 적용되지 않을 수 있는 여건이 작용했을 것으로 추정된다.

위에 제시한 다양한 이슈들을 살펴보면, 향후 AI 관련 산업기술의 방향과 규제 및 정책 등에 대한 단서를 얻을 수 있을 것이다. 나에게 필요한 적용 가능한 AI 기술은 무엇이 있을까?

이제 AI 기술은 사회 운영시스템을 장악하여 우리의 생활 깊숙이 파고들기 시작하였다. 우리는 각자 AI를 대하는 태도에 따라 필요 기술을 사용하는 주체가 될 수도 혹은 아닐 수도 있다.

지금까지 다양한 논의를 제시하였지만, 결론은 AI를 대하는 우리의 태도를 명료하게 결정할 때가 도래하였다는 사실이다. 서론에서 저자가 논의했던 것처럼, AI와 우리의 관계가 우려했던 의존적인 관계가 될 것인가? 아니면 협력적인 관계 혹은 도구적인 관계가 될 것인가?

요약

6장 AI로 변화된 우리의 삶

- 공공행정 영역의 AI 적용의 경우 고위험 AI로 분류되기 때문에 부정적 및 제도적 영향에 대비하는 정책이 필요하다.
- '스마트행정', '자동화행정', '데이터기반행정' 등 경찰 보건, 민원 행정서비스 등에서 AI를 활용하려고 시도하고 있다.
- 미국의 "AI의 미래법안", EU의 'AI 법안'을 마련하여 제도적, 정책적 기반을 마련하고 있다.
- 우리나라의 공공역역의 AI 관련 이슈로는 농림축산식품부의 AI 행정 관련 이슈가 상위 빈도로 조사되고 있다. 관련 이슈로 스마트팜, 농산물, 농업인 등이다.

메모

7 융합형 미래직업 전망

1) 4차 산업혁명 시대, 변화의 급류 속에서

21세기 초 이후 인공지능(AI) 기술의 급격한 발전은 사회 전반에 걸쳐 혁신을 불러일으켰다. 과거에는 상상도 할 수 없었던 수준의 자동화, 지능화가 가능해지면서, 다양한 분야에서 기존의 방식이 뒤바뀌고 있다.

이러한 변화는 단순한 기술적 진보를 넘어 사회 전반의 구조 변화를 가져오고 있다. 기존의 산업과 직업은 점차 사라지고, 새로운 산업과 직업이 등장하고 있다. 이러한 급격한 변화 속에서 미래 사회를 성공적으로 살아갈 수 있고, 변화에 적응하고 새로운 기회를 포착하는 능력이 필수적이다.

4차 산업혁명 시대의 변화는 단순히 새로운 기술의 등장으로만 이루어지는 것이 아니다. 기존의 분야 간의 경계가 허물어지고, 서로 다른 분야가 결합된 융합형 직업이 빠르게 성장하고 있다. 이러한 융합형 직업은 기존 직업의 전문성을 기반으로 새로운 기술을 활용하여 더욱 높은 가치를 창출하게 된다.

융합형 미래직업은 미래사회를 이끄는 혁신의 핵심이며, 4차 산업혁명이라는 변화의 급류 속 중심이 될 것이다.

융합형 미래직업의 특징을 살펴보면 다음과 같다. 융합형 미래직업은 4차 산업혁명 시대의 변화 속에서 새로운 기회를 제공하는 흥미진진한 분야이다. 끊임없는 노력과 열린 마음으로 준비한다면, 미래 사회를 이끄는 핵심 인재가 될 수 있다.

- 빠르게 변화하는 기술환경 : 융합형 미래직업은 인공지능, 빅데이터, 로봇공학 등 첨단 기술의 발전과 밀접하게 연결되어 있다. 따라서, 새로운 기술 트렌드를 끊임없이 파악하고 배우며, 변화하는 환경에 적응할 수 있는

유연성이 중요하다.

- 다양한 분야의 지식과 기술 결합 : 융합형 미래직업은 기존 분야의 전문성을 기반으로 새로운 기술을 활용하는 형태로 다양화될 것이다.

- 창의성과 문제해결 능력 : 변화하는 환경에 적응하고 새로운 문제를 해결할 수 있는 창의성과 문제해결 능력이 중요해진다. 융합형 미래직업은 기존 분야의 경계를 허물고 새로운 과제를 해결하는 데 중점을 둔다. 따라서, 기존의 사고방식을 벗어나 창의적이고 혁신적인 문제해결 능력이 요구된다.

- 글로벌 시대에 맞는 역량 : 다양한 문화와 배경을 가진 사람들과 협력할 수 있는 능력이 더욱 중요해진다.

- 지속적인 학습 : 빠르게 변화하는 기술 환경에 적응하기 위해 지속적인 학습과 성장이 필요하다.

- 미래예측 능력 : 융합형 미래직업은 미래 사회의 변화를 예측하고 새로운 기회를 포착하는 능력이 중요해질 것이다. 미래 트렌드를 분석하고, 시장 변화를 예측하며, 새로운 사업 모델을 개발할 수 있는 역량을 키워야 한다.

- 팀워크와 리더십 : 융합형 프로젝트를 성공적으로 수행하기 위해서는 팀워크와 리더십이 필수적이다. 팀원들과 협력하여 목표를 달성하고, 프로젝트를 효율적으로 관리할 수 있는 역량을 키워야 한다.

- 적극적인 소통과 피드백 : 융합형 미래직업은 다양한 의견과 관점을 수렴하고, 적극적인 소통을 통해 문제를 해결하는 것이 중요해진다. 자신의 생각을 명확하게 표현하고, 다른 사람들의 의견을 존중하며, 건설적인 피드백을 제공할 수 있는 능력을 키워야 한다.

- 인공지능 윤리 : 융합형 미래직업은 대부분 인공지능 기술을 활용하게 될 것이다. 따라서, 인공지능 윤리에 대한 이해를 바탕으로 책임감 있는 기술 활용과 사회적 책임을 다하는 것이 중요해질 것이다.

- 데이터 프라이버시 보호 : 융합형 미래직업은 개인정보 데이터를 활용하는 경우가 많을 것이다. 따라서, 데이터 프라이버시 보호법을 준수하고, 개인정보를 안전하게 관리하며, 윤리적인 데이터 활용 방식을 마련해야 한다.
- 사회적 영향 평가 : 융합형 미래 기술이 사회에 미치는 영향을 평가하고, 긍정적인 영향을 극대화하고 부정적인 영향을 최소화하기 위한 노력이 필요하다. 기술개발 단계부터 사회적 영향을 고려하고, 책임감 있는 기술개발과 활용을 추구해야 한다.
- 자기주도 학습 : 융합형 미래직업은 다양한 분야의 지식을 습득하고, 새로운 기술을 끊임없이 배우는 자기 주도 학습 능력이 중요해진다. 다양한 교육 프로그램, 온라인 자료, 전문 서적 등을 활용하여 지속적으로 학습하고 성장해야 한다.
- 창의력과 문제해결 능력 향상 : 융합형 미래직업은 기존의 사고방식을 벗어나 새로운 아이디어를 창출하고 문제를 해결할 수 있는 창의력과 문제해결 능력이 중요해진다. 다양한 창의적 사고방식 학습, 브레인스토밍, 문제해결 프로세스 활용 등을 통해 창의력과 문제해결 능력을 향상해야 한다.
- 핵심역량 강화 : 융합형 미래 직업에 필요한 핵심 역량을 강화하기 위한 지속적인 노력이 필요하다. 새로운 기술을 배우고, 변화하는 환경에 적응하며, 문제해결 능력을 키워야 한다.
- 적극적인 자기 홍보 : 자신의 역량과 경험을 효과적으로 어필할 수 있도록 자기 홍보 능력을 키워야 한다. 포트폴리오를 제작하고, 면접을 준비하며, 온라인 프로필을 관리하는 것이 중요하다.
- 긍정적이고 열린 마음 유지 : 융합형 미래직업은 끊임없이 변화하는 분야이다. 따라서, 새로운 도전을 두려워하지 않고, 긍정적이고 열린 마음으로 새로운 기회를 포착하는 것이 중요하다.

2) 흥미진진한 융합형 미래직업

융합형 미래직업은 두 가지 이상의 분야의 지식과 기술을 융합하여 수행하는 새로운 직업이다. 4차 산업혁명의 영향으로 인해 다양한 분야의 기술들이 빠르게 발전하고 융합되고 있으며, 이에 따라 기존에는 없었던 새로운 직업들이 등장할 전망이다. 미래직업에 대해 누구나 예측 가능한 혹은 누구도 예측하지 못한 직업에 대해 다양하게 기대하고 있다.

예를 들어 인공지능과 결합한 융합형 직업으로 인공지능 환경 감시 전문가, 인공지능 농작물 관리 전문가, 인공지능 스마트시티 설계자, 인공지능 사이버 보안 전문가, 인공지능 스포츠 코치, 인공지능 챗봇 작가, 인공지능 의료 번역가, 인공지능 교육 컨설턴트, 인공지능 게임 개발자, 인공지능 쇼핑 컨설턴트, 인공지능 영양 관리사, 인공지능 퍼스널 트레이너, 인공지능 로봇 수리 기술자, 인공지능 스마트 홈 관리자 등이 있다.

- 의료 인공지능 전문가 : 의료 인공지능 전문가는 인공지능 기술을 활용하여 의료 진단, 치료, 약물 개발 등을 수행하는 전문가
- 로봇 공학자 : 로봇 공학자는 로봇 설계, 제작, 제어, 프로그래밍 등을 담당하는 전문가
- 스마트팩토리 전문가 : 스마트팩토리 전문가는 인공지능, 사물인터넷(IoT), 빅데이터 등을 활용하여 제조 공정을 자동화하고 효율성을 높이는 전문가
- 사이버 보안 전문가 : 사이버 보안 전문가는 컴퓨터 시스템과 네트워크를 해킹으로부터 보호하는 전문가
- 데이터 분석가 : 데이터 분석가는 대규모 데이터를 수집, 분석하여 비즈니스 의사결정에 활용할 수 있는 정보를 도출하는 전문가

이 외에도 다양한 융합형 미래직업이 존재하며, 앞으로 더 많은 새로운

직업들이 등장할 것으로 예상된다.

분야별 예상되는 융합형 미래직업에 대해 자세히 알아보면 다음과 같다.

(1) 의료 분야

- 빅데이터 의료 전문가 : 빅데이터 분석 기술을 활용하여 질병 진단, 치료, 예방 등을 수행하는 전문가
- 바이오 프린팅 엔지니어 : 3D 프린팅 기술과 생명공학을 융합하여 인공 장기, 조직, 심지어 인간의 몸까지 프린팅하는 전문가
- 인공지능 의료 전문가 : 의료 인공지능 전문가는 인공지능 기술을 활용하여 의료 진단, 치료, 약물 개발 등을 수행하는 전문가
- 인공지능 심리 상담사 : 인공지능 기술을 활용하여 사람들의 정신 건강 증진 및 심리 상담을 제공하는 전문가

(2) 엔지니어링 분야

- 스마트 시티 설계자 : 인공지능, 사물인터넷(IoT), 빅데이터 등을 활용하여 안전하고 효율적인 도시 시스템을 설계하고 구축하는 전문가
- 스마트 팜 전문가 : 인공지능, 사물인터넷(IoT), 빅데이터 등을 활용하여 농업 생산성을 높이고 지속 가능한 농업을 구축하는 전문가
- 인공지능 로봇 엔지니어 : 인공지능 기술을 활용하여 로봇을 설계, 제작, 제어, 프로그래밍하는 전문가
- 심해 탐사 로봇 엔지니어 : 심해 탐사 로봇을 설계, 제작, 운영하여 해양 자원 탐사, 환경 연구, 인공 지능 개발 등을 수행하는 전문가
- 인공지능 스마트홈 설계자 : 인공지능 기술을 활용하여 안전하고 편리한 스마트홈 시스템을 설계하는 전문가

- 인공지능 환경 엔지니어 : 인공지능 기술을 활용하여 환경 문제 해결 및 지속 가능한 개발을 추진하는 전문가

(3) IT 분야

- 사이버 보안 전문가 : 인공지능 기술을 활용하여 사이버 공격을 예측하고 방어하는 전문가
- 인공지능 작가 : 인공지능 기술을 활용하여 소설, 시나리오, 광고 문안 등을 창작하는 전문가
- 인공지능 교육 전문가 : 인공지능 기술 교육 프로그램 개발 및 운영, 인공지능 관련 인력 양성 등을 담당하는 전문가
- 인공지능 예술가 : 인공지능 기술을 활용하여 예술 작품을 창작하는 전문가
- 인공지능 게임 개발자 : 인공지능 기술을 활용하여 더욱 몰입감 있고 재미있는 게임을 개발하는 전문가
- 인공지능 윤리 전문가 : 인공지능 기술 발전, 인공지능 개발 및 활용 과정에서 발생하는 윤리적 문제를 해결하고, 인공지능 기술이 인간에게 긍정적인 영향을 미칠 수 있도록 하는 전문가

(4) 기타 분야

- 뉴로 마케터 : 인공지능과 뇌과학을 융합하여 소비자의 뇌 활동을 분석하고, 이를 기반으로 효과적인 마케팅 전략을 개발하는 전문가
- 우주 관광 가이드 : 우주 여행이 보편화되면서, 우주선 운영, 안전 관리, 관광객 안내 등을 담당하는 전문가
- 미래 예측 전문가 : 인공지능, 빅데이터 등을 활용하여 미래 사회 변화를 예측하고 분석하는 전문가

- 인공지능 패션 디자이너 : 인공지능 기술을 활용하여 최신 트렌드를 반영하고 개인 맞춤형 의상을 디자인하는 전문가

- 인공지능 법률 전문가 : 인공지능 기술 관련 법률 제정 및 시행, 분쟁 해결 등을 담당하는 전문가

위의 예시들은 현재 실제로 수행 중인 직업도 있으나, 대부분은 융합형 기술 발전에 따라 요구되는 직업들이다.

더 많은 정보를 확인하고 싶으면 특정 분야별 흥미로운 융합형 미래직업에 대한 내용, 과제, 필요역량 등 자세한 설명은 부록3. 융합형 미래직업 편을 참고하길 바란다.

요약

7장 융합형 미래직업 전망

1) 4차 산업혁명 시대, 변화의 급류 속에서
- 빠르게 변화하는 기술환경 : 융합형 미래직업은 인공지능, 빅데이터, 로봇공학 등 첨단 기술의 발전과 밀접하게 연결되어 있다.
- 다양한 분야의 지식과 기술 결합 : 융합형 미래직업은 기존 분야의 전문성을 기반으로 새로운 기술을 활용하는 형태로 다양화될 것이다.
- 창의성과 문제해결 능력 : 변화하는 환경에 적응하고 새로운 문제를 해결할 수 있는 창의성과 문제해결 능력이 중요해진다.
- 글로벌 시대에 맞는 역량 : 다양한 문화와 배경을 가진 사람들과 협력할 수 있는 능력이 더욱 중요해진다.
- 인공지능 윤리 : 융합형 미래직업은 대부분 인공지능 기술을 활용하게 될 것이다.

2) 흥미진진한 융합형 미래직업
- 의료 인공지능 전문가
- 로봇 공학자
- 스마트팩토리 전문가
- 사이버 보안 전문가

메모

부 록

부록 1. 자아탐색 프로그램

1) 1회기 : 통찰과 융합의 필요성 인식, 주요 개념 이해
2) 2회기 : 통찰과 융합의 사례 확인, 통찰 인지근육 개념 이해
3) 3회기 : 자신의 욕구 및 현재 통찰 수준(자아성찰) 확인
4) 4회기 : 인지적 자아탐색 활동 Ⅰ
5) 5회기 : 인지적 자아탐색 활동 Ⅱ
6) 6회기 : 인지적 자아탐색 활동 Ⅲ
7) 7회기 : 인지적 자아탐색 활동 Ⅳ
8) 8회기 : 인지적 자아탐색 활동 Ⅴ
9) 9회기 : 정서적 자아탐색 활동 Ⅰ
10) 10회기 : 정서적 자아탐색 활동 Ⅱ
11) 11회기 : 관계적 자아탐색 활동
12) 12회기 : 언어체계 자아탐색 활동
13) 13회기 : 사고체계 자아탐색 활동
14) 14회기 : 자아실현 자아탐색 활동 Ⅰ
15) 15회기 : 자아실현 자아탐색 활동 Ⅱ

※ 집단리더는 각 회기 도입시 활동에 대한 목표와 내용을 설명하고, 회기를 마치고 정리는 서로의 소감을 나누면서 끝내도록 한다.

자아탐색 프로그램은 상호작용 활동을 통해, 의사소통과 자신에 대한 성찰을 통한 통찰 인지근육을 배양할 수 있도록 고안된 차별화된 프로그램이다. 인지적, 정서적, 관계적인 측면 등에서 집단원들과 긍정적인 상호작용을 할 수 있도록 구성되어 있다. 모든 회기를 정해진 순서대로 진행할 필요는 없고, 필요한 회기를 따로 떼어 진행할 수도 있다. 그러나 중요한 것은 집단프로그램을 운영한 경험이 많고, 꼬리 질문 원리를 이해한 리더가 운영해야 한다는 점이다. 본 프로그램은 다른 어떤 프로그램과 비교하여 개인의 역량뿐만 아니라 집단역동의 상호작용 학습에 더 방점을 두었기 때문이다. 각 회기별 활동지를 다음 페이지에 순서대로 수록하였다. 참고하기 바란다.

1주차

통찰과 융합이란?

1. 인간과 AI의 차이점과 공통점?

2. 인간과 AI의의 관계?

3. 통찰과 융합의 의미?
(사전적 의미와 내가 이해한 의미)

4. 통찰과 융합이 필요한 이유?

통찰 한마디 :

2주차

통찰 인지근육이란?

1. 통찰 인지근육을 키우기 위한 비판적 사고와 메타인지란?

2. 문제해결 질문(꼬리 질문)이란?
(문제해결 질문 원칙 및 4단계)

3. 생각 정리란?
(생각 정리 원칙 및 3단계)

4. 통찰 인지근육을 키우기 위한 일반적인 방법?

통찰 한마디 :

3주차

서 약 서

나는 「집단상담 프로그램」에 참여함에 있어서 다음 사항을 성실하고 진실되게 지킬 것을 약속한다.

1. 프로그램에 진지하게 참여한다.

2. 집단원의 비밀을 지킨다.

3. 다른 사람의 생각과 입장을 존중한다.

4. 집단원과 나의 발전을 위해 노력한다.

5. 집단원과 나의 발전을 위해 적극적으로 협조한다.

6.

* 나는 집단활동을 통해 ________________을 얻고(달성하고) 싶다.

20 년 월 일

이름 (서명)

통찰 한마디 :

4주차

나는 어떤 사람일까?

아래의 문항은 미완성 문장이다. 문장의 뒷부분을 작성하여 완성한다.
너무 오래 생각하지 말고 처음으로 머리에 떠오르는 생각을 솔직하게 적어 본다.

1. 나는 나에 대해 어떻게 생각하나? (나의 성격은?)
   ____
2. 내가 사랑하는 사람은? ______________________________
3. 내가 좋아하는 것(사람)은? ______________________________
4. 내가 싫어하는 것(사람)은? ______________________________
5. 내가 가장 하고 싶은 것(일)은? ______________________________
6. 현재 나를 가장 힘들게 하는 것은? ______________________________
7. 내 어린 시절 가장 기억에 남는 일은? ______________________________
8. 가족들은 나에 대해 ______________________________
9. 친구들은 나에 대해 ______________________________
10. 나의 장점과 단점은?
   ____

통찰 한마디 :

5주차

공통점과 차이점 찾기

1. 서로의 공통점이 무엇인지 이야기 나누고 찾아 적어 본다.
   예) 잘 생겼다. 취미가 같다, ○○분야에 같은 관심을 가지고 있다 등등
   (어떤 주제이든 상관없음)

2. 서로의 차이점이 무엇인지 이야기 나누고 찾아 적어 본다.

3. 집단원들과 나눈 이야기 속에서 주제 키워드를 찾아 정하고, 우리만의 스토리(스토리텔링) 혹은 앨범(사진첩) 혹은 노래(작사/작곡)를 만들어 본다.

통찰 한마디 :

6주차

나의 고정관념 찾기

1. 나는 고정관념을 찾아서 10개 정도 적어 본다.
   예) 어른들이 하는 잔소리는 도움이 안되고, 피곤하기만 하다.

① ______________________

② ______________________

③ ______________________

④ ______________________

⑤ ______________________

⑥ ______________________

⑦ ______________________

⑧ ______________________

⑨ ______________________

⑩ ______________________

2. 집단원들과 1번에 대한 내용을 나누고, 가장 많이 (생각)하는 고정관념은 무엇이고, 어떻게 바꿀 수 있을까?

통찰 한마디 :

7주차

성격 5요인 – 인지적 개방성

1. 나의 성격 5요인 검사 결과는? 집단원들과 서로의 검사결과를 공유한다.
   예시)

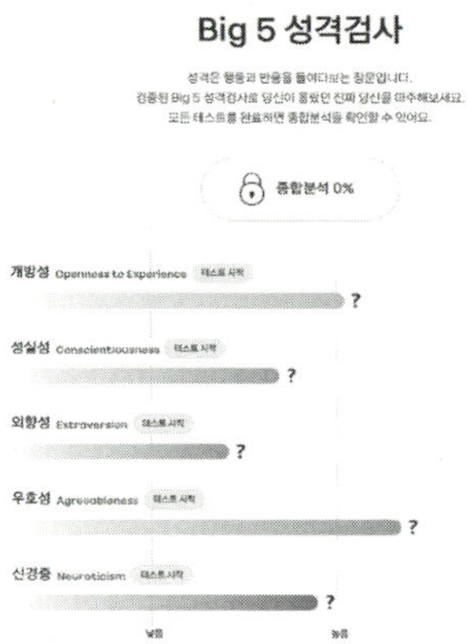

2. 인지적 개방성이란? 나의 인지적 개방 수준은?

통찰 한마디 :

8주차

인생 그래프

현재까지 자신의 삶을 되돌아보고, 기쁘고 좋았던 일(성공)과 슬프고 나빴던 일(실패)로 나누어 기록하고, 그 느낌의 정도를 +5부터 −5까지로 표시해 본다.

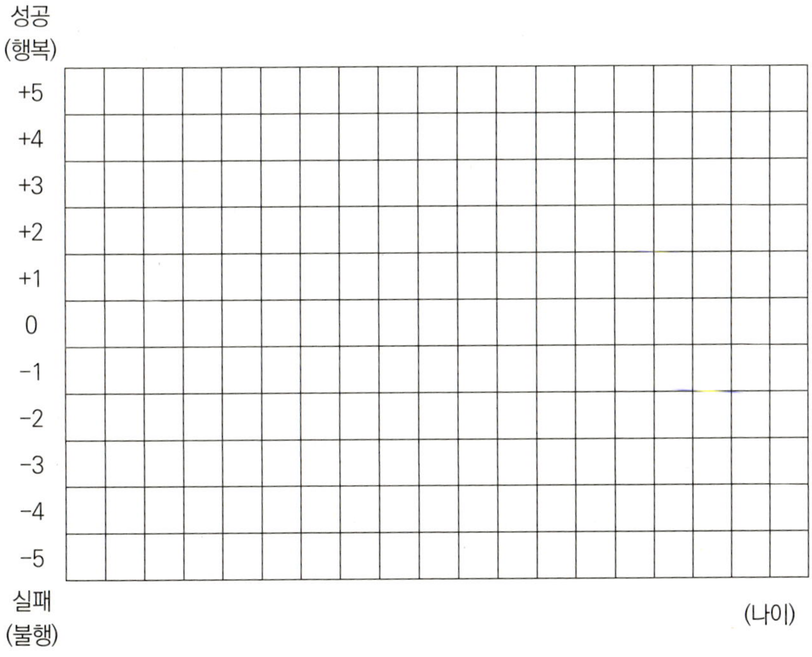

작성방법 : 태어날 때부터 지금까지의 지난 삶을 차례대로 회상한다.
특정한 나이 때 일어났던 일(사건)을 기억해낸다.
기억해 낸 일(사건)을 겪었을 때의 감정을 찾아낸다.
가로줄(나이)과 세로줄(느낌)이 교차하는 곳에 점을 찍는다.
점과 점을 잇는다.
각 점들 가까운 곳에 겪었던 일(사건)의 내용을 간단히 적는다.

9주차

내 감정 알아차리기

1. 자신이 알고 있는 감정에 관한 단어들을 모두 적어 본다.
   예) 화나다, 짜증나다, 답답하다, 지루하다, 부끄럽다, 기쁘다, 즐겁다.

2. 내가 평소에 자주 느끼고 표현하는 감정을 순서대로 적어 본다.

3. 집단원과 2번의 '감정단어로 게임'을 해본다.

통찰 한마디 :

10주차

나의 감정체계

뇌신경발생학적 관점에서 감정체계 형성은 다양한 뇌 영역과 신경 전달 물질의 상호작용을 통해 이루어지는 복잡한 과정이다. 이 과정은 태아기부터 시작되어 사춘기까지 지속되며, 유전적 요인과 환경적 요인이 함께 영향을 미친다. 감정조절의 주요 뇌 영역은 대뇌변연계로 알려져 있으며, 해마 편도체, 기저핵 등이 이에 포함된다.

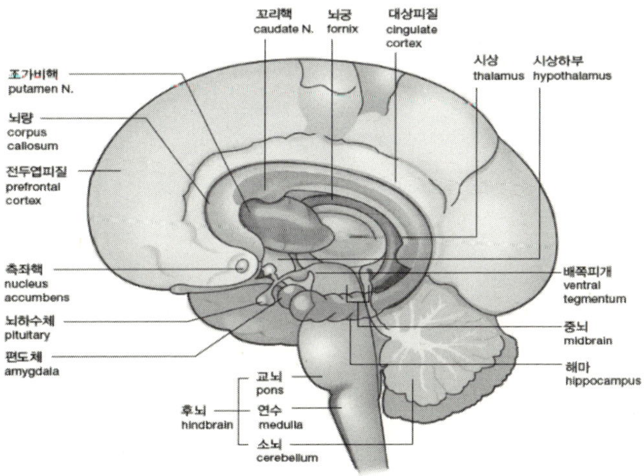

통찰 한마디 :

11주차

나를 있게 한 사람들

자신에게 영향을 준 사람을 동그라미로 표현한다. 현재 그 사람과 내가 가까이 있으면 가까운 곳에 그리고 멀리 있으면 먼 곳에 그린다. 또한 나에게 많은 영향을 준 사람은 크게 그리고, 영향이 적을수록 동그라미를 작게 그린다. 만약 돌아가신 분이 계시면 점선으로 그린다. (동그라미를 그리고 그 안에 이름을 쓴다)

나

통찰 한마디 :

12주차

격려 · 칭찬언어 찾기

1. 격려, 칭찬하는 말을 찾아서 10개 정도 적어 본다.

   예) 역시! 짱!, 오~ 잘했어, 장하다, 멋져!, 좋은 생각이야.

① ______________________________

② ______________________________

③ ______________________________

④ ______________________________

⑤ ______________________________

⑥ ______________________________

⑦ ______________________________

⑧ ______________________________

⑨ ______________________________

⑩ ______________________________

2. 집단원들과 1번에 대한 내용을 나누고, 빙고게임 혹은 칭찬게임을 해본다.

통찰 한마디 :

13주차

내 생각의 규칙찾기

1. 지키면 좋을 내 생각의 규칙을 찾아 모두 적어 보고, 집단원들과 서로 찾은 규칙을 함께 공유해 본다.

2. 집단원들의 생각규칙과 나의 생각규칙을 비교해 본다. 어떤 차이점과 공통점이 있는가?

3. 내가 만든 생각의 규칙을 지킬 때, 발생하는 이점은 무엇이라 생각하는가?

통찰 한마디 :

14주차

소원을 말해봐

1. 본인의 소망을 생각해보고, 당장 이루고 싶은 소원을 적어 보세요.
   예) 어제 다툰 친구(가족)와 화해하기

나의 소원은

해결방법은

통찰 한마디 :

15주차

성찰 나누기

1. 사전-사후 검사 결과(비교) 확인하기

2. 프로그램 참여(수료) 후 변화된 나의 모습은?

3. 프로그램 참여(수료) 후 배운 점은?

4. 앞으로 더욱 개발하고 싶은 나의 모습은?

통찰 한마디 :

부록 2. 소크라테스식 질문기법

소크라테스식 질문기법은 효과적인 질문을 통해 상대방의 사고를 자극하고 깊이 있는 토론을 유도하는 기법이다. 이 기법은 고대 그리스 철학자 소크라테스의 이름을 따서 지어졌다. 소크라테스는 지식의 참된 본질을 발견하기 위해 질문을 사용하고, 상대방의 생각과 의견을 탐구하며 자신의 생각을 검토하는 방식으로 제자들과 토론하였다. 자신의 생각을 검토하는 방식은 흡사 메타인지와 유사한 맥락으로 볼 수 있다.

소크라테스식 질문기법은 다음과 같은 특징을 가지고 있다.

1. 탐구적인 질문 : 소크라테스식 질문은 단순한 의견 수렴이 아니라, 상대방의 사고 과정을 탐구하고 근거를 제시하도록 유도한다. 이는 상대방이 자신의 생각을 더 깊이 고민하고 검증하게 도와준다.

2. 비판적인 질문 : 소크라테스식 질문은 상대방의 주장이나 의견에 대해 비판적으로 접근한다. 근거나 논리적 일관성에 대한 의문을 제기하며, 상대방의 의견을 확장하거나 수정할 수 있는 가능성을 탐구한다.

3. 자기 규정에 대한 질문: 소크라대스식 질문은 상대방이 자신의 가치관이나 믿음에 대해 깊이 생각하도록 유도한다. 자신의 의견이나 행동에 대해 자기 규정을 탐색하고 동기를 밝히도록 도와준다.

4. 소크라테스식 질문기법은 교육이나 상담, 리더십 등 다양한 분야에서 활용되고 있으며, 이를 통해 사고의 깊이를 더하고, 자아를 탐색하며, 상대방의 학습과 성장을 도와준다.

다음은 소크라테스식 질문의 몇 가지 예시이다.

1. "정의란 무엇인가요?"
   이 질문은 상대방에게 정의의 본질에 대해 고민하게 한다. 어떤 것이 정의를 이루기 위한 필수적인 요소인지, 어떻게 정의를 설명할 수 있는지에 대한 사고를 유도한다.

2. "진리는 절대적인가요, 아니면 상대적인가요?"
   이 질문은 상대방에게 진리에 대한 개념과 관점을 탐구한다. 진리가 개인적인 견해인지, 문화나 시대에 따라 다른 것인지에 대한 사고를 유도한다.

3. "왜 그렇게 생각하시나요?"
   이 질문은 상대방의 의견이나 주장에 대해 근거를 요구한다. 상대방이 자신의 생각을 어떤 근거나 경험으로 지지하고 있는지에 대해 자세히 알아보며, 사고 과정을 들여다볼 수 있다.

4. "어떻게 그 결론에 도달하셨나요?"
   이 질문은 상대방이 어떤 과정을 거쳐 특정한 결론에 도달했는지를 탐구한다. 상대방의 논리나 근거에 대해 검증하고, 다른 관점이나 가능성을 고려하도록 유도할 수 있다.

5. "그렇다면 그 원칙은 모든 상황에 적용될 수 있나요?"
   이 질문은 상대방의 주장이나 원칙이 일관성을 가지고 있는지에 대해 생각해 보게 한다. 상대방이 자신의 원칙이 어떤 상황에서도 적용될 수 있는지, 또는 어떤 예외가 있을 수 있는지를 고려하도록 유도한다.

다음의 예시는 인지심리치료에서 자주 등장하는 질문유형들이다. 소크라테스식 질문을 통해 내담자로 하여금 현재 자신의 비합리적이고 모순되는 생각을 발견하도록 격려하는 질문을 할 수 있다. 또한 자신의 인지구조를 수정하는 길잡이 역할을 하는 질문을 하기도 하며, 자신의 문제를 명확하게 구체화하도록 유도한다.

1. "당신이 처한 현재 상황을 다른 이유로 설명 가능한가요?"

2. "당신의 생각이 맞다는 증거는 무엇이며, 틀리다는 증거는 무엇입니까?"

3. "당신의 생각이 맞다면, 당장 무엇을 해야 하며, 무엇을 할 수 있을까요?"

4. "당신이 생각하는 대로 일이 진행된다면, 그 상황에서 최악은 무엇일까요?"

5. "당신이 말한 최악의 경우임에도 불구하고 아직까지 어떻게 견디어 올 수 있었나요?"

6. "당신의 친한 친구나 가족이 당신처럼 생각하고 있다면 당신에게 뭐라고 말할까요?"

7. "당신의 생각은 당신에게 도움이 되고 있나요? 아니면 힘들게 하고 있나요?"

부록 3. 융합형 미래직업

명칭	융합분야	내용	과제	수행방식
빅데이터 의료 전문가	의학, 데이터 분석, 통계, 컴퓨터 과학	• 대규모 의료 데이터(환자 기록, 의료 영상, 검사 결과 등)를 수집, 분석하여 질병 진단, 치료, 예방 등을 위한 의료 정보를 도출 • 인공지능, 머신러닝 기술을 활용하여 질병 패턴 파악, 맞춤형 치료 개발, 새로운 약물 발견 등을 지원 • 의료 데이터의 보안 및 윤리적 문제에 대한 이해가 필요	• 의료 데이터의 질 및 정확성 확보 • 의료 데이터 분석 결과의 해석 및 의사 소통 • 인공지능 기술의 의료 윤리적 문제 해결	• 의료 데이터베이스 구축 및 관리 • 데이터 분석 도구 및 알고리즘 활용 • 의료 전문가와 협력하여 연구 및 개발 수행
바이오 프린팅 엔지니어	생명공학, 3D 프린팅 기술, 재료 공학, 의학	• 3D 프린팅 기술을 활용하여 인공 장기, 조직, 심지어 인간의 몸까지 프린팅 • 생체 적합성이 높은 프린팅 재료 개발 및 프린팅 기술 개선 연구를 진행 • 의료 전문가와 협력하여 실제 의료 현장에 적용 가능한 바이오 프린팅 기술 개발에 참여	• 생체 적합성이 높은 프린팅 재료 개발 • 프린팅 기술의 정확성 및 효율성 향상 • 바이오 프린팅 기술의 안전성 및 윤리적 문제 해결	• 프린팅 재료 및 프린팅 기술 연구 개발 • 프린팅 시스템 설계 및 제작 • 의료 전문가와 협력하여 임상 시험 진행
인공지능 의료 전문가	의학, 인공지능, 컴퓨터 과학	• 인공지능 기술을 활용하여 의료 진단, 치료, 약물 개발 등을 수행 • 의료 영상 분석, 질병 진단 시스템 개발, 맞춤형 치료 계획 수립 등을 담당 • 인공지능 모델의 학습 및 평가, 의료 데이터 관리 및 보안에 대한 책임	• 의료용 인공지능 모델의 정확성 및 신뢰성 확보 • 의료 데이터의 윤리적 사용 및 보안 • 인공지능 기술의 의료 윤리적 문제 해결	• 의료용 인공지능 모델 개발 및 학습 • 의료 영상 분석 및 질병 진단 시스템 구축 • 의료 데이터 관리 및 보안 시스템 구축

스마트 시티 설계자	도시 계획, 건축, 정보통신, 에너지 공학, 환경 공학	• 인공지능, 사물인터넷(IoT), 빅데이터 등을 활용하여 안전하고 효율적인 도시 시스템을 설계하고 구축 • 교통 시스템, 에너지 시스템, 환경 시스템 등을 통합하여 운영되는 스마트 시티 설계를 담당 • 시민들의 삶의 질 향상과 지속 가능한 도시 발전을 위한 전략을 수립	• 인공지능 시스템에 대한 적합성 확보 • 개인정보 보호 및 보안 시스템 구축 • 지속 가능한 도시 발전 전략 방안 도출	• 다양한 시스템의 통합 및 연동 • 시민들의 개인정보 보호 및 보안 • 지속 가능한 도시 발전 전략 수립
스마트 팜 전문가	농업, 인공지능, 사물인터넷(IoT), 빅데이터	• 인공지능, 사물인터넷(IoT), 빅데이터 등을 활용하여 농업 생산성을 높이고 지속 가능한 농업을 구축 • 토양, 기후, 작물 상태 등을 실시간으로 모니터링하고 분석하여 최적의 농업 관리 전략을 수립 • 농업 로봇, 드론 등의 첨단 기술을 활용하여 자동화된 농업 시스템 구축을 지원	• 농업 데이터의 정확성 및 신뢰성 확보 • 농업 시스템의 안정성 및 보안 유지 • 지속 가능한 농업 관행 개발	• 농업 데이터 수집 및 분석 시스템 구축 • 농업 로봇 및 드론 제어 시스템 개발 • 농업 전문가와 협력하여 농업 시스템 개선 및 운영
인공지능 로봇 엔지니어	로봇 공학, 인공지능, 컴퓨터 과학, 전기 공학	• 인공지능 기술을 활용하여 지능형 로봇을 설계, 제작, 제어, 프로그래밍 • 로봇의 인식, 학습, 의사결정 능력을 향상시키는 기술 개발에 참여 • 다양한 산업 분야(제조, 물류, 의료 등)에서 활용될 수 있는 로봇 개발에 기여	• 인공지능 기반 로봇 제어 시스템 개발 • 로봇의 안전성 및 신뢰성 확보 • 인공지능 로봇 윤리적 문제 해결	• 로봇 하드웨어 및 소프트웨어 설계 개발 • 인공지능 기반 로봇 제어 알고리즘 개발 • 로봇 성능 평가 및 개선

심해 탐사 로봇 엔지니어	로봇 공학, 해양 공학, 전기 공학, 컴퓨터 과학	• 심해 탐사 로봇을 설계, 제작, 운영하여 해양 자원 탐사, 환경 연구, 인공 지능 개발 등을 수행 • 극한의 환경에서 작동할 수 있는 로봇 시스템을 개발하고 개선 • 수집된 데이터를 분석하여 해양 환경 변화, 해양 자원 분포 등을 연구	• 극한의 환경에서 작동 가능한 로봇 시스템 개발 • 심해 탐사 로봇의 안정성 및 신뢰성 확보 • 수집된 데이터의 정확성 및 신뢰성 확보	• 심해 탐사 로봇 설계 및 제작 • 심해 탐사 로봇 운영 및 데이터 수집 • 수집된 데이터 분석 및 연구
사이버 보안 전문가	정보 보안, 컴퓨터 과학, 네트워크 공학	• 인공지능 기술을 활용하여 사이버 공격을 예측하고 방어 • 사이버 공격 패턴 분석, 악성 코드 감지, 침입 탐지 시스템 구축 등을 담당 • 인공지능 기반 보안 시스템 개발 및 운영을 통해 기업 및 개인의 정보 보안을 강화	• 인공지능 사이버 공격 대응 시스템 구축 • 인공지능 사이버 공격에 대한 정보보호 및 윤리적 문제 해결	• 인공지능 기반 보안 시스템의 정확성 및 효율성 향상 • 사이버 공격의 급격한 변화에 대한 대응 • 사이버 공격 유형별 인공지능 보안 대응시스템개발
인공지능 작가	인공지능, 창작, 문학, 언어학	• 인공지능 기술을 활용하여 소설, 시나리오, 광고 문안 등을 창작 • 인공지능 모델에 방대한 양의 텍스트 데이터를 학습시켜 창의적인 작품을 생산 • 인간 작가와 협력하여 더욱 감동적이고 흥미로운 작품 생산	• 인공지능 모델의 창의성 및 예술성 향상 • 인공지능 작품의 독창성 및 저작권 문제 해결 • 인간 작가와의 협업 및 소통 방식 마련	• 인공지능 작가 도구 개발 및 활용 • 인공지능 모델 학습 및 평가 • 인공지능 작품 편집 및 수정

인공지능 교육 전문가	교육, 인공지능, 컴퓨터 과학	• 인공지능 기술을 활용하여 개인 맞춤형 교육 프로그램을 개발하고 운영 • 인공지능 기반 학습 시스템, 교육 콘텐츠 개발 • 학습자 평가 시스템 등을 담당 • 인공지능 기술을 활용하여 교육 효과를 극대화하고 모든 사람들에게 교육 기회를 제공	• 인공지능 기반 교육 시스템의 효과성 검증 • 교육 콘텐츠의 질 및 정확성 확보 • 인공지능 교육 윤리적 문제 해결	• 인공지능 기반 교육 시스템 설계 개발 • 교육 콘텐츠 제작 및 편집 • 학습자 데이터 분석 및 평가
뉴로 마케터	신경과학, 마케팅, 심리학, 광고학	• 인공지능과 뇌과학을 융합하여 소비자의 뇌 활동을 분석하고, 이를 기반으로 효과적인 마케팅 전략을 개발 • 소비자의 감정, 반응, 의사 결정 과정을 이해하고 이를 마케팅 전략에 반영 • 뇌파, 눈동자 추적, 생체 신호 분석 등 다양한 기술을 활용하여 소비자 행동을 연구	• 뇌과학 연구 및 분석 방법 개발 • 마케팅 전략과 뇌과학 연구 결과의 연계 • 윤리적 문제 해결(개인 정보 보호, 뇌 조작 등)	• 뇌과학 실험 및 연구 수행 • 소비자 행동 분석 및 데이터 해석 • 마케팅 전략 수립 및 평가
우주 관광 가이드	우주 비행, 관광, 교육, 언어	• 우주 여행객들에게 안전하고 즐거운 우주 여행 경험을 제공 • 우주선 운영, 안전 관리, 관광 안내, 교육 프로그램 운영 등을 담당 • 다양한 문화적 배경을 가진 우주 여행객들과 소통하고 협력할 수 있는 능력이 필요	• 우주 환경에서의 안전 관리 • 다양한 문화적 배경을 가진 여행객들과의 소통	• 우주 관광 가이드 지침 제작 • 우주 관광 가이드 지침에 따른 유형별 교육

인공지능 챗봇 개발자	인공지능, 컴퓨터 과학, 언어학, 심리학	• 인공지능 기술을 활용하여 자연스러운 대화가 가능한 챗봇을 개발 • 챗봇의 학습, 대화 능력 향상, 사용자 인터페이스 디자인 등을 담당 • 고객 서비스, 정보 제공, 교육 등 다양한 분야에서 활용될 수 있는 챗봇 개발에 기여	• 자연스럽고 매력적인 챗봇 대화 개발 • 챗봇의 학습 및 성능 향상 • 윤리적 문제 해결(개인 정보 보호, 편향성 등)	• 인공지능 챗봇 개발 도구 및 프레임워크 활용 • 챗봇 학습 데이터 제작 및 관리 • 챗봇 성능 평가 및 개선
인공지능 패션 디자이너	인공지능, 패션 디자인, 컴퓨터 과학	• 인공지능 기술을 활용하여 최신 트렌드를 반영하고 개인 맞춤형 의상을 디자인함 • 소비자의 스타일, 체형, 선호도 등을 분석하여 최적의 의상 디자인을 제안 • 3D 프린팅, 증강현실(AR) 등의 기술을 활용하여 의상 디자인 및 제작 과정을 개선	• 인공지능 기반 패션 디자인 시스템 개발 • 소비자 데이터의 정확성 및 보안 확보 • 지속 가능한 패션 디자인 개발	• 인공지능 패션 디자인 도구 개발 및 활용 • 소비자 데이터 수집 및 분석 • 의상 디자인 및 제작
인공지능 환경 엔지니어	인공지능, 환경 공학, 컴퓨터 과학	• 인공지능 기술을 활용하여 환경 문제 해결 및 지속 가능한 개발을 추진 • 기후 변화, 대기 오염, 수질 오염 등의 환경 문제를 분석하고 해결 방안을 모색 • 인공지능 기반 환경 모니터링 시스템, 에너지 효율 시스템 등을 개발	• 환경 데이터의 정확성 및 신뢰성 확보 • 인공지능 기반 환경 시스템의 효과성 검증 • 윤리적 문제 해결(환경 정의, 인공 지능 편향성 등)	• 인공지능 환경 분석 도구 개발 및 활용 • 환경 데이터 수집 및 분석 • 인공지능 기반 환경 시스템 설계 개발

인공지능 스마트홈 설계자	인공지능, 건축, 전기 공학, 컴퓨터 과학	• 인공지능 기술을 활용하여 안전하고 편리한 스마트홈 시스템을 설계 • 조명, 온도 조절, 보안 시스템 등 다양한 가전제품을 자동화하고 제어 • 사용자의 생활 패턴을 분석하여 맞춤형 스마트홈 환경을 제공	• 안전하고 보안이 강화된 스마트홈 시스템 개발 • 사용자 편의성 및 만족도 향상 • 개인 정보 보호 및 윤리적 문제 해결	• 인공지능 스마트홈 시스템 설계 개발 • 스마트홈 시스템 구축 및 운영 • 사용자 데이터 분석 및 시스템 개선
인공지능 스마트카 개발자	인공지능, 자동차 공학, 전기 공학, 컴퓨터 과학	• 인공지능 기술을 활용하여 자율주행 자동차 및 스마트카 시스템을 개발 • 주변 환경 인식, 경로 계획, 안전 운전 등의 자율주행 기능 개발에 참여 • 스마트카 시스템과의 연동, 사용자 인터페이스 디자인 등을 담당	• 안전하고 신뢰할 수 있는 자율주행 기술 개발 • 다양한 환경에서의 자율주행 성능 향상 • 윤리적 문제 해결(자율주행 사고 책임, 개인정보 보호 등)	• 인공지능 자율주행 시스템 개발 도구 활용 • 자율주행 자동차 시험 및 데이터 수집 • 자율주행 시스템 성능 평가 및 개선
인공지능 농업 전문가	인공지능, 농업, 컴퓨터 과학, 데이터 분석	• 인공지능 기술을 활용하여 농업 생산성을 높이고 지속 가능한 농업을 구축 • 작물 상태, 토양 상태, 기후 조건 등을 분석하여 최적의 농업 관리 전략을 수립 • 농업 로봇, 드론 등의 첨단 기술을 활용하여 자동화된 농업 시스템 구축을 지원	• 농업 데이터의 정확성 및 신뢰성 확보 • 인공지능 기반 농업 시스템의 효과성 검증 • 윤리적 문제 해결(GMO, 농업 로봇 윤리 등)	• 인공지능 농업 분석 도구 개발 및 활용 • 농업 데이터 수집 및 분석 • 인공지능 기반 농업 시스템 설계 개발
인공지능 예술가	인공지능, 예술, 디자인, 컴퓨터 과학	• 인공지능 기술을 활용하여 독창적인 예술 작품을 창작 • 그림, 음악, 조각, 퍼포먼스 등 다양한 예술 분야에서 활용될 수 있는 작품을 제작 • 인공지능 모델에 방대한 양의 예술 데이터를 학습시켜 창의적인 작품을 생산	• 인공지능 모델의 창의성 및 예술성 향상 • 인공지능 작품의 독창성 및 저작권 문제 해결 • 인공지능 예술의 사회적 가치 및 윤리적 문제 해결	• 인공지능 예술 도구 개발 및 활용 • 인공지능 모델 학습 및 평가 • 인공지능 작품 전시 및 판매

인공지능 법률 전문가	인공지능, 법률, 윤리학, 컴퓨터 과학	• 인공지능 기술 발전, 인공지능 개발 및 활용 과정에서 발생하는 법률적 문제를 해결하고, 인공지능 기술이 인간에게 긍정적인 영향을 미칠 수 있도록 함 • 인공지능 윤리, 데이터 보호, 책임 소재, 알고리즘 편향 등의 법률 문제를 연구하고 해결 방안을 제시 • 인공지능 관련 법률 제정 및 시행, 분쟁 해결 등을 담당	• 인공지능 기술 발전 속도에 맞춘 법률 제정 및 개정 • 인공지능 윤리 및 인권 보호 • 국제적 협력 필요성 증가	• 인공지능 관련 법 내용 확인 • 법규 내용 표준화
인공지능 건축 설계자	인공지능, 건축, 토목 공학, 컴퓨터 과학	• 인공지능 기술을 활용하여 안전하고 지속 가능한 건축물을 설계 • 건축물의 구조, 에너지 효율, 환경 영향 등을 분석하여 최적의 설계를 수행 • 3D 프린팅, 증강현실(AR) 등의 기술을 활용하여 건축 설계 및 시공 과정을 개선	• 안전하고 지속 가능한 건축물 설계 • 건축 비용 절감 및 효율성 향상 • 윤리적 문제 해결(환경 영향, 건축 노동자 권익 등)	• 인공지능 건축 설계 도구 개발 및 활용 • 건축 데이터 수집 및 분석 • 인공지능 기반 건축 설계 시스템 개발
인공지능 콘텐츠 제작자	인공지능, 미디어, 디자인, 컴퓨터 과학	• 인공지능 기술을 활용하여 영상, 음악, 텍스트 등 다양한 콘텐츠를 제작 • 뉴스 기사, 광고, 드라마, 영화 등을 제작하는 데 활용 • 인공지능 모델에 방대한 양의 콘텐츠 데이터를 학습시켜 창의적인 콘텐츠를 생산	• 인공지능 모델의 창의성 및 예술성 향상 • 인공지능 콘텐츠의 품질 및 정확성 확보 • 윤리적 문제 해결(가짜 뉴스, 저작권 침해 등)	• 인공지능 콘텐츠 제작 도구 개발 및 활용 • 인공지능 모델 학습 및 평가 • 인공지능 콘텐츠 편집 및 수정

인공지능 여행 가이드	인공지능, 관광, 언어, 컴퓨터 과학	• 인공지능 기술을 활용하여 여행객들에게 맞춤형 여행 정보를 제공하고 여행 계획을 수립 • 여행객의 관심사, 예산, 일정 등을 고려하여 최적의 여행지를 추천하고 예약을 도움 • 다양한 언어를 구사하고 현지 문화에 대한 이해가 필요	• 맞춤형 여행 정보 제공 및 여행 계획 수립 • 다양한 언어 지원 및 현지 문화 이해 • 윤리적 문제 해결(개인 정보 보호, 문화적 차이 등)	• 인공지능 여행 정보 시스템 개발 및 활용 • 여행객 데이터 수집
인공지능 챗봇 트레이너	인공지능, 언어학, 심리학, 컴퓨터 과학	• 인공지능 챗봇을 자연스럽고 매력적으로 대화하도록 훈련 • 챗봇의 대화 능력, 지식 기반, 감정 인식 능력 등을 향상시키는 데 기여 • 다양한 대화 시나리오를 설계하고 챗봇과의 상호작용을 통해 학습 과정을 개선	• 자연스럽고 매력적인 챗봇 대화 개발 • 챗봇의 학습 및 성능 향상 • 윤리적 문제 해결(개인 정보 보호, 편향성 등)	• 챗봇 트레이닝 도구 및 플랫폼 활용 • 챗봇 학습 데이터 제작 및 관리 • 챗봇 성능 평가 및 개선
인공지능 웹 디자이너	인공지능, 웹 디자인, 컴퓨터 과학	• 인공지능 기술을 활용하여 사용자 친화적이고 매력적인 웹사이트를 디자인 • 사용자의 행동 패턴을 분석하여 최적의 웹사이트 디자인을 제안 • 웹사이트의 접근성, 사용 편의성, 시각적 디자인 등을 개선	• 사용자 친화적이고 매력적인 웹사이트 디자인 • 웹사이트의 성능 및 효과성 향상 • 윤리적 문제 해결(접근성, 개인 정보 보호 등)	• 인공지능 웹 디자인 도구 개발 및 활용 • 사용자 데이터 수집 및 분석 • 인공지능 기반 웹사이트 디자인 개발

인공지능 패션 트렌드 분석가	인공지능, 패션, 데이터 분석, 컴퓨터 과학	• 인공지능 기술을 활용하여 과거 패션 트렌드 데이터를 분석하고 미래 패션 트렌드를 예측 • 소셜 미디어, 소비자 데이터, 시장 조사 등을 분석하여 패션 트렌드를 파악 • 패션 브랜드, 백화점, 온라인 쇼핑몰 등에 패션 트렌드 정보를 제공	• 정확하고 신뢰할 수 있는 패션 트렌드 분석 • 다양한 데이터 소스 활용 및 분석 • 윤리적 문제 해결(데이터 편향성, 개인 정보 보호 등)	• 인공지능 패션 트렌드 분석 도구 개발 및 활용 • 패션 데이터 수집 및 정제 • 패션 트렌드 분석 및 보고서 작성
인공지능 퍼스널 스타일리스트	인공지능, 패션, 디자인, 컴퓨터 과학	• 인공지능 기술을 활용하여 개인의 체형, 피부톤, 선호 스타일 등을 분석하여 최적의 의상을 추천 • 고객의 의상 구매 기록, 소셜 미디어 활동 등을 분석하여 개인의 패션 스타일을 파악 • 온라인 쇼핑몰에서 추천 의상을 구매하거나 직접 의상을 디자인할 수 있도록 지원	• 개인 맞춤형 의상 추천 및 스타일링 • 사용자 만족도 향상 • 윤리적 문제 해결(개인 정보 보호, 데이터 편향성 등)	• 인공지능 퍼스널 스타일리스트 도구 개발 및 활용 • 개인 데이터 수집 및 분석 • 의상 추천 및 스타일링 서비스 제공
인공지능 스마트 홈 매니저	인공지능, 스마트 홈, 사물인터넷(IoT), 컴퓨터 과학	• 인공지능 기술을 활용하여 스마트 홈 시스템을 관리하고 사용자의 생활 편의성을 높임 • 조명, 온도 조절, 보안 시스템 등 다양한 가전제품을 자동화하고 제어 • 사용자의 생활 패턴을 분석하여 맞춤형 스마트 홈 환경을 제공	• 안전하고 편리한 스마트 홈 환경 구축 • 사용자 만족도 향상 • 윤리적 문제 해결(개인 정보 보호, 보안 등)	• 인공지능 스마트 홈 관리 도구 개발 및 활용 • 스마트 홈 시스템 데이터 수집 및 분석 • 스마트 홈 시스템 개선 및 유지 관리
인공지능 로봇 수리 기술자	인공지능, 로봇 공학, 전기 공학, 컴퓨터 과학	• 인공지능 기술을 활용하여 로봇을 진단, 수리, 유지 관리 • 로봇의 고장 원인을 분석하고 수리하는 데 기여 • 로봇의 성능 개선 및 수명 연장을 위한 작업을 수행	• 다양한 종류의 로봇 수리 및 유지 관리 • 인공지능 기술을 활용한 진단 및 수리 • 윤리적 문제 해결(로봇 안전, 책임 소재 등)	• 인공지능 로봇 수리 도구 개발 및 활용 • 로봇 수리 데이터 수집 및 분석 • 로봇 진단, 수리, 유지 관리 작업 수행

인공지능 드론 비행 조종사	인공지능, 드론 공학, 항공, 컴퓨터 과학	• 인공지능 기술을 활용하여 드론을 조종하고 다양한 임무를 수행 • 탐색, 촬영, 배송, 재난 구조 등 다양한 분야에서 활용될 수 있는 드론을 조종 • 인공지능 기반 드론 비행 시스템을 활용하여 안전하고 효율적인 비행을 수행	• 안전하고 정확한 드론 비행 조종 • 다양한 환경에서의 드론 활용 • 윤리적 문제 해결(개인정보 보호, 드론 안전 등)	• 인공지능 드론 비행 조종 시스템 활용 • 드론 비행 훈련 및 자격증 취득 • 드론 임무 수행 및 데이터 분석
인공지능 환경 감시 전문가	인공지능, 환경 공학, 지리정보학, 컴퓨터 과학	• 인공지능 기술을 활용하여 위성 영상, 드론 영상, 센서 데이터 등을 분석하여 환경 변화를 감시하고 분석 • 대기 오염, 산림 벌채, 해양 오염 등 다양한 환경 문제를 파악하고 해결 방안을 모색 • 환경 정책 수립, 지속 가능한 개발 전략 수립에 기여	• 정확하고 신뢰할 수 있는 환경 데이터 분석 • 실시간 환경 변화 감시 및 예측 • 윤리적 문제 해결(개인정보 보호, 데이터 편향성 등)	• 인공지능 환경 감시 도구 개발 및 활용 • 환경 데이터 수집 및 정제 • 환경 문제 분석 및 보고서 작성
인공지능 농작물 관리 전문가	인공지능, 농업, 컴퓨터 과학, 로봇 공학	• 인공지능 기술을 활용하여 농작물의 성장 상태를 모니터링하고 관리 • 농작물의 영상, 센서 데이터 등을 분석하여 질병, 해충, 영양 부족 등을 진단 • 로봇을 활용하여 농작물을 자동화하고 효율적으로 관리	• 농작물 생산량 증대 및 품질 향상 • 농업 자원 절약 및 환경 보호 • 윤리적 문제 해결(GMO, 농업 로봇 윤리 등)	• 인공지능 농작물 관리 도구 개발 및 활용 • 농작물 데이터 수집 및 분석 • 농작물 관리 로봇 개발 및 운영

인공지능 스마트시티 설계자	인공지능, 도시 계획, 교통 공학, 컴퓨터 과학	• 인공지능 기술을 활용하여 안전하고 효율적인 스마트시티를 설계 • 교통 시스템, 에너지 시스템, 폐기물 처리 시스템 등 다양한 도시 시스템을 최적화 • 시민들의 삶의 질을 향상시키고 지속 가능한 도시를 구축하는 데 기여	• 안전하고 편리한 스마트시티 환경 구축 • 도시 시스템 효율성 향상 및 자원 절약 • 윤리적 문제 해결(개인정보 보호, 데이터 편향성 등)	• 인공지능 스마트시티 설계 도구 개발 및 활용 • 도시 데이터 수집 및 분석 • 스마트시티 시스템 설계 및 운영
인공지능 챗봇 작가	인공지능, 콘텐츠 제작, 언어학, 컴퓨터 과학	• 인공지능 기술을 활용하여 챗봇 대화 스크립트, 소설, 시나리오 등 다양한 콘텐츠를 제작 • 챗봇의 대화 능력을 향상시키고 사용자와의 자연스러운 상호 작용을 구현하는 데 기여 • 창의적이고 매력적인 콘텐츠를 제작할 수 있는 능력과 인공지능 기술에 대한 이해가 필요	• 자연스럽고 매력적인 챗봇 대화 및 콘텐츠 제작 • 챗봇의 학습 및 성능 향상 • 윤리적 문제 해결(저작권 침해, 편향성 등)	• 인공지능 챗봇 작가 도구 개발 및 활용 • 챗봇 대화 데이터 수집 및 정제 • 챗봇 대화 및 콘텐츠 제작
인공지능 의료 번역가	인공지능, 의학, 언어학, 컴퓨터 과학	• 인공지능 기술을 활용하여 의료 문서, 진단 결과, 환자 기록 등을 번역 • 의료 전문 용어와 다양한 언어에 대한 이해가 필요 • 정확하고 신뢰할 수 있는 번역을 통해 의료 정보 공유 및 국제 협력을 촉진	• 의료 분야 전문 용어 및 다양한 언어에 대한 숙달 • 정확하고 신뢰할 수 있는 의료 번역 • 윤리적 문제 해결(환자 정보 보호, 의료 오류 등)	• 인공지능 의료 번역 도구 개발 및 활용 • 의료 번역 데이터 수집 및 정제 • 의료 문서 번역 및 검토

인공지능 교육 컨설턴트	인공지능, 교육, 심리학, 컴퓨터 과학	• 인공지능 기술을 활용하여 교육 시스템 및 교육 콘텐츠를 개선하고 맞춤형 학습 경험을 제공 • 학생들의 학습 스타일, 수준, 목표 등을 분석하여 최적의 학습 방안을 제안 • 인공지능 기반 교육 도구 및 플랫폼 개발 및 운영을 지원	• 효과적이고 맞춤형 학습 경험 제공 • 학생들의 학습 성과 향상 • 윤리적 문제 해결(개인정보 보호, 데이터 편향성 등)	• 인공지능 교육 컨설팅 도구 개발 및 활용 • 교육 데이터 수집 및 분석 • 인공지능 기반 교육 프로그램 개발 및 운영
인공지능 게임 개발자	인공지능, 게임, 디자인, 컴퓨터 과학	• 인공지능 기술을 활용하여 더욱 사실적이고 매력적인 게임을 개발 • 게임 내 NPC(Non-Player Character)의 행동, 스토리, 레벨 디자인 등을 인공지능으로 구현 • 인공지능 기반 게임 플랫폼 개발 및 운영을 지원	• 몰입감 넘치고 즐거운 게임 경험 제공 • 인공지능 기술을 활용한 게임 개발 • 윤리적 문제 해결(게임 중독, 폭력성 등)	• 인공지능 게임 개발 도구 개발 및 활용 • 게임 데이터 수집 및 분석 • 인공지능 기반 게임 개발 및 운영
인공지능 쇼핑 컨설턴트	인공지능, 소매, 마케팅, 컴퓨터 과학	• 인공지능 기술을 활용하여 고객의 구매 패턴을 분석하고 맞춤형 쇼핑 경험을 제공 • 고객의 검색 기록, 구매 기록, 브라우징 행동 등을 분석하여 고객에게 필요한 상품을 추천 • 온라인 쇼핑몰, 오프라인 매장 등 다양한 쇼핑 채널에서 고객 경험을 개선	• 고객 만족도 향상 및 매출 증대 • 맞춤형 쇼핑 경험 제공 • 윤리적 문제 해결(개인정보 보호, 데이터 편향성 등)	• 인공지능 쇼핑 컨설팅 도구 개발 및 활용 • 고객 데이터 수집 및 분석 • 맞춤형 쇼핑 추천 및 마케팅 전략 수립

인공지능 영양 관리사	인공지능, 영양학, 식품 과학, 컴퓨터 과학	• 인공지능 기술을 활용하여 개인의 건강 상태, 식습관, 활동량 등을 분석하여 맞춤형 영양 관리 프로그램을 제공 • 개인에게 필요한 영양소 섭취량을 계산하고 건강한 식단을 구성하도록 도움 • 만성 질환 예방 및 건강 증진을 위한 영양 관리 전략을 수립	• 과학적 근거에 따른 맞춤형 영양 관리 제공 • 건강한 식습관 형성 및 만성 질환 예방 • 윤리적 문제 해결(개인 정보 보호, 영양 정보 정확성 등)	• 인공지능 영양 관리 도구 개발 및 활용 • 개인 데이터 수집 및 분석 • 맞춤형 식단 및 영양 상담 제공
인공지능 퍼스널 트레이너	인공지능, 운동 생리학, 스포츠 과학, 컴퓨터 과학	• 인공지능 기술을 활용하여 개인의 체력 수준, 운동 목표, 건강 상태 등을 분석하여 맞춤형 운동 프로그램을 제공 • 운동 동작을 분석하고 개선점을 제시하며, 안전하고 효과적인 운동을 도움 • 온라인 또는 오프라인에서 개인 트레이닝 서비스를 제공	• 개인에게 맞는 효과적인 운동 프로그램 제공 • 운동 목표 달성 및 건강 증진 지원 • 윤리적 문제 해결(운동 부상 방지, 개인 정보 보호 등)	• 인공지능 퍼스널 트레이너 도구 개발 및 활용 • 개인 데이터 수집 및 분석 • 맞춤형 운동 프로그램 개발 및 트레이닝 제공
인공지능 로봇 수리 기술자	인공지능, 로봇 공학, 전기 공학, 컴퓨터 과학	• 인공지능 기술을 활용하여 로봇을 진단, 수리, 유지 관리 • 로봇의 고장 원인을 분석하고 수리하는 데 기여 • 로봇의 성능 개선 및 수명 연장을 위한 작업을 수행	• 다양한 종류의 로봇 수리 및 유지 관리 • 인공지능 기술을 활용한 진단 및 수리 • 윤리적 문제 해결(로봇 안전, 책임 소재 등)	• 인공지능 로봇 수리 도구 개발 및 활용 • 로봇 수리 데이터 수집 및 분석 • 로봇 진단, 수리, 유지 관리 작업 수행

참고문헌

강호·감김·태훈(2014), 초등과학영재의 창의적 문제해결력 향상을 위한 융합인재교육(STEAM) 프로그램 개발, 영재교육연구, 24(6).

구치모(2023), 통찰(통찰명상 수행법), 산지니.

김경집(2015), 생각의 융합(인문학은 어떻게 콜럼버스와 이순신을 만나게 했을까), 더숲.

김경일(2021), 적정한 삶(불안한 시대를 살아가는 우리에게 건네는 인지심리학의 위로와 통찰), 진성북스.

김동일·라수현·이혜은(2016), 메타인지전략의 효과에 관한 메타분석: 집단설계연구와 단일사례연구의 비교, 아시아교육연구(Asian Journal of Education), 17(3), 21－48.

김상인(2019), 융합상담심리학, 만남과 치유.

김영록(2012), 융합인재의 조건(미래기업의 성장엔진), 티핑포인트.

김영채(1999), 창의적 문제해결, 교육과학사.

______(2007), 창의력의 이론과 개발, 교육과학사.

김영채·전현선·박권생(2002), 창의적 문제해결력 향상을 위한 수업프로그램의 개발과 실험 분석, 교육학연구, 40(1), 129－158.

김재인(2023), AI 빅뱅(생성 인공지능과 인문학 르네상스), 동아시아.

노영희·김광환·김병만·이은지·김지은(2023), 융합연구방법론(차이가 만드는 기적), 청람.

더자유(2023), AI의 위협(인간을 대신하는 AI), 열린 인공지능.

미츠무라 나오키(2023), 그림으로 배우는 AI(간단한 그림과 설명으로 배우는 AI의 개념과 기반 기술), 영진닷컴.

박기갑(2022), 국제적 권고·지침 분석에 바탕을 둔 “인공지능 (AI) 윤리” 관련 국제조약안의 모색, 국제법학회논총, 67(4), 121－151.

박문호(2017), 박문호 박사의 뇌과학 공부, 박영사.

비피기술거래(2016), 융합은 즐거움이다, 비피기술거래.

배진희·조혜승·김경일(2015), 메타인지 정확성의 발달 차이 연구, 인지과학, 26(1), 53－67.

백성혜·오세라·이영준·정명숙·우효섭(2017), 융합교육의 이해(융합교육입문서), 이모션북스.

소순주·안성진(2021), 인공지능 윤리원칙 분류 모델에 관한 고찰, 한국컴퓨터교육학회 학술발표대회논문집, 25(2 (A)), 111-114.

신재한(2015), 융합교육의 이론과 실제, 교육과학사.

오승민(2013), 자기질문전략이 학습유형에 따라 초등학교 5학년 학생의 논리적 사고력 및 과학적 태도에 미치는 영향, 한국교원대학교 석사학위논문.

오혜경(2009), Maslow, Abraham, 동기와 성격, 21세기 북스.

우수명(2017), 통찰력(통찰력을 가진 자가 4차산업 시대를 리드한다), 아시아코치센터.

유재흥(2021), 신뢰할 수 있는 AI 실현을 위한 국내외 정책 동향, KISDI AI Outlook, 2021(6), 17-32.

이경화·전주성·태진미·양혜진·박정길(2020), 창의융합교육, 정민사.

이경화·최유현·황선욱(2011), 팀 프로젝트 중심 창의적 문제해결 프로그램 개발, 창의력교육연구, 11(2), 141-160.

이민우·크루엘라·김용승(2021), 융합형 리더(디지털 트랜스포메이션 시대, 차세대 리더), 율곡출판사.

이무석(2006), 정신분석에로의 초대, 이유.

이병욱(2020), 융합 개론(4차산업혁명을 위한), 21세기사.

______(2022), 산업혁명과 융합, 21세기사.

______(2023), 인공지능과 융합, 21세기사.

이영숙(2022), 융합의 식탁(세상을 읽는 기준을 바꾸면 본질이 보인다), 밥북.

이인식(2018), 지식의 대융합(인문학과 과학기술은 어떻게 만나는가), 고즈윈.

______(2019), 기술의 대융합(21세기 창조의 원동력은 어디에서 오는가), 고즈윈.

이정모(1994), 심리학의 개념적 기초의 재구성(Ⅰ): 과학 이론의 재구성과 인지심리학 연구의 의의, 한국 심리학회지: 일반, 13, 1, 21-60.

______(2001), 인지심리학: 형성사, 개념적 기초, 조망, 서울: 아카넷(대우학술총서 511).

______(2007), 심리학의 개념적 기초의 재구성(Ⅱ): 인지과학적 접근에서 본 '마음' 개념의 재구성과 심리학 외연의 확장

전경원(2006), 창의성 교육의 이론과 실제, 창지사.

정도언(2009), 프로이트의 의자, 웅진지식하우스.

정미선, 정세영(2010), 연령에 따른 창의적 사고와 창의적 성격의 발달경향, 사고개발, 6(1), 69-88.

정제영·김갑수·박보람·박휴용·이선복(2023), AI융합교육개론, 박영스토리.

조연순·백은주·최규리(2019), 지혜와 창의적 문제 해결력을 위한 창의성 교육, 이화여자대학교 출판문화원.

최재용·김금란 외 4명(2023), 생성형 AI시대(전문가들이 전하는 챗GPT와 미래교육), 미디어북.

최재천·박용후·이영혜·박진우·임정민(2013), 창의융합 콘서트(급변하는 세상을 꿰뚫어보는 힘), 엘도라도.

하정우·한상기(2023), AI전쟁(글로벌 인공지능 시대 한국의 미래), 한빛비즈.

한국경제신문 특별취재팀(2013), 융합형 인재의 조건(글로벌 인재포럼 리포트 2013), 한국경제신문사.

한국사회과학협의회(2013), 융합연구(이론과 실제), 법문사.

한국정보진흥원(2019), 공공부문 AI의 핵심, '신뢰가능 AI'.

______(2019), 신뢰가능 AI구현을 위한 정책 방향.

Atkinson, R.C., & Shiffrin, R.M. (1968). "Chapter: Human memory: A proposed system and its control processes". In Spence, K.W.; Spence, J.T. The psychology of learning and motivation. 2. New York: Academic Press. pp. 89-195.

Baddeley, A.D., & Hitch, G.J. (1974) Working memory. In The Psychology of Learning and Motivation (Bower, G.A., ed.), pp. 47- 89, Academic Press

Barrett, L. F., Mesquita, B., Ochsner, K. N., & Gross, J. J. (2007). The experience of emotion. Annu. Rev. Psychol., 58, 373-403.

Bayne, T., Brainard, D., Byrne, R. W., Chittka, L., Clayton, N., Heyes, C. & Webb, B. (2019). What is cognition?. Current Biology, 29(13), 608-615.

Bechtel, W., Abrahamsen, A., & Graham, G. (1998). The life of cognitive science. In W. Bechtel, A. Abrahamsen, & G. Graham (Eds.), A companion to cognitive science (pp. 1-104). Oxford: Blackwell.

Brown, A. L. (1987). Knowing when, where, and how to remember. A Problem of Metacognition, 47, 77-165.

Brundage, M., Avin, S., Clark, J., Toner, H., Eckersley, P., Garfinkel, B., ... & Amodei, D. (2018). The malicious use of artificial intelligence: Forecasting, prevention, and mitigation. arXiv preprint arXiv:1802.07228.

Clark, A. (2001). Reasons, Robots and The Extended Mind. Mind And Language, 16, 2, 121–145.

Clark, L. A. (2005). Temperament as a unifying basis for personality and psychopathology. Journal of abnormal psychology, 114(4), 505.

Cloninger, S. (2009). Conceptual issues in personality theory. The Cambridge handbook of personality psychology, 4, 3–26.

Cosmides L., & Tooby, J. (1992). Cognitive adaptations for social exchange. In J. Barkow, L. Cosmides, & J. Tooby (Eds.), The adapted minds (pp. 163–228). New York: Oxford University Press.

Craik, F. I., & Lockhart, R. S. (1972). Levels of processing: A framework for memory research. Journal of Verbal Learning & Verbal Behavior, 11(6), 671-684.

Cusumano, M. A. (2023). Generative AI as a New Innovation Platform. Communications of the ACM, 66(10), 18–21.

Daneman, M., & Carpenter, P. A. (1980). Individual differences in working memory and reading. Journal of Verbal Learning and Verbal Behavior, 19, 450–466.

Davidson, R. J. (1998). Affective style and affective disorders: Perspectives from affective neuroscience. Cognition & emotion, 12(3), 307–330.

Dewey, J.(1933). How We Think. Chicago: Regnery.

Digman, J. M. (1990). Personality structure: Emergence of the five–factor model. Annual review of psychology, 41(1), 417–440.

Digman, J. M., & Inouye, J. (1986). Further specification of the five robust factors of personality. Journal of personality and social psychology, 50(1), 116.

EBS 통찰 제작팀(2017). 통찰(예리한 관찰력으로 동서고금을 관통하다). 베가북스.

Eysenck, H. J., & Eysenck, S. B. (1968). Eysenck personality inventory. Journal of Clinical Psychology.

Fasko, D. (2001). Education and creativity. Creativity research journal, 13(3–4), 317–327.

Flavell, J. H. (1976). Metacognitive aspects of problem solving. The Nature of Intelligence, 12, 231–235.

Flavell, J. H. (1979). Meta–cognition and cognitive monitoring: A new area of cog–

nitive-developmental inquiry. American Psychologist, 34(10), 906−911.

Grant, A. M., Franklin, J., & Langford, P. (2002). The self−reflection and insight scale: A new measure of private self−consciousness. Social Behavior and Personality: an international journal, 30(8), 821−835.

Greeno, J. G., Collins, A. M., & Resnick, L. B. (1996). Cognition and learning. Handbook of educational psychology, 77, 15−46.

Guilford, J. P. (1967). Creativity: Yesterday, today and tomorrow. The Journal of Creative Behavior, 1(1), 3−14.

Guilford, J. P. (1967). The nature of human intelligence.

Guilford, J. P., & Lacey, J. I. (1947). Personality inventories.

Guilford, J. P., & Guilford, R. B. (1936). Personality factors S, E, and M, and their measurement. The journal of Psychology, 2(1), 109−127.

Hayes, J. R. (1989). Cognitive processes in creativity. In Handbook of creativity (pp. 135−145). Boston, MA: Springer US.

Kaufman, J. C. (2016). Creativity 101. Springer publishing company.

KOAR, A. (2021). 인간과 인공지능 (AI) 의 공존을 위한 사회· 윤리적 쟁점.

Martinez, M. E. (2006). What is metacognition? Phi Delta Kappan, 87(9), 696.

Maslow, A. (1962). Toward a Psychology of Being,New York: Van Nostrand.

Maslow, A. (1964). Religions, Values, and Peak Experiences, Columbus: Ohio State University Press.

Maslow, A. (1970). Motivation and Personality, New York: Harper and Row.

Mulgan, T. (2016). Super intelligence: Paths, dangers, strategies.

OECD(2019). OECD AI Policy Observatory.

OECD(2019). OECD draft Recommendation on Artificail Intelligence 발표자료 (2019.3.22)

Patricia Leavy. (2015). Essentials of Trans disciplinary Research. [융합연구 방법론: 문제중심형 초학제적 접근방법]. 송인한 옮김(2015). 박영스토리.

Rizzolatti, G., & Craighero, L. (2004). The mirror−neuron system. Annual Review of Neuroscience. 27, 169−92.

Rogers, C. R. (1942). Counseling and psychotherapy. Boston: Houghton Mifflin.

Rogers, C. R. (1951). Client−centered therapy: Its current practice, implications, and theory. Boston: Houghton Mifflin.

Rogers, C. R. (1961). On becoming a person. Boston: Houghton Mifflin.

Rogers, C. R. (1959). The necessary and sufficient conditions of therapeutic personality change. Journal of Consulting Psychology, 21(2), 95－103.

Rogers, C. R. (1974). Empathic: An unfashionable concept. In J. T. Hart & T. M. Tomlinson (Eds.), New directions in client－centered therapy (pp. 1－25). New York: Houghton Mifflin.

Rouse, W. B. (1986). A note on the nature of creativity in engineering: Implications for supporting system design. Information Processing and Management, 22, 279－285.

Sam Harris. (2021). Making Sense: Conversations on Consciousness, Morality, and the Future of Humanity. [거인의 통찰]. 이은정 옮김(2022). 비잉(Being).

Sawyer, R. K. (2003). Creativity and development. Oxford University Press, USA.

Segal, A. (2013). Schooling a Minority: The Case of Havruta Paired Learning. Diaspora. Indigenous and Minority Education, 7(3), 149－163.

Shettleworth, S. J. (2009). Cognition, evolution, and behavior. Oxford university press.

Schon, D. A. (1983). The Reflective Practitioner. NY:Basic Books.

Solso, R. L. (1997). Mind and brain sciences in the 21st Century. Cambridge: MA: MIT Press.

Spivey, M. & Dale, R. (2004). On the continuity of mind: Toward a dynamical account of cognition. In B. Ross (Ed.), The Psychology of Learning and Motivation. Vol. 45 (pp. 87－142). Amsterdam: Elsevier.

Strongman, K. T. (1993). Emotion theory and cognitive－behavior therapy. Behaviour Change, 10(3), 141－153.

Strongman, K. T. (1996). The psychology of emotion: Theories of emotion in perspective. John Wiley & Sons.

Thelen, E. & Smith, L. (1994) A dynamic systems approach to the development of cognition and action. Cambridge: MIT Press.

Uttal, W. R. (2001). New phrenology: The Limits of localizing cognitive processes in the brain. Cambridge, MA: MIT Press.

Uttal, W. R. (2005). Neural Theories of Mind: Why the Mind–Brain Problem May Never be Solved. Hillsdale, NJ: Lawrence Erlbaum Associates.

Varela, F. J., Thompson, E., & Rosch, E. (1991). The embodied mind: Cognitive science and human experience. Cambridge, MA: MIT Press.

Vygotsky, L. S. (1978). Mind in Society: The Development of higher psychological processes. Cambridge, MA: Harvard University Press.

Wertsch, J. V. (1998). Mind as Action. New York: Oxford University Press.

Wheeler, M. (2005). Reconstructing the cognitive world: The next step. MIT Press.

Zwaan, R. A., & Taylor, L. J. (2006). Seeing, acting, understanding: Motor Resonance in Language Comprehension. Journal of Experimental Psychology: General, 135, 1, 1-11.

Zwaan, R. A., & Madden, C. J. (2005). Embodied sentence comprehension. In D. Pecher & R. A. Zwaan (Eds.) (2005). Grounding cognition: The role of perception and action in memory, language, and thinking. N.Y.: Cambridge University Press.

찾아보기

[ㅇ]

[ㅈ]

[저자 약력]

조은영은 삼육대학교 교수로 재직 중이며, 대학에서 학생들과 실험적인 융합형 교육을 진행하고 있다. 또한 대학 연구기관에서 사람 중심의 창의융합으로 지속가능한 미래를 열어가는 대학의 비전을 구현하고자, 효율적이고 합리적인 의사결정을 지원하는 데이터 기반의 대학 성과관리 정책연구를 추진 중이다.

다년간 대학과 청소년 기관에서 학생들을 상담하고, 교육하면서 인지심리학과 AI 분야에 관심을 가지게 되었고, 인지심리학과 AI 기술 융합 교육에 대한 그동안 연구물을 정리하여 본 책자를 발간하게 되었다. 본 책자는 통찰과 융합에 관심이 있는 중·고등학생, 대학생, 일반인, 혹은 융합 관련 전공자를 위해 제작되었다. 쉬우면서도 흥미를 느낄 수 있도록 구성하였기 때문에 통찰과 융합을 학습하기 위한 입문서로 활용하면 좋을 것이다.

통찰과 융합 - 인간과 AI -

초판발행 2024년 9월 30일

지은이 조은영
펴낸이 김중용

편 집 심성보 · 김인숙

펴낸곳 도서출판 **정독**
경기도 고양시 일산서구 하이파크로 113, 102-204
등록 제406-2014-000093호
전 화 031)924-7203 팩 스 031)935-0345
홈페이지 www.jeongdok.co.kr 이메일 admin@jeongdok.co.kr
ISBN 979-11-6858-282-8 93180

정 가 20,000원